零基础学 通达信炒股软件从新手到高手

（实战图解，高清视频版）

陈国嘉　编著

清华大学出版社
北京

内 容 简 介

超简单!理论结合实战,通过92个知识点精讲,助读者快速精通软件操作!

全图解!以图展示文字,通过560张图片注解,让读者一看就懂股票投资!

本书通过"案例+技巧",从两条线帮助读者快速成为炒股高手!

一条是软件技能线,本书由浅入深地详细介绍了通达信软件的各项核心功能和菜单命令:系统操作+功能应用+股票报价+趋势分析+扩展市场行情+资讯掌控+工具应用+帮助解惑,对通达信软件的各项核心技术与精髓进行全面且详细的讲解,帮助读者快速掌握股票的变化趋势,轻轻松松学炒股。

另一条是股票分析线,分别介绍了解读股票数据、洞悉股票市场规律、看准股票行情报价、股票K线分析、股票形态分析、股票趋势分析、股票技术分析等内容,给投资者的财富增值出谋划策,为投资者的理想方舟保驾护航。

本书结构清晰、案例丰富、实战性强,适合刚开始进行网上炒股但实战经验较少的股民、股票投资爱好者,以及希望通过牛熊市操盘技巧提高自己稳步盈利能力的投资者阅读,也可以作为大中专院校或者企业的网上炒股教材,还可以作为证券公司、基金公司等培训、指导和沟通客户时的读本。

本书封面贴有清华大学出版社防伪标签,无标签者不得销售。

版权所有,侵权必究。举报:010-62782989,beiqinquan@tup.tsinghua.edu.cn。

图书在版编目(CIP)数据

零基础学通达信炒股软件从新手到高手:实战图解,高清视频版 / 陈国嘉编著. —北京:清华大学出版社,2017(2023.5重印)

ISBN 978-7-302-46997-1

Ⅰ.①零… Ⅱ.①陈… Ⅲ.①股票交易—应用软件—基本知识 Ⅳ.①F830.91-39

中国版本图书馆CIP数据核字(2017)第101552号

责任编辑:杨作梅 李玉萍
装帧设计:李 坤
责任校对:吴春华
责任印制:沈 露

出版发行:清华大学出版社
网 址:http://www.tup.com.cn, http://www.wqbook.com
地 址:北京清华大学学研大厦A座　　邮 编:100084
社 总 机:010-83470000　　邮 购:010-62786544
投稿与读者服务:010-62776969, c-service@tup.tsinghua.edu.cn
质量反馈:010-62772015, zhiliang@tup.tsinghua.edu.cn

印 装 者:三河市龙大印装有限公司
经 销:全国新华书店
开 本:185mm×260mm　　印 张:22.75　　字 数:550千字
　　　　(附光盘1张)
版 次:2017年8月第1版　　印 次:2023年5月第8次印刷
定 价:59.00元

产品编号:069669-02

▍写作驱动

对于准备涉足股市投资的股民而言，学会如何使用通达信炒股软件进行炒股操作、趋势预测、盘面分析是一门极其重要的必修课。使用正确的炒股技巧，可以提高股价运行趋势预测的准确性，而这直接影响投资者投资成功或失败。

为此，笔者通过不断总结和实践，编写了本书。本书从实用性的角度出发，将炒股必备知识与需要掌握的股市实战应用技巧有机结合，使股民在学习相关方法后能够真正运用到实际的股市投资中，并获得丰富的投资收益。

本书将理论、技巧与案例相结合，并通过四大篇幅来解析股票投资技巧，让读者可以从中找到适合自己的赚钱法门，累积财富，从而争取获得财富自由！

▍主要特色

完备的功能查询：工具、按钮、菜单、命令、快捷键、理论、案例等应有尽有，内容详细、具体，是一本自学手册。

丰富的案例实战：本书中安排了92个精彩范例，对通达信炒股软件各功能进行了非常全面、细致的讲解，读者可以边学边用。

细致的操作讲解：110多个专家提醒放送，560多张图片全程图解，让读者可以掌握炒股软件的核心与股票盘面分析的各种技巧。

超值的光盘资源：60多分钟所有实例操作的视频，重现书中所有实例的操作。

细节特色

18 章技术专题精解	60 多分钟语音视频演示
本书体系完整，由浅入深地对通达信炒股软件进行了 18 章专题的软件技术讲解，内容包括解读股票数据操作、洞悉股票市场规律、看准股票报价信息、判断分析股票走势、破解盘面行情走向、提高分时图分析技术、预测股价变化趋势等。	本书中的软件操作技能实例，全部录制了带语音讲解的演示视频，时间长度达 60 多分钟，重现了书中所有实例的操作，读者可以结合书本，也可以独立观看视频演示，像看电影一样进行学习，让学习变得更加轻松。
92 个技能实例奉献	110 多个专家提醒放送
本书通过 92 个技能实例介绍软件，帮助读者在炒股实战中逐步掌握软件的核心技能与操作技巧。与同类书相比，读者可以省去学无用理论的时间，更能掌握超出同类书的大量实用技能和案例，让学习更高效。	作者在编写时，将平时炒股中总结的软件实战技巧、操作经验等毫无保留地奉献给读者，不仅大大丰富和提高了本书的含金量，更方便读者提升软件的实战技巧与经验，从而提高读者学习与工作效率，学有所成。
560 多张图片全程图解	
本书采用了 560 多张图片，对软件技术、案例操作、股票分析，进行了全程式的图解。通过这些清晰的图片，让本书的内容变得更通俗易懂，读者可以一目了然、快速领会。	

注意事项

股票投资的技巧和方法不计其数。本书罗列的技术和方法比较全面，股民不需要全部掌握，可有针对性地挑选几种技术深入学习并不断总结，在实战中进行综合运用，即可达到很好的效果。

读者在阅读中还应结合实际情况灵活变通，举一反三，养成勤思考的好习惯，形成良好的归纳总结能力。

适合人群

（1）刚刚进行网上炒股但实战经验较少的股民、股票投资爱好者。
（2）希望通过牛熊市操盘技巧提高自己稳步盈利能力的投资者。
（3）作为大中专院校或者企业的网上炒股教材。
（4）作为证券公司、基金公司等培训、指导和沟通客户时的读本。

作者售后

本书由陈国嘉编著，参与编写的人员有刘嫔、刘胜璋、刘向东、刘松昇、刘伟、卢博、周旭阳、袁淑敏、谭中阳、杨端阳、李四华、王力建、柏承能、刘桂花、柏松、谭贤、谭俊杰、徐茜、苏高、柏慧等人，在此表示感谢。由于作者知识水平有限，书中难免有错误和疏漏之处，恳请广大读者批评、指正。联系微信：157075539。

编　者

目 录

炒股入门篇

第1章 亲密接触——网上炒股快速入门

1.1 股票入门知识 / 4
  1.1.1 什么是股票 / 4
  1.1.2 初识股票5大特点 / 5
  1.1.3 了解证券交易所 / 6
  1.1.4 了解券商功能分类 / 6
  1.1.5 熟知股市常用术语 / 7

1.2 股票的开户与入市 / 9
  1.2.1 了解国内出名的券商 / 9
  1.2.2 选择合适的证券公司 / 10
  1.2.3 购买股票的入市流程 / 11
  1.2.4 股票开户的操作流程 / 12
  1.2.5 股民需要支付的费用 / 12
  1.2.6 开立账户需要的资料 / 13
  1.2.7 委托券商购买股票 / 14
  1.2.8 购买新股的条件和程序 / 16
  1.2.9 竞价成交的原则与案例 / 18
  1.2.10 掌握清算与交割的区别 / 23
  1.2.11 股票过户与销户的流程 / 23

第2章 选股策略——新手选股必修课程

2.1 股票投资心态修炼 / 28
- 2.1.1 股票投资者的心理效应 / 28
- 2.1.2 股票投资者应有的心态 / 29
- 2.1.3 常见股票投资心理因素 / 30
- 2.1.4 通过直觉购股的主观性 / 31

2.2 掌握股票投资策略 / 32
- 2.2.1 牛市选股 / 32
- 2.2.2 熊市选股 / 33
- 2.2.3 跌价选股 / 34
- 2.2.4 涨停板选股 / 36
- 2.2.5 根据时机选股 / 37

2.3 关注资讯挑选好股 / 38
- 2.3.1 选择优质的成长股 / 38
- 2.3.2 时刻掌握股市资讯 / 40
- 2.3.3 关注个股资讯信息 / 42
- 2.3.4 网站中查看最新资讯 / 42
- 2.3.5 网站中查看个股行情 / 44
- 2.3.6 洞悉股票市场的行情 / 45
- 2.3.7 长远看股投资需谨慎 / 46

软件进阶篇

第3章 软件入门——掌握通达信基本操作

3.1 了解通达信炒股软件 / 52
- 3.1.1 通达信炒股软件简介 / 52
- 3.1.2 搜索通达信炒股软件 / 53
- 3.1.3 下载通达信炒股软件 / 54

3.1.4 安装通达信炒股软件 / 55
3.1.5 卸载通达信炒股软件 / 58
3.2 启动与退出通达信炒股软件 / 59
3.2.1 启动通达信炒股软件 / 60
3.2.2 退出通达信炒股软件 / 61
3.3 注册与登录通达信炒股软件 / 63
3.3.1 登录免费精选行情 / 63
3.3.2 注册通达信炒股软件 / 64
3.3.3 开通通达信收费账户 / 66
3.3.4 登录收费高级行情 / 71
3.4 设置通达信网络通讯属性 / 71
3.4.1 设置通达信网络区域 / 71
3.4.2 更改通达信网络区域 / 72

第4章 界面全解——认识通达信软件界面

4.1 了解通达信软件界面 / 76
4.1.1 了解菜单栏 / 76
4.1.2 了解个股参数 / 78
4.1.3 了解市场行情 / 79
4.1.4 了解状态栏 / 87
4.1.5 了解界面状态 / 93
4.1.6 了解工具栏 / 93
4.2 掌握通达信软件功能 / 100
4.2.1 定制版面功能 / 100
4.2.2 大盘分析功能 / 101
4.2.3 报价分析功能 / 102
4.2.4 技术分析功能 / 102
4.2.5 报表分析功能 / 103
4.2.6 即时分析功能 / 104

4.2.7 金融计算器功能 / 104

4.2.8 金融记事本功能 / 105

4.3 查看通达信各类股票信息 / 105

4.3.1 查看沪深股票 / 106

4.3.2 查看沪深基金 / 106

4.3.3 查看沪深债券 / 107

4.3.4 查看板块指数 / 108

4.3.5 查看地区板块 / 109

4.3.6 查看行业板块 / 109

4.4 使用行情报价与分时图界面 / 110

4.4.1 使用行情报价界面 / 110

4.4.2 使用大盘分时走势界面 / 111

4.4.3 使用个股分时走势界面 / 114

核心功能篇

第5章 系统菜单——解读股票数据操作

5.1 选择与导出股票数据 / 120

5.1.1 选择需要的股票品种 / 120

5.1.2 打开最近浏览的股票 / 121

5.1.3 导出股票的行情数据 / 123

5.1.4 升级通达信软件数据 / 124

5.2 下载与维护股票数据 / 125

5.2.1 下载沪深分钟线数据 / 125

5.2.2 下载专业财务数据包 / 127

5.2.3 使用股票数据维护工具 / 127

5.2.4 维护日线数据自动写盘 / 132

5.3 连接与断开行情主站 / 133

5.3.1 对行情主站进行测速 / 134

5.3.2 断开行情主站信息 / 135

5.3.3 重新连接行情主站 / 136

5.3.4 连接资讯主站信息 / 137

5.3.5 断开资讯主站信息 / 137

5.4 打印股票数据信息 / 138

5.4.1 打印预览股票数据 / 138

5.4.2 打印股票数据 / 139

第6章 功能菜单——洞悉股票市场规律

6.1 对股票数据进行分析 / 142

6.1.1 股票的报价分析 / 142

6.1.2 股票的即时分析 / 144

6.1.3 股票的技术分析 / 146

6.1.4 股票的报表分析 / 148

6.1.5 多股同列趋势分析 / 149

6.1.6 股票基本资料分析 / 150

6.2 定制股票版面与品种 / 151

6.2.1 定制个性化版面 / 151

6.2.2 定制股票的品种 / 153

6.3 进行金融交易操作 / 154

6.3.1 进行交易委托操作 / 155

6.3.2 使用金融计算器 / 155

6.3.3 使用金融记事本 / 156

6.3.4 个人账户理财操作 / 157

6.4 查看星空图与全景图 / 157

6.4.1 查看热点星空图 / 158

6.4.2 查看板块全景图 / 158

第7章 报价菜单——看准股票报价信息

7.1 查看股票行情报价 / 160
- 7.1.1 查看与管理自选股 / 160
- 7.1.2 查看沪深分类股票 / 161
- 7.1.3 查看沪深主要指数 / 163
- 7.1.4 查看上证重点指数 / 164
- 7.1.5 查看基金分析平台 / 165
- 7.1.6 查看栏目排名 / 167

7.2 分析股票区间数据 / 167
- 7.2.1 分析板块行情数据 / 167
- 7.2.2 分析历史行情数据 / 169
- 7.2.3 对数据的强弱分析 / 169
- 7.2.4 对数据的阶段分析 / 170
- 7.2.5 分析区间涨跌幅度 / 171
- 7.2.6 分析区间换手排名 / 172
- 7.2.7 分析区间量变幅度 / 173
- 7.2.8 分析区间振荡幅度 / 173

第8章 分析菜单——判断分析股票走势

8.1 通过分时图分析股票数据 / 176
- 8.1.1 查看股票的大盘走势 / 176
- 8.1.2 查看股票分时走势图 / 177
- 8.1.3 查看股票分时成交明细 / 178
- 8.1.4 查看股票的实时分价表 / 179
- 8.1.5 查看股票闪电走势图 / 180
- 8.1.6 查看股票分析图 / 181
- 8.1.7 切换股票分时/分析图 / 181
- 8.1.8 显示股票移动筹码分布 / 182

8.1.9 显示主力监控精灵数据 / 182
8.2 通过多股分析股票趋势 / 183
8.2.1 通过四股同列分析股票 / 183
8.2.2 通过多周期同列分析股票 / 185
8.3 应用沙盘推演与训练模式 / 186
8.3.1 使用沙盘推演股票数据 / 186
8.3.2 使用训练模式模拟炒股 / 187

第9章 扩展菜单——掌握全国股票行情

9.1 连接与断开市场行情 / 192
9.1.1 连接扩展市场行情 / 192
9.1.2 断开扩展市场行情 / 193
9.2 掌握香港股票市场行情 / 194
9.2.1 掌握香港股票指数 / 194
9.2.2 掌握香港主板市场 / 196
9.2.3 掌握香港创业板市场 / 197
9.2.4 掌握香港信托基金 / 198
9.2.5 掌握港股板块行情 / 199
9.2.6 掌握港股行业数据 / 200
9.3 掌握股票期权市场行情 / 201
9.3.1 掌握上海股票期权行情 / 201
9.3.2 掌握期权T型报价数据 / 202

第10章 资讯菜单——查看股市最新资讯

10.1 打开财经资讯 / 204
10.1.1 通过命令打开财经资讯 / 204
10.1.2 通过按钮打开财经资讯 / 206
10.2 查看股市基本信息 / 206
10.2.1 查看上市公司基本资料 / 206

10.2.2 查看股票的权息资料 / 210
10.2.3 查看沪深的权息资料 / 211
10.2.4 查看港股披露易资料 / 214
10.2.5 查看券商服务器通告 / 215
10.2.6 查看股票的信息地雷 / 216
10.2.7 撰写股票的投资日记 / 217

第11章 工具菜单——提高炒股的方便性

11.1 编辑股票界面的方法 / 222
11.1.1 运用画线工具 / 222
11.1.2 运用自动换页功能 / 224
11.1.3 运用监控剪贴板功能 / 225
11.1.4 运用屏幕截图功能 / 226
11.1.5 运用品种组合计算功能 / 228

11.2 标记股票数据的方法 / 231
11.2.1 标记当前股票品种 / 232
11.2.2 删除当前标记内容 / 233

11.3 个性化设置股票软件 / 234
11.3.1 设置界面图形标识 / 234
11.3.2 设置软件外观颜色 / 235

第12章 帮助菜单——解决用户炒股疑惑

12.1 使用通达信帮助功能 / 240
12.1.1 查看软件帮助说明书 / 240
12.1.2 使用快捷键和FAQ说明 / 241
12.1.3 寻求通达信客服的帮助 / 242
12.1.4 查看系统状态信息 / 243
12.1.5 查看系统版权信息 / 244
12.1.6 查看每日一帖资讯 / 245

12.1.7 查看交易所休市日 / 246
12.2 使用通达信论坛功能 / 247
　　12.2.1 进入用户论坛网站 / 247
　　12.2.2 注册论坛账户信息 / 249

第13章　手机炒股——通达信APP入门

13.1 下载与登录通达信APP / 252
　　13.1.1 下载与安装通达信APP / 252
　　13.1.2 注册与登录通达信APP / 253
13.2 使用通信达手机炒股软件 / 255
　　13.2.1 分析股票的市场行情 / 256
　　13.2.2 分析股票的大盘走势 / 258
　　13.2.3 分析股票的个股走势 / 261
13.3 应用通达信的特色功能 / 265
　　13.3.1 掌握市场配置菜单 / 265
　　13.3.2 掌握DDE决策系统 / 266
　　13.3.3 掌握股票的热点资讯 / 267

高手秘籍篇

第14章　K线分析——破解盘面行情走向

14.1 掌握K线的基础知识 / 272
　　14.1.1 认识K线的基本形态 / 272
　　14.1.2 掌握K线的计算周期 / 272
　　14.1.3 熟知K线成交量形态 / 273
　　14.1.4 调出股票K线图数据 / 275
14.2 掌握K线的信号分析 / 277
　　14.2.1 大阳线和小阴线分析 / 277
　　14.2.2 光头光脚阳线分析 / 279

14.2.3 上影和下影阳线分析 / 279

14.2.4 十字星信号分析 / 281

14.2.5 T字线信号分析 / 283

14.2.6 乌云盖顶信号分析 / 284

14.2.7 黄昏之星信号分析 / 285

14.2.8 红三兵信号分析 / 285

14.2.9 黑三鸦信号分析 / 286

第15章 形态分析——提高分时图分析技术

15.1 了解股价形态分析 / 290

15.2 分析股市反转形态 / 290

15.2.1 M头反转形态 / 291

15.2.2 W底反转形态 / 292

15.2.3 头肩顶反转形态 / 293

15.2.4 头肩底反转形态 / 294

15.2.5 圆弧顶反转形态 / 295

15.2.6 圆弧底反转形态 / 296

15.2.7 V形底反转形态 / 296

15.3 分析股市整理形态 / 298

15.3.1 矩形整理形态 / 298

15.3.2 旗形整理形态 / 299

15.3.3 楔形整理形态 / 300

15.3.4 三角形整理形态 / 301

第16章 趋势分析——预测股价变化趋势

16.1 掌握股票趋势分析的要点 / 304

16.1.1 掌握趋势变化的方向 / 304

16.1.2 掌握趋势的时间周期 / 305

16.1.3 掌握股价趋势转折点 / 308

16.2 分析股票支撑线和压力线 / 308
  16.2.1 分析短期支撑线与压力线 / 309
  16.2.2 分析长期支撑线与压力线 / 309
16.3 分析股票常见趋势线变化 / 310
  16.3.1 分析趋势线的变化 / 310
  16.3.2 分析轨道线的变化 / 312
  16.3.3 分析扇形线的变化 / 313
  16.3.4 分析速度线的变化 / 313
  16.3.5 分析黄金分割线的变化 / 314

第17章 技术分析——深层解构盘中动向

17.1 掌握指标的概念和法则 / 318
  17.1.1 什么是指标背离 / 318
  17.1.2 什么是指标交叉 / 319
  17.1.3 掌握其他应用法则 / 319
17.2 分析常用技术指标的方法 / 320
  17.2.1 分析移动平均线 / 320
  17.2.2 分析平滑异同平均线 / 321
  17.2.3 分析趋向指标 / 321
  17.2.4 分析威廉指标 / 323
  17.2.5 分析情绪指标 / 324
  17.2.6 分析随机指标 / 325
  17.2.7 分析累计能量线 / 326
  17.2.8 分析相对强弱指标 / 327
  17.2.9 分析布林线 / 328

第18章 安全炒股——炒股误区与风险防范

18.1 熟知炒股五大误区 / 332
  18.1.1 不能及时控制止损 / 332

- 18.1.2 倾向于买低价股票 / 333
- 18.1.3 喜欢分析预测大盘 / 333
- 18.1.4 下载太多炒股APP / 334
- 18.1.5 被套牢时不采取措施 / 335

18.2 防范炒股七大风险 / 336

- 18.2.1 学习股票专业知识 / 336
- 18.2.2 掌握宏观经济要闻 / 337
- 18.2.3 不能相信恶意股评 / 338
- 18.2.4 手机炒股需要谨慎 / 339
- 18.2.5 不法分子诈骗钱财 / 340
- 18.2.6 使用WiFi窃取隐私 / 340
- 18.2.7 小心APP吸费软件 / 340

18.3 安全防范股市投资 / 342

- 18.3.1 确定合适的投资方式 / 342
- 18.3.2 严控资金管理方案 / 342
- 18.3.3 防范非法证券机构 / 342
- 18.3.4 投资学会适可而止 / 343
- 18.3.5 防止投资资金被套 / 344
- 18.3.6 赚钱机会永远都在 / 345
- 18.3.7 时刻保持投资清醒 / 345
- 18.3.8 控制情绪投资谨慎 / 345

第 1 章　亲密接触——网上炒股快速入门

学前提示　　对于散户们来说，想要在股市里面捞一桶金不算难事，难的是源源不断地获得盈利。究其原因在于他们不懂得更新知识和自如地运用学到的知识。对于股票基础知识基本为零的新手们来说，应该懂得"武装好大脑，才能武装好钱包"的道理。

要点展示
- ▶ 股票入门知识
- ▶ 股票的开户与入市

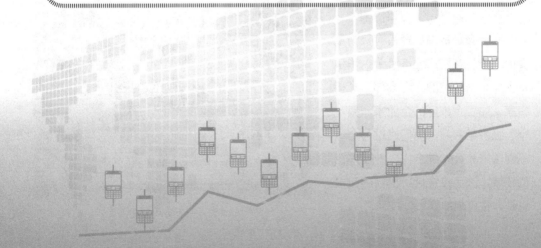

1.1 股票入门知识

华尔街有两位"炒手"不断交易一罐沙丁鱼罐头，每一次甲方都用更高的价格从乙方手里买进，这样双方都赚了不少钱。一天，甲决定打开罐头看看：一罐沙丁鱼为什么要卖这么高的价格？结果令他大吃一惊：鱼是臭的！他为此指责对方。乙的回答是：罐头是用来交易的，不是用来吃的。

从这个炒卖罐头的故事中，不难看出其反复交易的本质，就是不断地提高罐头的价格，从中获得最大的利益。而股票的本质也在于此。

在当今社会中，股票已经不是一个陌生的名词，但人们对其真正的理解并不深。作为目前最火爆的投资方式，股票风靡全球。而对于想要开始学习炒股的投资者，则需要进一步认识股票究竟是什么。

▶ 1.1.1 什么是股票

股票是股份公司（包括有限公司和无限公司）在筹集资本时向出资人发行的股份凭证，代表着其持有者（即股东）对股份公司的所有权。

这种所有权为一种综合权利，如参加股东大会、投票表决、参与公司的重大决策等，并收取股息或分享红利等。在股票电子化以前，股民购买股票的时候可以得到一张印刷精致的纸质凭证，即实物股票，如图1-1所示。

随着股票交易的电子化，实物股票逐渐退出了股票交易的舞台，现如今，实物股票已被国家博物馆界定为文物，已经很难再看到。

股票一般可以通过买卖方式有偿转让，股东能通过股票转让收回其投资，但不能要求公司返还其出资。股东与公司之间的关系不是债权债务关系。股东是公司的所有者，以其出资额为限对公司负有限责任、承担风险、分享收益。

在一些西方国家（如美国），投资在社会经济中已经占有极为重要的地位。在资产经济繁荣的华尔街上，来来往往的人士大部分是投资家，如资金雄厚的企业家、银行家、经济学家等。他们通过与全球不同国家和公司的合作，涉及广泛的领域，因而投资后所得到的回报也是非常可观的。

图 1-1 实物股票

1.1.2 初识股票5个特点

股票作为一种有价证券，有以下几个特点。

（1）**不可偿还性**。股票是一种无偿还期限的有价证券，当投资者认购了股票后，就不能再要求退股，只能通过二级市场卖给第三者。股票的转让只意味着公司股东的改变，并不减少公司资本。从期限上看，只要公司存在，它所发行的股票就存在，也就是说，股票的期限等于公司存在的期限。

（2）**参与性**。作为股票持有者，每一位股民都有参与股份公司盈利分配和承担有限责任的权利及义务。股东有权出席股东大会，选举公司董事会，参与公司重大决策。股票持有者的投资意志和享有的经济利益，通常是通过行使股东参与权来实现的。股东参与公司决策的权力大小，取决于其所持有股份的多少，只要股东持有的股票数量达到左右决策结果所需的实际数量时，就能掌握公司决策控制权。

（3）**收益性**。股东凭其持有的股票，有权从公司领取股息或红利，获取投资的收益。股息或红利的大小，主要取决于公司的盈利水平和公司的盈利分配政策。股票的收益性，还表现在股票投资者可以获得价差收入或实现资产保值增值。通过低价买入和高价卖出股票，投资者可以赚取价差利润。

（4）**流通性**。股票的流通性是指股票在不同投资者之间的可交易性。流通性通常以可流通的股票数量、股票成交量以及股价对交易量的敏感程度来衡量。可流通股数越多，成交量越大，价格对成交量越不敏感（价格不会随着成交量一同变化），股票的流通性就越好，反之就越差。股票的流通，使投资者可以在市场上卖出所持有的股票，取得现金。通过股票的流通和股价的变动，可以看出人们对于相关行业和上市公司的发展前景与盈利潜力的判断。那些在流通市场上吸引大量投资者、股价不断上涨的行业和公司，可以通过增发股票，不断吸收大量资本进入生产经营活动，收到了优化资源配置的效果。

（5）**价格波动性和风险性**。股票在交易市场上作为交易对象，和商品一样，有自己的市场行情和市场价格。由于股票价格要受到（如公司经营状况、供求关系、银行利率、大众心理等）多种因素的影响，其波动有很大的不确定性。正是这种不确定性，有可能使股票投资者遭受损失，价格波动的不确定性越大，投资风险也越大。因此，股票是一种高风险的金融产品。例如，称雄于世界计算机产业的国际商用机器公司（IBM），当其业绩不凡时，每股价格高达170美元，但在其地位遭到挑战、出现经营失策而招致亏损时，股价下跌到40美元。因此，如果投资者不合时机地在高价位买进该股，就会导致严重损失。

▶ 1.1.3 了解证券交易所

股票市场是已经发行的股票按市价进行转让、买卖和流通的市场。相比而言，股票流通市场的结构和交易活动比发行市场更为复杂，其作用和影响也更大，大部分国家都有一个或多个股票交易所。

证券交易所是指有组织的有价证券交易市场，如图1-2所示，属于非盈利的事业法人，接受国家证券主管机关证券委员会及证监会的领导、管理和监督。证券交易所的业务主要是提供证券集中交易的场所和设施，在主管机关批准的范围内管理证券商和上市公司，提供证券市场的信息服务等。

图1-2 证券交易市场

通常情况下，证券交易所本身并不参与证券交易，而且也不能决定证券价格。证券交易所主要有两种组织形式：公司制和会员制。例如，国内的深圳、上海两大证券交易所采用的都是会员制组织形式。

> **专家指点**
>
> 由于证券交易只给券商会员提供交易场所，因此普通自然人和法人不能直接到证券交易所进行买卖交易，所有证券交易都必须通过券商来进行，即成为交易所会员的券商可以进入交易市场参与交易。

▶ 1.1.4 了解券商功能分类

从功能上，券商可分为证券经纪商、证券自营商和证券承销商。

（1）**证券经纪商**：是指代理客户买卖有价证券的证券机构，是中介者，以赚取佣金为目的。

（2）**证券自营商**：是指自行买卖证券的证券机构，它以自己的名义、账户在交易市场买卖证券。

（3）**证券承销商**：是以包销或代销的方式发售证券的机构。

目前，我国在上海和深圳设立了证券交易所，各地券商则分别是两个证券交易所的会员。在国内，券商可以兼营以上3种业务。

通常，投资者只需要和证券公司有直接联系，如果需要买卖股票，可到证券公司办理委托；券商的业务员在受理委托后，便会立即通知在证券交易所内的驻场交易员；驻场交易员接到委托通知，按一定方式在场内依照委托要求进行公开申报，完成交易。

▶ 1.1.5 熟知股市常用术语

在认识了相应的股票和股票市场知识后，投资者需要对相关的股市名词术语进行相应的了解，如表1-1所示。股票术语就是在股市中用来表达各种量能关系的特殊语言，广泛流通于股票交易与市场分析中。

表1-1 股市常用术语

常用术语	基本含义
牛市	也称多头市场，指证券市场行情普遍看涨、买入者多于卖出者、延续时间较长的大升市。此处的证券市场泛指常见的股票、债券、期货、期权（选择权）、外汇、基金、可转让定存单、衍生性金融商品及其他各种证券
熊市	也称空头市场，指行情普遍看淡，延续时间相对较长的大跌市，是指股市行情萎靡不振、交易萎缩、指数一路下跌的态势
利多	利多也称为利好，是指刺激股价上涨的信息，如股票上市公司经营业绩好转、银行利率降低、社会资金充足、银行信贷资金放宽、市场繁荣等，以及其他政治、经济、军事、外交等方面对股价上涨有利的信息
利空	利空就是指能够促使股价下跌的信息，如股票上市公司经营业绩恶化、银行紧缩、银行利率调高、经济衰退、通货膨胀、天灾人祸等，以及其他政治、经济、军事、外交等方面促使股价下跌的不利消息
多头	多头是指投资者对股市看好，预计股价将会看涨，于是趁低价时买进股票，待股票上涨至某一价位时再卖出，以获取差额收益。一般来说，通常把股价长期保持上涨势头的股票市场称为多头市场，多头市场股价变化的主要特征是一连串的大涨小跌
空头	空头是投资者和股票商认为现时股价虽然较高，但对股市前景看坏，预计股价将会下跌，于是把手里的股票及时卖出，待股价跌至某一价位时再买进，以获取差额收益。这种先卖出后买进、从中赚取差价的交易方式称为空头。通常把股价长期呈下跌趋势的股票市场称为空头市场，空头市场股价变化的特征是一连串的大跌小涨
买空	买空是投资者预测股价将会上涨，但自有资金有限，不能购进大量股票，于是先缴纳部分保证金，并通过经纪人向银行融资以买进股票，待股价上涨到某一价位时再卖，以获取差额收益
卖空	卖空是投资者预测股票价格将会下跌，于是向经纪人交付抵押金，并借入股票抢先卖出。待股价下跌到某一价位时再买进股票，然后归还借入股票，从中获取差额收益

续表

常用术语	基本含义
除息	除息是指股票发行企业在发放股息或红利时，事先核对股东名册、召开股东会议等多种准备工作，规定以某日在册股东名单为准，并公告在此日以后一段时期为停止股东过户期。停止过户期内，股息红利仍发给登记在册的旧股东，新买进股票的持有者因没有过户就不能享有领取股息红利的权利。同时，股票买卖价格应扣除这段时期内应发放股息红利数，就是除息交易
除权	除权与除息一样，也是停止过户期内的一种规定，即新的股票持有人在停止过户期内不能享有该种股票的增资配股权利。配股权是指股份公司在增加资本发行新股票时，原有股东有优先认购或认配的权利
开盘价	开盘是指某种证券在证券交易所每个营业日的第一笔交易，第一笔交易的成交价即为当日开盘价。按上海证券交易所规定，如开市后半小时内某证券无成交，则以前一天的收盘价为当日开盘价。有时某证券连续几天无成交，则由证券交易所根据客户对该证券买卖委托的价格走势，提出指导价格，促使其成交后作为开盘价。首日上市买卖的证券经上市前一日柜台转让平均价或平均发售价为开盘价
收盘价	收盘价是指某种证券在证券交易所一天交易活动结束前最后一笔交易的成交价格。如当日没有成交，则采用最近一次的成交价格作为收盘价。因为收盘价是当日行情的标准，又是下一个交易日开盘价的依据，可据以预测未来证券市场行情，所以投资者对行情分析时，一般采用收盘价作为计算依据
建仓	股票建仓就是买入股票。建仓是个形象的说法，一般指某个个体看好某个股票的前景，有计划地、持续地买入一定量的该股票，然后稳定持有等待其股价上涨。建仓期就是完成这个买入计划所花费的时间
平仓	平仓一般指买进股票后，股价上涨有盈利后卖出股票并有了成交结果的行为
斩仓	斩仓一般指买进股票后，股价开始下跌造成亏损，此时卖出股票并有了成交结果的行为。例如，投资者第1天以10元买进了万科800股，第3天股价下跌，投资者认为股价还可能继续下跌，于是当天以9元卖出800股，顺利成交后，该行为称为斩仓
拨档	投资者做多头时，若遇股价下跌，并预计股价还将继续下跌时，马上将其持有的股票卖出，等股票跌落一段差距后再买进，以减少做多头在股价下跌那段时间受到的损失，采用这种交易行为称为拨档
回档	在股市上，股价呈不断上涨趋势，终因股价上涨速度过快而反转回跌到某一价位，这一调整现象称为回档。一般来说，股票的回档幅度要比上涨幅度小，通常是反转回跌到前一次上涨幅度的1/3左右时又恢复原来上涨趋势
反弹	在股市上，股价呈不断下跌趋势，终因股价下跌速度过快而反转回升到某一价位的调整现象称为反弹。一般来说，股票的反弹幅度要比下跌幅度小，通常是反弹到前一次下跌幅度的1/3左右时，又恢复原来的下跌趋势
停板	因股票价格波动超过一定限度而停做交易，其中因股票价格上涨超过一定限度而停做交易叫涨停板，因股票价格下跌超过一定限度而停做交易叫跌停板。我国证券制度规定，除上市首日之外，股票（含A、B股）和基金类证券在一个交易日内的交易价格相对上一交易日收市价格的涨跌幅度不得超过10%，超过涨跌限价的委托为无效委托。我国的涨跌停板制度与国外制度的主要区别在于股价达到涨跌停板后，不是完全停止交易，在涨跌停价位或之内价格的交易仍可继续进行，直到当日收市为止

续表

常用术语	基本含义
套牢	套牢指进行股票交易时所遭遇的交易风险。例如投资者预计股价将上涨，但在买进后股价一直呈下跌趋势，这种现象称为多头套牢。相反，投资者预计股价将下跌，将所借股票放空卖出，但股价一直上涨，这种现象称为空头套牢
解套	解套指当套牢时通过各种策略，使股票回归成本或有盈利
空头陷阱	空头陷阱就是市场主流资金大力做空，通过盘面中显现出明显疲弱的形态，诱使投资者恐慌性抛售股票
送配股	送配股包括送股和配股两个意思：①送股是指上市公司将利润（或资本金转增）以红股的方式分配给投资者使投资者所持股份增加而获得投资收益。②配股是股份有限公司在扩大生产经营规模、需要资金时，通过配售新股票向原有股东募集资本金的一种办法
分红	分红是股份公司在盈利中每年按股票份额的一定比例支付给投资者的红利，是上市公司对股东的投资回报。投资者购买一家上市公司的股票，对该公司进行投资，同时享受公司分红的权利，一般来说，上市公司分红主要有两种形式：向股东派发现金股利和股票股利。上市公司可根据情况选择其中一种形式或两种形式进行分红

1.2 股票的开户与入市

股票账户是指投资者在券商处开设的进行股票交易的账户。作为一个新入市的投资者，在进入股市进行证券交易之前，必须首先开立股票账户，有了这个"通行证"，才能入市进行证券买卖操作。

▶ 1.2.1 了解国内出名的券商

如今，为投资者提供证券服务的券商有很多，它们实际上就是证券交易所的代理商。图1-3介绍了一些国内较出名的券商供大家选择。

俗话说："不要懵懵懂懂地随意买股票，要在投资前扎实地做一些功课，才能成功。"在了解了股票的基本知识后，投资者还必须明确如何进行炒股、需要注意的具体事项以及各种交易操作方法等，只有做足了准备，才能稳步前进。

中信证券	中信证券股份有限公司是中国证监会核准的第一批综合类证券公司之一。服务内容包括证券（含境内上市外资股）的代理买卖；代理证券还本付息、分红派息；证券的代保管、鉴证；代理登记开户等

广发证券股份有限公司成立于1991年9月，是中国首批综合类券商之一，是一家与中国资本市场一同成长起来的新型投资银行，形成了跨越证券、基金、期货、股权投资领域的金融控股集团架构

 国信证券是全国性大型综合类证券公司，主要服务为证券的代理买卖、代理证券的还本付息和分红派息券保管与鉴证、代理登记开户、证券自营买卖、证券的承销、证券投资咨询、客户资产管理、直接投资、融资融券、股指期货IB业务以及中国证监会批准的其他业务

华泰证券公司是中国证监会首批批准的综合类券商，提供专业的证券理财服务，拥有以证券经纪、资产管理、投资银行服务、投资服务、基金债券代销服务等为基本架构的完善的专业证券服务体系

图1-3 国内较出名的券商

1.2.2 选择合适的证券公司

大多数投资者在初入股市之时，最急切关注的一个问题就是：哪家券商好？我的户要开在哪里？如果不仔细斟酌就随便开了户，日后可能会产生许多不必要的麻烦。投资者必须牢记投资炒股的一大禁忌——盲目跟风。买股票如此，选券商亦如此，正所谓"没有最好的，只有最适合自己的"。图1-4列举了选择适合自己证券公司的常用方法。

> **专家指点**
>
> 股票投资的一项基本费用就是佣金，佣金水平的高低也是选择券商的一个要素。

图 1-4 选择适合自己证券公司的常用方法

▶ 1.2.3 购买股票的入市流程

对于在知识、信息、设备和资金都处于劣势的中小投资者来说，不可能花费太多时间和精力钻研股市理论及行情，所以有不少股民是在对股票知之甚少、甚至一无所知的情况下入市的，这使他们面临着很大的风险。

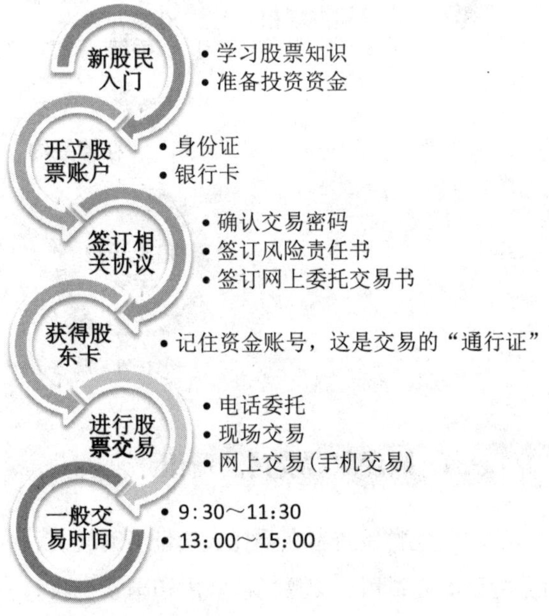

因此，炒股首先要全面而详细地认识各种股票，了解上市公司，掌握股市行情，眼观六路，耳听八方，慎重交易。其中，最重要的一点就是要熟知股票入市交易流程，如图1-5所示。新股民要做的第一件事就是为自己开立一个股票账户

图 1-5 股票交易流程

(即股东卡)。股票账户相当于一个"银行户头",投资者只有开立了股票账户才可进行证券买卖。

总之,成功需要正确的方法,炒股更是一门高深的学问,如果认为随随便便买卖股票就可以赚钱,贸然入市,那一定会损失惨重的。笔者建议,投资者一定要牢记炒股的交易流程,积累一定的股票知识和操作经验。

▶ 1.2.4 股票开户的操作流程

开户也称为开设账户,投资者可以在券商柜台或网上办理。国内有众多的券商,如海通证券、中信证券、宏源证券、光大证券、兴业证券等,投资者可以择优选取一家进行开户。股票开户流程如图1-6所示。

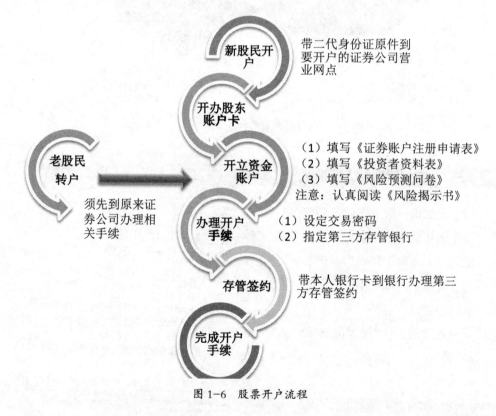

图1-6 股票开户流程

▶ 1.2.5 股民需要支付的费用

我国的证券投资者在委托买卖证券时应支付各种费用和税收,这些费用按收取机构可分为证券商费用、交易场所费用和国家税收。

目前,投资者在购买我国券商交易上交所和深交所挂牌的A股、基金、债券时,需交纳的各项费用主要有委托费、佣金、印花税、过户费及转托管费等。

（1）**委托费**：主要用于支付通信等方面的开支。一般按笔计算，交易上海股票、基金时，上海本地券商按每笔1元收费，异地券商按每笔5元收费；交易深圳股票、基金时，券商按1元收费。

（2）**佣金**：是指投资者在委托买卖成交后所需支付给券商的费用。上海股票、基金及深圳股票均按实际成交金额的3.5‰向券商支付，上海股票、深圳股票成交佣金起点为5元；债券交易佣金收取最高不超过实际成交金额的2‰，大宗交易可适当降低。

（3）**印花税**：是指投资者在卖出成交后支付给财税部门的税收。上海股票及深圳股票均按实际成交金额的1‰支付，此税收由券商代扣后由交易所统一代缴。债券与基金交易均免交此项税收。

（4）**过户费**：是指股票成交后，更换户名所需支付的费用。由于我国两家交易所不同的运作方式，上海股票采取的是"中央登记、统一托管"，所以此费用只在投资者进行上海股票、基金交易中才支付，深股交易时无此费用。此费用按成交股票数量(以每股为单位)的1‰支付，不足1元按1元收取。

（5）**转托管费**：是办理深圳股票、基金转托管业务时所支付的费用。此费用按户计算，每户办理转托管时需向转出方券商支付30元。

▶ 1.2.6 开立账户需要的资料

投资者如需入市，应事先开立证券账户卡。下面分别介绍开立深圳证券账户卡和上海证券账户卡要准备的资料，如表1-2所示。

表1-2 开立证券账户卡的条件

项目	深圳证券账户卡	上海证券账户卡
投资者	可以通过所在地的证券营业部或证券登记机构办理，需提供本人有效身份证及复印件，委托他人代办的，还需提供代办人身份证及复印件	可以到上海证券中央登记结算公司在各地的开户代理机构处，办理有关申请开立证券账户手续，带齐有效身份证件和复印件
法人	持营业执照(及复印件)、法人委托书、法人代表证明书和经办人身份证办理	需提供法人营业执照副本原件或复印件，或民政部门、其他主管部门颁发的法人注册登记证书原件和复印件；法定代表人授权委托书以及经办人的有效身份证明及其复印件
备注	证券投资基金、保险公司开设账户卡则需到深圳证券交易所直接办理	委托他人代办须提供代办人身份证明及其复印件，以及委托人的授权委托书
费用	个人50元/账户；机构500元/账户	个人纸卡40元，个人磁卡本地40元/账户，异地70元/账户；机构400元/账户

当前，如要买卖在上海、深圳两地上市的股票，投资者需分别开设上海证券交易所股票账户和深圳证券交易所股票账户，开设上海、深圳A股股票账户必须到证券登记公司或由其授权的开户代理点办理。如北京证券登记有限公司是北京地区股民办理上海、深圳A股股票账户开户业务的唯一法定机构。

▶ 1.2.7 委托券商购买股票

投资者在开通股票账户后，并不是直接就可以买卖股票了。在股市中，股民没有直接进入证券交易所进行股票买卖的资格，所以交易活动必须办理委托，通过证券商来进行买卖。委托买卖又是证券商通过接受投资人的委托，赚取一定佣金的交易行为。

1. 6种委托方式

投资者在开户的同时，需要对今后自己采用的交易手段、资金存取方式进行选择，并与证券营业部签订相应的开通手续及协议。股票交易委托方式如表1-3所示。

表1-3 股票交易委托方式

类 型	说 明
电话委托	电话委托不需要委托人亲自到证券营业厅，只需拨通营业部的委托电话，然后根据电话提示，通过电话上的数字键来完成相关操作
网上交易	网上委托通过互联网下达委托命令，以便快速完成操作
手机炒股	基于移动通信网的数据传输功能来实现用手机进行信息查询和无线应用炒股，让一个普通手机成为综合性的处理终端
银证转账	在银行与券商联网的基础上，投资者直接利用在银行各网点开立的活期储蓄存款账户卡折作为证券保证金账户，通过银行的委托系统(如电话银行、银行柜台系统、银行网上交易系统、手机银行)，或通过证券商的委托系统(电话委托、自助键盘委托、网上委托等)进行证券买卖的一种新型金融服务业务
柜台委托	柜台委托是最原始的委托方式，由于委托人需要填写委托单，所以也称填单委托。委托时必须出示相关证件，操作比较麻烦
传真委托	传真委托以传真的方式，将确定的委托内容与要求传真给证券商，委托他们代理买卖股票交易

如今的股票交易基本上是网上交易了，投资者要考虑除网上交易外是否有网上咨询服务、股票手机交易软件、电话语音报单等其他服务，为的就是能交易方便顺畅。

> **专家指点**
>
> 网上委托因其方便快捷的操作方法，已经成为委托买卖的主要方式。此外，还有电报委托、信函委托等方式，由于比较麻烦，已不常用。

2. 委托买卖流程

委托买卖的流程如图1-7所示。

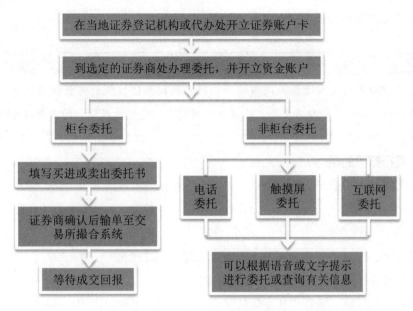

图1-7 委托买卖程序操作流程

3. 办理委托报价技巧

我国常用的委托报价方式有限价委托和市价委托两种。

● 限价委托就是在买入股票时，限定一个最高价，只允许证券经纪人按其规定的最高价或低于最高价的价格成交；在卖出股票时，限定一个最低价，只允许证券经纪人按其规定的最低价或高于最低价的价格成交。其特点是股票买卖可以按照投资者希望的价格或更好的价格成交，有利于实现预期投资计划。

● 市价委托是指定交易数量而不给出具体的交易价格，但要求按该委托进入交易大厅或者交易撮合系统时，以市场上最好的价格进行交易。其特点是能保证即时成交，相对其他委托报价，消除了因价格限制不能成交所产生的风险。

投资者在委托买卖股票时，报价十分重要，了解交易所竞价规则，掌握报价技巧，对投资收益有很大的帮助。无论在哪个交易所，成交价格都遵循"价格优先，时间优先"的原则，同时，在这个原则中，"价格优先于时间"。

（1）**价格优先**：较高价格买进申报优先于较低价格买进申报，较低价格卖出申报优先于较高价格卖出申报。

（2）**时间优先**：买卖方向、价格相同的，先申报者优先于后申报者。先后顺序按交易主机接受申报的时间确定。

1.2.8 购买新股的条件和程序

新股发行是指首次公开发行股票(Initial Public Offerings，IPO)，是指企业通过证券交易所首次公开向投资者发行股票，以期募集用于企业发展资金的过程。

> **专家指点**
>
> 新股申购是为获取股票一级市场、二级市场间风险极低的差价收益，不参与二级市场炒作，不仅本金非常安全，收益也相对稳定，是稳健投资者的理想投资选择。

1. 发行新股的条件

在股市中，只有具备一定的条件，并符合国家相关规定的上市公司，才具备发行新股的资格。根据我国《证券法》《公司法》等的相关规定，公司若要发行新股，必须具备以下条件。

- 公司在最近三年内连续盈利，并可以向股东支付股利。
- 前一次发行的股份已募足，并间隔一年以上。
- 进行沪深A股、债券和基金交易。
- 公司在最近三年内财务文件无虚假记载。
- 公司预期利润率可达到同期银行存款利率。

此外，上市公司发行新股，还必须具备以下条件。

- 具有完善的法人治理机构，与对其具有实际控制权的法人或其他组织及其他关联企业在人员财务上独立以及资产完整。
- 股东大会的通知、召开方式、表决方式和决议内容必须符合《公司法》及有关规定。
- 公司章程符合《公司法》和《上市公司章程指引》的规定。
- 本次新股发行募集资金数额原则上不超过公司股东大会批准的拟投资项目的资金需要数额。
- 本次新股发行募集资金用途符合国家产业政策的规定。
- 公司有重大购买或者出售资产行为的，应当符合中国证监会的有关规定。
- 不存在资金法人或其他组织及其关联人占用的情形或其他损害公司利益的重大关联交易。
- 中国证监会规定的其他要求。

2. 申购新股的程序

投资者开户申购新股必须在发行日之前办好上海证交所或深圳证交所证券账户，最新的（2016年）申购新股的具体程序如下。

● T-2日前，打新（用资金参与新股申购）市值准备：以投资者为单位计算的T-2日前20个交易日（含T-2日）的日均市值计算。

● T-1日，发行人与主承销商（股票发行中独家承销或牵头组织承销的证券经营机构）刊登网上发行公告。

● T日（申购日），投资者根据额度进行申购，申购时无须缴款，当日配号，并且发送配号结果数据。

● T+1日，主承销商公布中签率，组织摇号抽签，形成中签结果，上交所于当日盘后向证券公司发送中签结果。

● T+2日，主承销商公布发行价格及中签结果，投资者也可以向其指定交易的证券公司查询中签结果。

● T+3日15:00前，结算参与人向中国结算申报其投资者放弃认购数据；16:00，中国结算对认购资金进行交收处理，将认购资金划入主承销商资金交收账户。

● T+4日，主承销商将认购资金扣除承销费用后划给发行人，公布网上发行结果。

另外，投资者也可以通过通达信炒股软件，查看最新的新股指南，具体操作方法为：在菜单栏中，单击"资讯"按钮，在左侧窗格中选择"财经资讯"|"今日关注"选项，即可在打开的窗口中查看相应的新股列表、公司简介、机构观点、风险提示等信息，如图1-8所示。

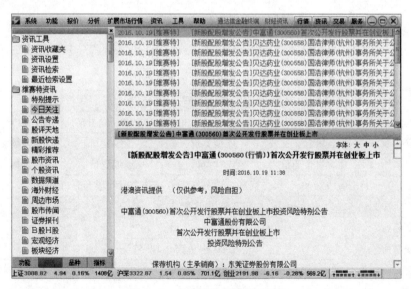

图1-8　查看通达信新股信息

3. 新股申购常见名词

新股申购的常见名词有以下几类，如表1-4所示。

表 1-4 新股申购的常见名词

常见名词	基本含义
代销	指证券发行人委托承销业务的证券经营机构，代为向投资者销售证券
承销	指证券经营机构借助自己在证券市场上的信誉和营业网点，在规定的期限内将证券销售出去
包销	指发行人与承销机构签订合同，由承销机构买下全部或销售剩余部分的证券，承担全部销售风险
公开发行	指发行人通过中介机构向社会公众公开地发售证券。在该情况下，所有合法的社会投资者都可以参加认购，包括个人投资者、法人机构及证券投资基金
私募发行	又称不公开发行或内部发行，指面向少数特定投资者发行证券的方式
平价发行	也称等额发行或面额发行，指发行人以票面金额作为发行价格
股票上市	指已经发行的股票经证券交易所批准后，在交易所公开挂牌交易的法律行为
上市公司	指依法公开发行股票，并在获得证券交易所审查批准后，其股票在证券交易所上市交易的股份有限公司。上市公司是股份有限责任公司，具有股份有限公司的一般特点

▶ 1.2.9 竞价成交的原则与案例

交易所目前所采用的竞价方式为电脑集中竞价，即由电脑交易主机接受投资者的委托买卖指令，然后撮合成交。

1. 竞价成交原则

交易所市场所有的证券交易都是按照"价格优先、时间优先"的原则进行竞价成交的，即买入时谁输入的买价高谁就优先成交，卖出时谁输入的卖价低谁就先成交。在出价相同的时候，谁的时间优先、谁先委托谁就先成交。竞价成交的基本规则如表1-5所示。

表 1-5 竞价成交的基本规则

交易时间				
时间段	9:15~9:25	9:30~11:30	13:00~14:57	14:57~15:00
上海交易所	开盘集合竞价	连续竞价	连续竞价	连续竞价
深圳交易所	开盘集合竞价	连续竞价	连续竞价	收盘集合竞价
备注：9:30~11:30、13:00~14:57、14:57~15:00 这 3 个时间段为开市时间。				
不能撤单时间				
上海交易所	9:20~9:25			
深圳交易所	9:20~9:25、14:57~15:00			
买卖时间规则				
T+1	A股、B股、封闭式基金		当天买入，当天不能卖出	
T+0	权证、债券、债券回购		当天买入，当日就可以卖出	
交割时间规则				
A股：T+1	B股：T+3		港股：T+0	

2. 集合竞价

投资者在开盘时关注的数据之一就是集合竞价，这是分析开盘走势时重要的数据之一。集合竞价是指在股票每个交易日上午9:15~9:25，由投资者按照自己所能接受的心理价格自由地进行买卖申请。

所谓集合竞价，就是在当天还没有开盘之前，投资者可根据前一天的收盘价和对当日股市的预测来输入股票价格，在集合竞价时间里输入计算机主机的所有下单，按照价格优先和时间优先的原则计算出最大成交量的价格，这个价格就被称为集合竞价的成交价格，而这个过程被称为集合竞价。集合竞价的撮合原则如图1-9所示。

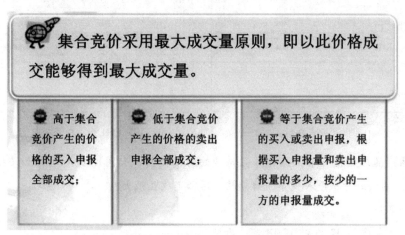

图 1-9 集合竞价的撮合原则

在当天9:25以后，就可以看到各股票集合竞价的成交价格和数量。有时某种股票因买入人给出的价格低于卖出人给出的价格而不能成交，那么，9:25后该股票的成交价一栏就是空的。当然，若有的公司因为要发布消息或召开股东大会而停止交易一段时间，那么集合竞价时该公司股票的成交价一栏也是空的。

因为集合竞价是按照最大成交量的价格成交的，所以对于普通投资者来说，在集合竞价时间，只要打入的股票价格高于实际的成交价格就可以成交，当然，如果按涨停价买或按跌停价卖则保证优先成交。所以，散户如果希望在集合竞价时优先买到股票，通常可以把价格打得高一些，目的是获得优先成交权，因为你的成交价是较低的集合竞价。另外，散户买入股票的数量不会很大，一般不会对该股票的集合竞价价格产生什么影响。如果上个交易日的K线形态不同，则次日股票集合竞价时所产生的开盘价所指示的盘面意义也有所不同。

【案例分析1】 上个交易日为阳线的集合竞价盘面分析

如果上个交易日为阳线，在集合竞价后，股票以高于上个交易日的最高价开盘，说明买方势力强大，此时就要判断股价是假突破还是真突破，下面举例说明。

如图1-10所示，长江投资（600119）2015年3月11日以19.16元的价格阳线报收涨停板。

第二个交易日，股价以19.92元的价格开盘，如图1-11所示。此时股价跳空高开高走，说明买方势力强大。

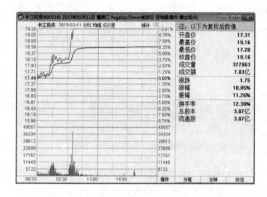

图1-10　长江投资分时图（1）　　　　图1-11　长江投资分时图（2）

果然，随后股价一路上涨，并且持续的时间较长，如图1-12所示，如果投资者在3月12日后的利好时机进入股市，短期持有后必定收益很大。

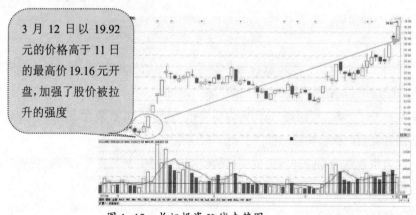

图1-12　长江投资K线走势图

在集合竞价后，股票的开盘价在上个交易日阳线的实体内，说明卖方随时都有可能进行反攻，下面举例说明。

如图1-13所示，为深物业A(000011)2014年10月至2015年4月的K线走势图，从图中可以看出股价为上升行情。

在2015年4月22日，股价以15.15元的价格开盘，其开盘价位于上一交易日的K线实体中，如图1-14所示。

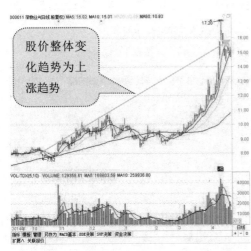
图 1-13 深物业 A 走势图（1）

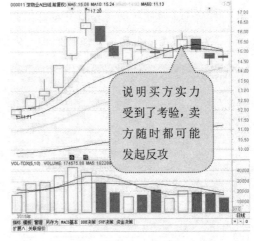
图 1-14 深物业 A 走势图（2）

由于卖方的打压之势太强，股价4月23日在高位出现了低开低走盘面，如图1-15所示。

在4月23日收阴线，多空双方努力拼搏后，最终以卖方势力强于买方而使股价下跌，如图1-16所示。

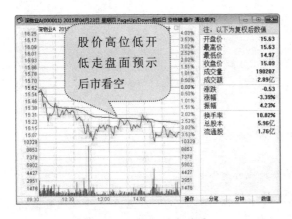
图 1-15 深物业 A 分时图

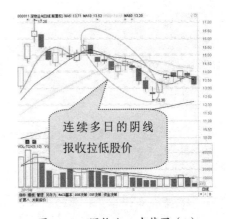
图 1-16 深物业 A 走势图（3）

【案例分析2】 上个交易日为带上下影线的阴线的集合竞价盘面分析

如果上个交易日为带上下影线的阴线，在集合竞价后，股票以高于上个交易日的最高价开盘，说明股价暴涨是必然趋势，此时投资者可以在利好时机逢低吸纳，进入股市。下面举例分析上个交易日为带上下影线的阴线的集合竞价盘面。

如图1-17所示，为深天地A(000023)2015年2月16日的分时走势图，股价以18.88元的带上下影线的阴线报收。

第二个交易日,股价以19.63元的价格跳空高开,且高于16日的最高价19.23元,如图1-18所示。说明主力主动拉升股价,此时散户可以大胆跟庄入市。

随后股价迅速上涨,并保持上涨趋势持续到2015年5月,如图1-19所示。

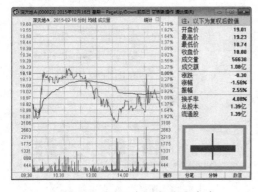
图1-17 深天地A分时图(1)

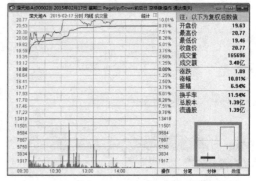
图1-18 深天地A分时图(2)

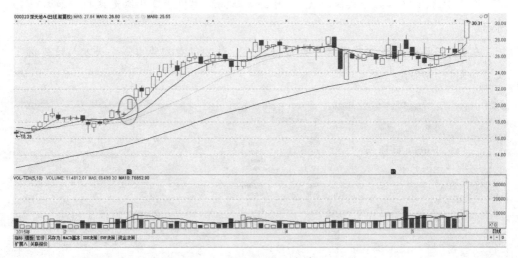
图1-19 深天地A走势图

在集合竞价后,股票的开盘价在上个交易日下影线内(即在上个交易日的最低价和收盘价之间),说明卖方势力继续增强,后市将沿着下跌趋势继续发展。如果开盘价低于上个交易日的最低价,说明卖方占了绝对的优势,优势看跌。

> **专家指点**
>
> 在集合竞价后,如果股价以介于上个交易日的开盘价与最高价之间的价格开盘,说明买方在试探卖方的实力,此时散户必须根据卖方的抛压决定操作。如果股价以介于上个交易日的K线实体的价格开盘,说明买卖双方实力没有太大的变化,散户投资者须进一步观察。

3. 连续竞价

连续竞价指的是对申报的每一笔买卖进行委托，由电脑交易系统按照以下两种情况产生成交价。

● 最高买进申报与最低卖出申报相同，则该价格即为成交价格。

● 买入申报高于卖出申报时，或卖出申报低于买入申报时，申报在先的价格即为成交价格。

在连续竞价过程中，当每一笔买卖委托进行申报后，电脑自动撮合系统会在最短的时间内对这些委托进行处理，可以成交的马上成交，不能成交的继续等待成交机会。

1.2.10 掌握清算与交割的区别

清算交割反映了投资者证券买卖的最终结果，是维护证券买卖双方正当权益、确保证券交易顺利进行的必要手段。

1. 清算交割的概念

清算交割是指证券买卖双方在证券交易所进行证券买卖成交以后，通过证券交易所将证券商之间的证券买卖数量和金额分别予以轧抵，其差额由证券商确认后，在事先约定的时间内进行证券和价款的收付了结行为。

投资者一般所说的清算交割分两个部分：一部分是指证券商与交易所之间的清算交割；另一部分是指证券商与投资者之间的清算交割。清算交割即双方在规定的时间内进行价款与证券的交收确认的过程。

2. 交割制度

目前上海、深圳证券交易所A股股票、基金、债券及其回购，实行T+1交割制度，即在委托买卖的次日（第二个交易日）进行交割，投资者委托买卖证券成交与否应以第二天的交割单为准，当日的成交回报仅作为参考。B股股票实行T+3交割制度，即在委托买卖后（含委托日）的第4个交易日进行交割。证券如未成交，则不能办理交割手续。

3. 清算与交割的区别

清算与交割的根本区别在于是否发生财产转移。清算只是一个结算过程，其主要目的在于确定应收应付净额，然而财产的实际转移则是在交割过程中发生的。

1.2.11 股票过户与销户的流程

在炒股的过程中，投资者难免会遇到一些意外变化，这时就需要办理相应的手续，如过户、转托管和销户等，让自己全身而退。

1. 股票过户

股票过户是投资者从证券市场上买到股票后，到该股票发行公司办理变更股东名簿记载的活动，是股票所有权的转移。股票有不记名股票与记名股票两种，不记名股票可以自由转让，记名股票的转让必须办理过户手续。在证券市场上流通的股票基本上都是记名股票，都应该办理过户手续才能生效。

股票过户的相关流程如图1-20所示。

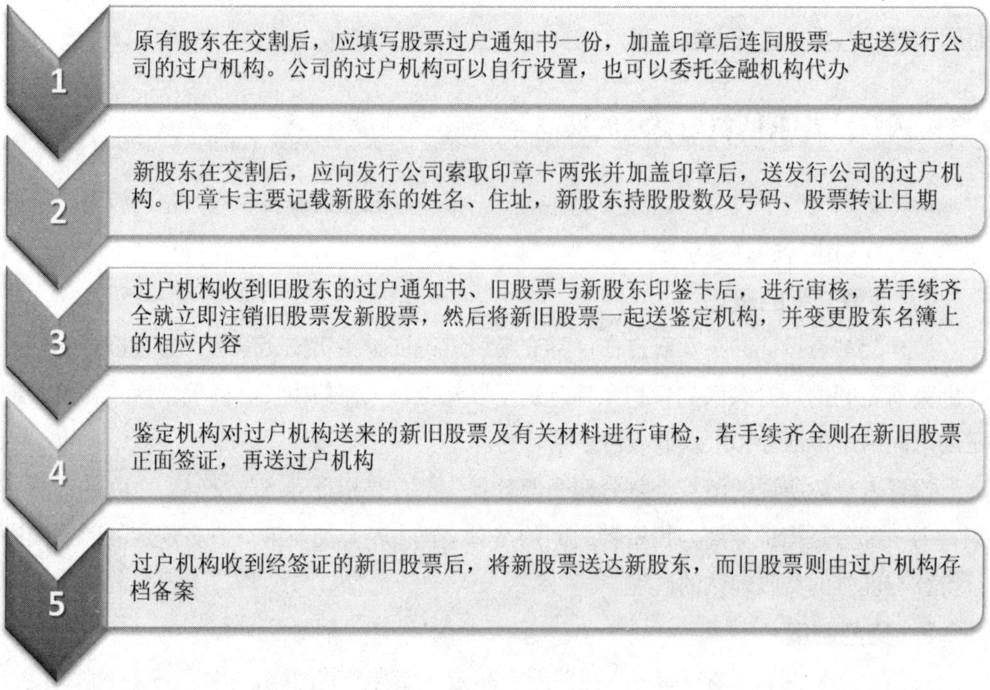

1 原有股东在交割后，应填写股票过户通知书一份，加盖印章后连同股票一起送发行公司的过户机构。公司的过户机构可以自行设置，也可以委托金融机构代办

2 新股东在交割后，应向发行公司索取印章卡两张并加盖印章后，送发行公司的过户机构。印章卡主要记载新股东的姓名、住址，新股东持股股数及号码、股票转让日期

3 过户机构收到旧股东的过户通知书、旧股票与新股东印鉴卡后，进行审核，若手续齐全就立即注销旧股票发新股票，然后将新旧股票一起送鉴定机构，并变更股东名簿上的相应内容

4 鉴定机构对过户机构送来的新旧股票及有关材料进行审检，若手续齐全则在新旧股票正面签证，再送过户机构

5 过户机构收到经签证的新旧股票后，将新股票送达新股东，而旧股票则由过户机构存档备案

图1-20 股票过户的相关流程

2. 股票转托管

转托管又称证券转托管，是专门针对深交所上市证券托管转移的一项业务，是指投资者将其托管在某一证券商那里的深交所上市证券转到另一个证券商处托管，是投资者的一种自愿行为。投资者在办理转托管手续时，可将自己所有的证券一次性全部转出，也可将其中的部分证券或同一券种中的部分证券转出。

股票转托管的一般流程如图1-21所示。

> **专家指点**
>
> 值得注意的是，转托管只有深市有，沪市没有转托管问题。

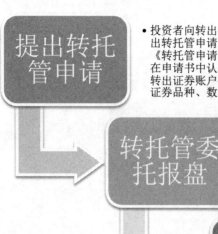

- 投资者向转出券商提出转托管申请，填写《转托管申请书》，在申请书中认真填写转出证券账户代码、证券品种、数量等

- 转出券商收到申请书，核对无误后，在交易时间内，通过交易系统向深交所报盘转托管。当日停牌证券不可以转托管，转托管委托报盘后，在当日闭市前也可报盘申请撤单

- 每个交易日收市后，深圳证券结算公司将处理后的转托管数据录入"结算数据包"，通过结算通信系统发给券商，券商根据所接收的转托管数据及时修订相应的股份明细账

图 1-21　股票转托管的一般流程

3. 股票销户

需要销户的投资者在正常的交易日都可以到营业部开户柜台办理销户手续，但必须由本人亲自办理，办理销户时不收取任何费用。销户需要符合以下几个条件。

- 已办理撤销指定交易。
- 已结息并提取剩余款。
- 当日无委托交易情况。
- 除了上交所挂牌证券外，没有其他证券余额。
- 无透支款、无欠付利息以及其他未了事宜。

第2章 选股策略——新手选股必修课程

学前提示

俗话说:"不管A股B股,能赚钱就是好股",如何选择好股票是投资者最迫切想要知道的。股票市场广阔且波动很大,没有固定的好股之说,对于不同的投资者,找到适合自己投资方式的股票是非常重要的。本章主要向读者介绍股票投资的心态修炼、掌握投资策略以及挑选好股等内容。

要点展示

▶ 股票投资心态修炼

▶ 掌握股票投资策略

▶ 关注资讯挑选好股

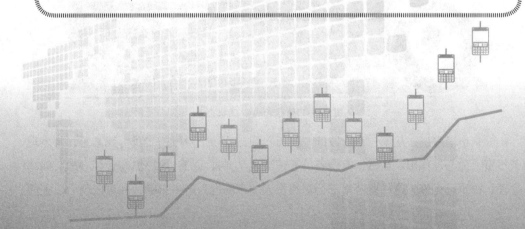

2.1 股票投资心态修炼

有人说股市如战场，是一个没有硝烟的战场，能使投资者成为盖世英雄，同样也能使投资者伤痕累累。因此，投资者在选择股票前，首先要把握好自己的心态。

▶ 2.1.1 股票投资者的心理效应

小李炒股时间不长，他看准了一只股票，当天股价为10元，而等他第二天一大早打算入市买进时，却发现价格到了11元。这时，小李懊悔未能早些买入，却又想等价格回落到8元再买进，不料股价不跌反涨，达到了15元。这时小李开始感到失望，觉得股价没有按照自己的美好希望去发展，继而埋怨自己为何没有在11元价位时入市。

没想到股价涨势不衰，又从15元跃升到20元，小李由失望转为生气，莫名其妙地怨恨这家公司的股票为什么只涨不跌。当股价再次上涨达到25元时，他不再生气，反而觉得这种股票还有再涨的可能，这样的想法一旦出现，是谁也改变不了的。于是，小李依旧我行我素地在25元的价位入市。最后小李的结果当然是在高价位被套牢，股价一泻千里。

股票投资的主体是人，而人的任何行为都会受其心理活动的影响，所以股票投资与心理学的关系是十分密切的，如图2-1所示。因此，任何一项投资行为无疑都受到投资者心理的影响。这种影响通常包括两个方面：在有意识的层面上，个人能够认识到心理作用；但在无意识的层面上，个人觉察不到这一点。

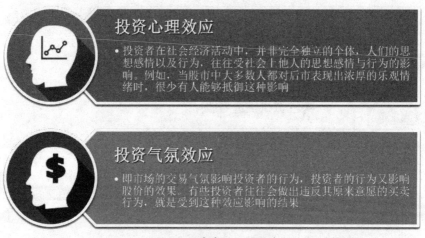

图 2-1　投资者的心理状态

就拿小李来说，从第一个阶段的"懊悔"到最后一个阶段的"我行我素"，都表现了投资人的心理作用。当然，投资者的心理表现是多方面的，如恐惧与贪婪心理、赌博心理、固执己见等。这一些情绪都会对投资人的市场行为产生影响，并可表现为以上两大效应。

> **专家指点**
>
> 股票投资者的心理效应存在一种倾向，即行情上涨时投资者心情会更加乐观，对任何股票都看好，个个勇往直前，唯恐坐失获利良机，从而使本来已上涨的股市更加速上涨。行情下跌时投资者将更加悲观，加速股价的跌落。所以，投资大众的心理效应对股票市场行情具有一定的影响，它对股价的涨跌起催化和加速作用。

投资者总是花费大量的时间来研究市场、分析动态走势，而对如何克服自己的心理弱点却考虑得太少。这也是许多投资者有能力却没有收益的原因，所以先把握、控制好自己的心态是股市中第一要素。

▶ 2.1.2 股票投资者应有的心态

对于想入市的投资者来说，要有正确的股票投资心态，如图2-2所示。

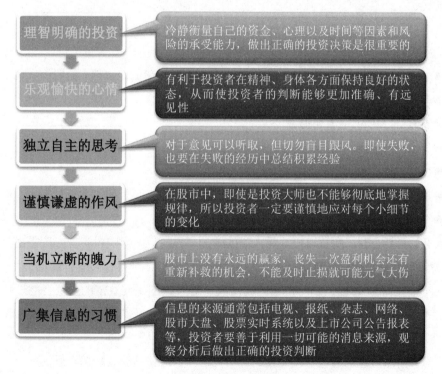

图 2-2　股票投资者应有的心态

> **专家指点**
>
> 沃伦·巴菲特曾说过:"成功的投资在本质上是内在的独立自主的结果。"
>
> 初入股市的股民往往都有类似的经历,看见大家都在购入股票时,害怕自己失去时机,马上跟进,但是刚买到手就开始跌价;大家都在出售股票时,自己也迫不及待地迅速出手,可是刚刚卖掉价格就开始回升。其实问题很简单,当大家都认为有利可图的时候,争相购买,股价已经涨到高位,庄家大户和一批先行者已经赚足了利润空仓离场,价格必然回落;而当大家都出售时,刚好是庄家在震仓洗盘,目的达到后自然开始拉高。
>
> 因此,理智的投资者应该敏锐观察、独立思考,合理利用市场情绪。

▶ 2.1.3 常见股票投资心理因素

在股票投资过程中,许多投资者会因为不理智,导致失去了评价事物的客观性。在金钱面前,任何偏见都可能表现出来,这样的结果,总是不言而喻的。致使投资者失去客观性的原因,主要有以下几点。

(1)**恐惧心理**。一般来说,投资出现的恐惧心理分为两种形式:害怕招致金钱损失和害怕失掉赚钱机会。以下是引起投资者心理产生恐惧的一些因素。

- 国家安全危机。宣布进入战争状态或散布有关战争的谣言都会使股价大幅下跌,一旦战争爆发,股价反而会止跌回稳。
- 所有的人都害怕遭受损失。
- 对消息的担忧。
- 恐惧的相互传染。
- 对过去恐惧的记忆。
- 害怕失去收益。

(2)**贪婪心理**。贪婪可以说是人类的一种本性,也是影响投资者心理平衡的另一个重要因素。它主要是因为,投资者对自己的过分自信、对利益的过度追求产生的一种不良心态。在证券市场,由于价格的波动大,对于试图快速致富的投资者的确极具诱惑力。问题在于,一旦投资者被物欲所支配,就会招致更多的紧张感,从而容易失掉客观性。

(3)**自信心理**。通过一些交易的市场化行为,会使投资人相信自己的判断,而其实只是一种猜测。这种"自信"其实是源自投资者之前的偶然行为,并不是客观分析结果,投资者一旦过度相信自己赌博似的判断,那么亏损也将成为必然行为。

（4）希望心理。一些投资者在因为股价下跌造成亏损时，总会希望明天就能涨回来。然而这时由于没有及时抛售，投资者往往会损失更多，因此，这种希望补偿的心理是保持思维清晰和客观性的最大障碍。

> **专家指点**
>
> 希望心理可以看作是"对某种欲望的期待"。一个稳健的投资者不会根据欲望，而是根据对影响价格的未来因素做理性的评估。不论你所持立场如何，你都应该问问自己，原先的投资是否有充足的理由？这些理由是否依然有效？假如现在拥有现金，这项投资是否仍有意义？如果回答是肯定的，那么，你就坚持原来的立场。否则你的判断就可能只是根据希望做出的。

（5）习惯心理。喜欢固定、持久地选择某种投资对象，或者采取某种操作方式，这是一种习惯化的投资行为。有的投资人进行某种操作屡屡得手，就会执着地迷上这种操作方式。然而，投资人面对的是一个充满变数的市场，这样的一种习惯化投资偏好会对保持客观性构成障碍。

> **专家指点**
>
> 从心理学来说，习惯是投资者心理的一种定式效应，由于这种心理定式使投资者在入市之前就会受到先入之见的影响，并对市场的预期和解释变得相当教条。因此，任何一个怀着偏见、抱有一成不变观点参与市场的投资者，都是和客观性的要求不一致的。

因此，在股市中，投资者只有保持客观的思维，才能有之后一系列的正确分析。投资者一定要时刻检查自己是否被利益蒙蔽了双眼，被心态影响了判断。

▶ 2.1.4 通过直觉购股的主观性

其实有时候，看心情选择股票往往比看数据选择股票更加靠谱。这本是一件没有科学根据的事情，但由不得你不信。

当你买某只股票后，转眼之间就后悔买了它；又或者你刚刚卖出一只股票，心中却又产生了"它还会涨"的念头。在这个时候，笔者建议你就跟着你的感觉走。因为，根据笔者多年来在工作中的观察，这种投资者的第一直觉往往是十分奏效的。

其中，包括著名股票投资人胡立阳先生的"膝盖痛"（胡立阳先生曾说过，每一次股票要大跌之前,他的左膝盖就开始隐隐作痛),其说法也是跟着直觉走。如果感觉能升级到直觉,那就会完全改观。问题是对一般投资者来讲,直觉是可遇不可求的,并且只有具备慧根的人,其直觉才比较准。但慧根是与生俱来的,很难靠后天的训练来培养,所以培养直觉变得相当困难。

直觉选择股票虽然没有任何科学根据,却不失为新手股民们选择股票的一种方法。在股市中,有不少人遍研有关书籍,只为寻找"直觉"。不过,需要注意的是,既然是通过"直觉"来选择股票,那么风险也是肯定存在的。

> **专家指点**
>
> 直觉看似神奇,其实它是人内心深处固有的一种能力。常人之所以不能发现,是因为深层意识的能力不够强,同时又被意识所束缚、当通过训练增强了深层意识的能力并摆脱意识的束缚时,就会开发出超人的直觉能力。

2.2 掌握股票投资策略

股市行情随时在变动,投资者应学会在不同的时期如何选购股票,利用各时期的特点,综合分析、实践操作。

2.2.1 牛市选股

"股市就是这样,牛市之后是熊市,熊市之后是牛市,是不断循环的。现在是熊市,说明牛市也不远了。"杨百万的这段话很简单地概括了牛市和熊市持续循环的特点。那么,如何选股成了重要的问题。

在理性投资者的理念中,"在股市中比的不是谁今天赚得多,而比的是谁在股市中生存的时间长"。如果比谁赚得多,股市中有太多大喜大悲的案例,有很多几年前在股市叱咤风云的人物早已消失,倒在了牛市形成之前。

谁生存的时间长,则意味着所获得市场赐予的机会就越多。新股民可以关注短线选股的"三高"理论。

1. 涨幅要高

绝大部分股票发动行情,起步于较好的技术状态,经历了由缓涨到加速的过程。大部分投资者希望做到最美的一段行情,正所谓"富贵险中求",行情进入加速度的一段,就是人们认为危险的地方,就是涨幅已高的时候。

其中,涨幅高包含3层意思:绝对涨幅要高,如果股价从底部启动50%以上,进入主升浪应该是顺理成章的；实现阶段突破，能够成功突破前一顶部的股票，理当看好，不能突破或在前一顶部下逡巡，有无功而返的可能；股价创历史新高，说明价值重新发现，价格重新定位，在成交正常的情况下，应看高一线。

为了直接地查看股票的涨跌情况，在我国股市中，红色代表改股票当前状况为涨，绿色代表该股票当前状况为跌。

图2-3所示为2015年7月14日股票涨幅最高的前10只股票，图2-4所示为2015年7月14日股票跌幅最高的前10只股票。

	代码	名称	涨幅%↓	现价	涨跌	买价
		最大值	10.01	174.86	6.12	174.88
1	002695	煌上煌	×10.01	19.13	1.74	19.13
2	002815	崇达技术	10.00	37.83	3.44	37.83
3	002722	金轮股份	10.00	67.32	6.12	67.32
4	002676	顺威股份	9.99	32.91	2.99	32.91
5	002122	天马股份	×9.99	11.78	1.07	11.78
6	002679	福建金森	9.99	30.61	2.78	30.61
7	002813	路畅科技	9.99	15.97	1.45	15.97
8	002708	光洋股份	9.98	15.21	1.38	15.21
9	002124	天邦股份	8.60	11.75	0.93	11.75
10	002141	蓉胜超微	×8.42	30.90	2.40	30.90

图 2-3　股票上涨的颜色

	代码	名称	涨幅%↓	现价	涨跌	买价
		最大值	10.01	174.86	6.12	174.88
1	002780	三夫户外	-9.05	95.90	-9.54	95.89
2	002495	佳隆股份	-8.46	7.57	-0.70	7.57
3	002530	丰东股份	-3.78	35.40	-1.39	35.40
4	002290	禾盛新材	-3.62	26.91	-1.01	26.91
5	002283	天润曲轴	-3.41	8.21	-0.29	8.21
6	002743	富煌钢构	×-3.31	18.40	-0.63	18.39
7	002688	金河生物	-3.26	11.58	-0.39	11.58
8	002572	索菲亚	-3.25	57.20	-1.92	57.19
9	002752	昇兴股份	×-3.25	17.59	-0.59	17.59
10	002519	银河电子	×-3.20	25.08	-0.83	25.08

图 2-4　股票下跌的颜色

2. 主力资金介入程度要高

不是庄股就好，关键是散户的地位，决定了不可能对公司的基本面研究太深。主力资金多半研究实力雄厚，其敢于重仓介入的股票前景看好。散户无法研究公司的基本面，但可以通过K线研究主流资金的进驻程度。主力浅尝辄止的，股民放弃；主力实力弱小的，股民观赏；主力实力非凡、大举入驻的，便是股民重仓参与的对象。当然，主力资金介入程度高于控庄股时要区别对待，如果主力已经将股票做成了新庄股，说明风险大于收益，最好回避。

3. 板块呼应度要高

价值投资理念下，主力资金已经从个股挖掘转向行业挖掘。有板块呼应度的股票，说明该行业发展前景比较好，属于当前热点或潜在热点，有发展潜力。即便是临时性热点，板块呼应度高的特点也决定了被套的可能性不大，因为热点的反复表现，会多次创造解套获利的机会。

▶ **2.2.2　熊市选股**

在熊市中选股的难度远远大于牛市，大盘在不断下跌，大部分个股的走势也逐级向下，只有极少数个股逆势上扬。虽然在熊市中选股难度很大，但也有一定的方法可循，具体如下。

1. 选择基本面情况发生重大变化、业绩有望突升的个股

无论是在牛市还是在熊市，这类个股都是受追捧的对象。由于基本面发生了好转，必然或早或晚地反映到股市上。当然，在选择时需要注意时机，不要等到股价已经上涨到高点时再买进。

2. 选择具有长期良好发展前景的个股

具有良好发展前景的公司，是大多数人选股时追求的目标，这类公司发展前景光明、经营稳健，被许多人看好，在牛市中股价可能高高在上，业绩被提前预支。但是在熊市中可能随着大盘大幅下跌，尤其在暴跌时，这为投资者提供了一次很好的买入机会，他们可以用很低的价格得到一只优质股票。同时，需要注意，选择这类个股应立足于中长线，不能指望短期内获得高额利润。

3. 选择主力机构介入的个股

股市中的主力机构实力强大，不是一般的中小投资者可以比的，但是也有进出不灵活的弱点。一旦介入一只个股，就要持有较长的时间，尤其是在熊市中，除非认输出局，否则就要利用每次反弹机会，伺机拉升个股。中小散户只要介入时机合适，成本价在庄家之下或持平，并且不要贪恋过高的利润，就会有相对较大的获利机会。

4. 选择在熊市后期超跌的个股

在熊市后期或熊市已经持续较长时间，一些个股总体跌幅已深，综合基本分析和技术分析，下跌空间已经有限，已经无法再跌。即使大盘继续下跌，这批个股也会提前止跌，率先反弹。

总结可知，熊市中重要的是关注大盘走势、了解盘中热点以及政策的转变等。投资者只选不买，为将来在牛市中的选择做好准备。

2.2.3 跌价选股

在股票市场中，尽管公司业绩好，但是随着股市行情波动而上涨的股票，买进后不可能轻易再涨，所以，即使品牌属于优良业绩者，也应当在廉价时购买，对上涨中的品牌不可购买。要了解品牌的股价是否已下跌到底，须调查成交量的变动情形，如果与过去下跌时的情形相仿，则可确定跌价停止，但是股市无确定性，还可能再跌。投资家通常主张利用股价下跌时买进，获得良好的成果，但是，不是任何品牌都适合采用这种方法。

下面举例分析跌价股票的选购策略。

如图2-5所示，为卧龙地产（600173）2014年9月至12月期间的K线走势图，股价

在10月21日左右运行到高位后回落，成交量一度缩量至5日均量线下方，股价运行至底部后成交量出现放量，股价出现上涨趋势。

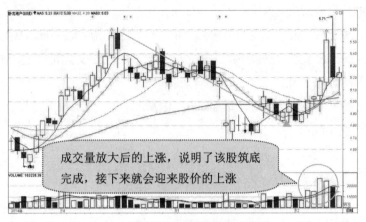

图2-5　卧龙地产K线图（1）

专家指点

许多股票投资者对于成交量变化的规律认识不清，这是非常危险的，股价分析只有与成交量的分析相结合，才能真正地读懂市场的语言，洞悉股价变化的奥妙。成交量是价格变化的原动力，其在实战技术分析中的地位不言自明。

如图2-6所示，随后该股确实展开了一波上涨趋势，股价处在上涨趋势中，成交量也是逐渐放大的趋势。

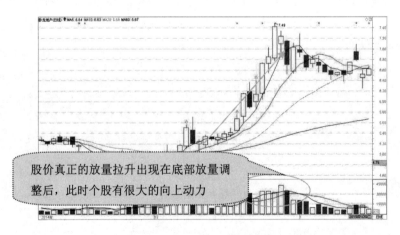

图2-6　卧龙地产K线图（2）

2.2.4 涨停板选股

涨停板的推出是防止新兴证券市场过度投机的产物，本义是防止市场过度波动。在实际过程中，涨停板在股票本身具有突然上涨10%以上冲击力时，被迫在10%处停住，第二天由于本身上涨要求，还要继续上涨，这是一个明显的投机机会，能对买卖股票的双方产生明显的心理影响。

在选择追哪只涨停的股票时，要考虑以下因素。

● 涨停时间早晚。

● 个股形态如何。

● 第一次即将封涨停时，观察换手率的大小，小的比大的好。

● 如果大盘急跌，破位的不好，有涨停的不要追。

● 第一个涨停比较好，连续第二个涨停就不要追。

● 高开高走拉涨停的股票追起来安全些，最好开盘价就是最低价。

● 龙头股的涨停比跟风股好，有同类股的比没有同类股跟风涨的涨停股好。

● 有重大利好首次被披露，拉涨停的股票比较好。

● 分时图上冲击涨停时气势强的比气势弱的好。

下面举例说明涨停板选股策略。

如图2-7所示，为*ST光学（600071）2013年10月至2014年8月期间的走势图。从图中可以看到，2014年6月23日，该股开盘后迅速攀升至涨停板，并一直保持到收盘，显示在利好刺激下多方完全占据主动。而之前该股一直处于低位盘整阶段，使投资者可以断定未来股价将有较大的涨幅。在第一个封涨停交易日当天，投资者可以果断地在涨停板上排队。即使这个交易日无法成交，也可以在随后的交易日高开时追高买入，这样仍可获得不错的收益。

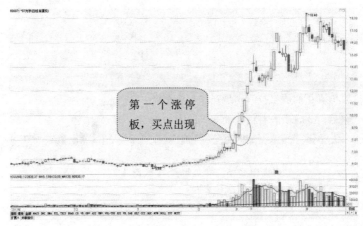

图 2-7　*ST 光学（600071）走势图

2.2.5 根据时机选股

在买进股票时，投资者还需对最低价格和跌价时间进行相应的分析。例如，根据股价和成交量，发行股票已跌至最低价时，必须确认下跌停止的时间。因此，必须仔细观察目标数字的变动，等候股价波动的状态暂时维持平静。在预定购买后，必须确认此种股票在跌价的行情中再买进，虽然根据股票与成交量可以看出跌价，但是仍有持续再跌的可能。

下面将举例分析根据成交发行时机选股的策略。

如图2-8所示，为东安动力（600178）2014年6月至10月期间的K线走势图。从图中可以看出，该股前期经历了一波放量上涨的走势，直冲至7.47元高点后开始回落，并出现量增价跌的形态，显示有大量筹码在此出逃。

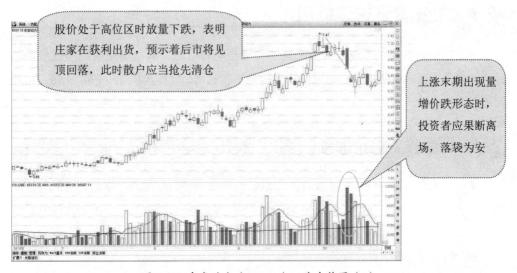

图2-8 东安动力（600178）K线走势图（1）

后市走势如图2-9所示，从图中可以看出，该股在高位震荡中形成量增价跌形态，量增表明买盘比较汹涌，市场恐慌情绪高涨，股价后市开启了大幅度的下跌走势，此时投资者必须离场观望，等待时机。

专家指点

量增价跌形态用在股市上，表现为价格下跌，成交量反而上升，说明价格的下跌得到部分买家的认可大批购买，但也可能是庄家、主力在疯狂出逃，所以要看成交量、消息面、大市行情的局面。在大家都疯狂出逃时，也会有人认为是建仓的好时机，价跌量增实质上是买卖双方分歧较大的反映。

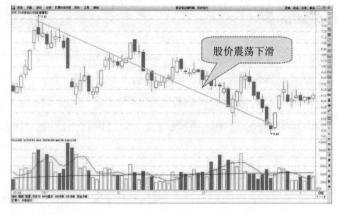

图 2-9　东安动力（600178）K 线走势图（2）

2.3　关注资讯挑选好股

对于投资者来说，不仅要掌握股票的投资技巧和方法，同时更应时刻关注股市信息，从多个方面掌握股市信息，以便明确地分析和利用，发掘出优质个股，从而得到最大的回报。

▶ 2.3.1　选择优质的成长股

成长股是指这样一些公司所发行的股票：其销售额和利润额持续增长，而且其速度快于整个国家和本行业的增长。这些公司通常有宏图伟略，注重科研，留有大量利润作为再投资以促进其扩张。由于公司再生产能力强劲，随着公司的成长和发展，所发行的股票的价格也会上升，股东便能从中受益。

1．成长股的基本特点

所谓成长股，是指发行时规模并不大，但公司的业务蒸蒸日上，管理良好，利润丰厚，产品在市场上有竞争力的公司的股票。

优秀的成长型企业一般具有如下特点。

● 成长股公司的利润应在每个经济周期的高涨期间都达到新的高峰，而且一次比一次高。

● 产品开发与市场开发的能力强。

● 行业内的竞争不激烈。

● 拥有优秀的管理班子；成长型公司的资金，多用于建造厂房、添置设备、增加雇员、加强科研、将经营利润投资于公司的未来发展，但往往派发很少的股息或根本不派息。

选择成长股的投资者应将目光放得长远一些，尽可能长时间地持有，以期从股价的上升中获得丰厚的利润。

成长股具有很多特点，主要从以下各方面进行考虑。

- 公司的产品或服务是否有充分的市场潜力，几年内营业额能否有大幅成长。
- 为进一步提高总体销售水平，发现新的产品增长点，管理层能否决心继续开发新产品或新工艺。
- 和公司的规模相比，公司的研发努力有多大效果。
- 公司的利润率高不高。
- 公司做了什么事，以维持或改善利润率。
- 公司的劳资和人事关系是否很好。
- 公司管理阶层的深度是否足够。
- 公司的成本分析和会计记录做得如何。
- 是否在所处领域有独到之处。
- 是否可以为投资者提供重要线索，其相对于竞争者是否很突出。
- 公司是否有短期或长期的盈余展望。
- 在可预见的未来，公司是否会大量发行股票，获取足够的资金，以利于公司发展，现有持股人的利益是否会因预期中的成长而大幅受损。
- 管理阶层是否只向投资人报喜不报忧，诸事顺畅时口沫横飞，有问题时或有让人失望的事情发生时，则三缄其口。
- 公司管理阶层的诚信正直态度是否毋庸置疑。

专家指点

社会发展历史已经证明，在优秀企业中，能够成长为巨人公司的企业，只是极其少数的。投资者只要发挥自己的优势，把其选择出来，然后长期持有，就可以获得超越市场的回报。

成长股对大多数投资者来说都是一个关键性的投资武器。但是，投资者往往会对成长股的本质和表现有观念性的认识错误。

- 当大多数投资者讨论成长股时，这时指的是业已成长的股票，而不是将来会成长的股票。几乎所有成长股名单所列的都是近年来已大获成功的成长股，但任何人都不能保证这些股票将来会继续成长。
- 投资者经常忘记自己手中的成长股，就像其他投资对象一样，投资于成长股需要做好两项决策，即什么时候买进，什么时候卖出。

成长股的投资需要强烈的市场时机感，持有成长股绝对不是一种可以避免市场趋势判断的方法。

2. 成长股的买卖时机

在低点买入高点再卖出，然后低位再回补。这种纸上谈兵的操作，至今还没有人可以做到。成长股价值投资策略之父菲利普·费雪（Philip A. Fisher）曾说过："没人能够知道高点低点。"

不过，市场中仍有法可依，具体如下。

● 如果没有财务知识或没有时间研究，可考虑在特定的日子里购买股票，比如每月或者每季度的某日去买，然后就一直持有。

● 按照安全边际原则购买成长股票。用菲利普·费雪的话讲，就是只要当初选择正确，卖出的时机永远不会到来。但如果发生如下情况，随时都是卖出时机。

※ 一开始即买入错误，后来的情况越来越清楚。

※ 公司经营情况发生变化。

※ 有确切的把握发现了一家更好的企业。

3. 发现成长股的标准

综合分析可见，成长股评估标准如下。

● 公司在管理方面是否以其杰出的专业管理能力闻名。

● 公司的产品单位销售成长率是不是在稳步提高，这一需求成长率是否在将来能够继续。

● 劳动成本是否占生产成本的低比率或适度比例，劳务纠纷是否会阻碍盈余的成长。

● 公司是否能控制其本身所需的原料，公司所依赖的供应者是否对稀有资源可能大幅加价。

● 公司是否能主宰其所服务的市场。

● 公司是否能够免于政府法规、合约或者反托拉斯问题的限制。

● 公司管理当局能否控制公司本身的命运，公司是否能够受惠于经济形势、银行、供应商、竞争者或政府。

● 公司能否以满意的比例支持其本身的成长。但是这一比例对每家公司来说都不相同，所以通常根据公司所服务的市场成长率来定。

▶ 2.3.2 时刻掌握股市资讯

股市中有很多的消息都会对股价的走势产生一定的影响，其包括的范围也比较广泛，如国家产业政策扶持、合资或者股权转让、增资配股或者送股分红、经营业绩改善、控股和收购等。有时股票市场"利好"消息传来，股市行情未必因此上涨；有时坏消息不断，但股价也未必下降。因此，投资者要全面地关注股市各种消息，不能进行单一的判断。

对于主力机构来说，可以通过收集、研究内幕消息等几种途径得到消息，而散户则没有这样的优势。但是，散户同样可以在公开信息中找寻到好股，而且需要做到具有一双慧眼，能够敏锐地从公开信息中寻找到对上市公司内在估值产生实质影响的资料，同时要具有耐心和自信。

其中，热点资讯就是投资者必须关注的一个重要方面。用一句通俗的话说：热点就是某一特定时间内在走红的板块或股票，这些在特定时间内走红的股票，常常被当时的股民称为"热门股"。如果投资者查看股票涨跌排行榜，就会发现在涨幅榜的前列大多是它们的身影。图2-10所示为通达信软件中的股票热点资讯信息。

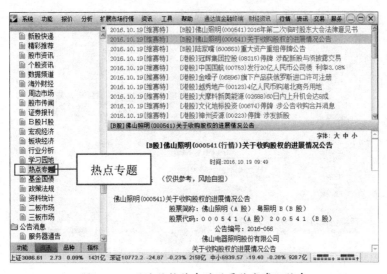

图2-10 通达信软件中的股票热点资讯信息

> **专家指点**
>
> 需要注意的是，股市并没有什么恒定不变的热点，同理也没有恒定不变的强势股和弱势股。正所谓"风水轮流转"，某一时期的强势股、强势板块，在另一时期就可能变为弱势股、弱势板块，反之亦然。
>
> 因此，投资者应时刻保持头脑清醒，善于根据市场面的强弱变化，及时调整自己的投资策略，以便及时抓住市场新热点。
>
> 对中小散户投资者来讲，可以贴近市场热点选择相应股票。热点选股，趋势选时，积小利成大利，继而演变成一种稳健的盈利模式。

▶ 2.3.3 关注个股资讯信息

对于整个股市来说，股票太多，投资者不可能每个都仔细地研究分析，因此关注个股信息就显得尤为重要。对于进行投资的股票，投资者不仅要了解其相应的走势，还需要掌握并分析影响该股的各类信息，包括宏观经济政策、舆论导向、成交量、经营动向以及市场评论等，以便在进行股票交易时把握时机。掌握好个股信息就相当于拥有了天时、地利、人和，这样的仗打起来才更加容易获胜，能在股市获得最大限度的收益。如图2-11所示，为通达信炒股软件中的个股资讯板块，在其中可以了解最新的个股资讯信息。

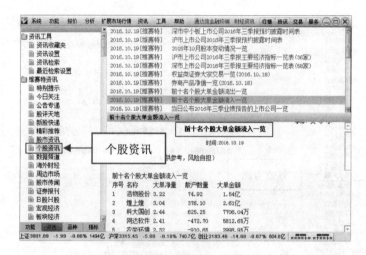

图 2-11　个股资讯板块

▶ 2.3.4 网站中查看最新资讯

专业网站所提供的信息资料时效性更强，同时更具有参考价值，投资者可以根据需要搜索的信息，选择相应网站进行查看。下面介绍在网站中查看最新资讯的方法。

步骤 01　打开IE浏览器，在地址栏中输入相应网址，如http://www.eastmoney.com/，如图2-12所示。

步骤 02　按Enter键确认，进入网站主页，如图2-13所示。

步骤 03　在该主页中，单击需要查看信息的链接，如图2-14所示。

步骤 04　进入相关信息界面，查看搜索的信息，如图2-15所示。

图 2-12 输入相应网址

图 2-13 进入网站主页

图 2-14 单击需要查看信息的链接

图 2-15 查看搜索的信息

2.3.5 网站中查看个股行情

查看个股行情对于投资者来说非常重要。投资者在购买了相应股票后,需要查看相关股票价格和走势等。这时可以进入专业网站进行查看,其操作步骤如下。

步骤 01 打开IE浏览器,进入东方财富网主页,并在搜索文本框中输入需要查看的股票代码,如502020,如图2-16所示。

图 2-16 输入需要查看的股票代码

步骤 02 单击"查行情"按钮,即可查看个股行情信息,如图2-17所示。

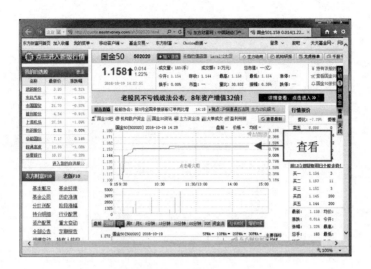

图 2-17 查看个股行情信息

2.3.6 洞悉股票市场的行情

市场行为主要包括价格、成交量和时间。无论是什么指标，都是通过一种形式反映这3个要素的变化。

行情是以波浪的形式前进的。当发现行情在某点开始走高时，要留心观察，不是立即介入，而是当行情遇阻开始回落以后再介入。一般情况下，行情由慢变快，就要准备开始出货，顺大势而逆小势。

市场通常的运行规律是：如果某只股票创了新高（或近期新高），那么未来一段时间里再创新高的可能性很高；相反，如果某只股票创了新低（或近期新低），那么在一段的时间里再创新低的可能性也很大。投资者需要记住一点：下降通道中的股票只会让你赔钱或输掉盈利的时间。

K线图是股票分析的基础手段，能够让投资者全面透彻地观察到市场的真正变化。从K线图中，既可以看到行情整体的趋势，也可以了解每日股市的波动情形，是目前最为流行的股票技术分析方法。

例如，在大牛市行情中，经常可以看到连续拉升的品种，其短期的表现异常突出，收益也相当可观，其中的机会值得关注。如图2-18所示，为特尔佳（002213）于2016年5月至2016年10月的走势。一般而言，这些短线机会都是进行追涨的操作，因此投资者需要寻找到超强的持续上涨品种，以确保参与的个股有充足的短期获利机会，而这从K线上可以寻找到相应的痕迹。

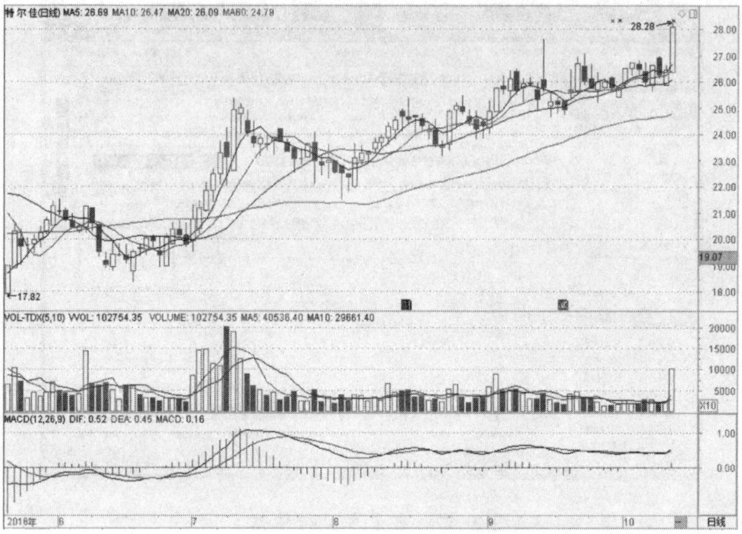

图 2-18 特尔佳 K 线走势行情

选股重在对选股时机的把握，要遵守一个重要的原则——不在下降途中抄底（因为不知何时是底），只选择趋势确立时的股票。在趋势确立的股票中，选择走势最强、涨势最好的股票进行操作。从K线上进行分析，那些持续上扬的个股一般有两种情况：一是离历史高位较远，目前价位远远低于该股的平均市场成本，上涨阻力极小；二是股价正处于历史新高，而且技术上盘整较为充分，筹码已经被大资金掌握，急拉后快速脱离成本区域。

2.3.7 长远看股投资需谨慎

在股票买卖交易过程中，投资者必须小心谨慎，从长远来看，盲目频繁的交易是投机者的大敌。每一次盈利和亏损，对于以股票操作为职业的人来讲都是件非常重要的事情，绝不可掉以轻心。因此，在进行交易时，除了要顺应市场之外，还应该谨慎对待，盈利和亏损本身都不能说明什么，但是如果不能从中吸取经验，则最后的结果就可想而知了。简单地说，就是一次成功或失败的操作影响不了长久的战局，关键是如何重新开始。

如图2-19所示，为环球印务（002799）2016年7月至2016年10月期间的走势图。该股在医药包装热点的刺激下，股价形成了短暂的上攻，此时投资者如果盲目追入就会被套。

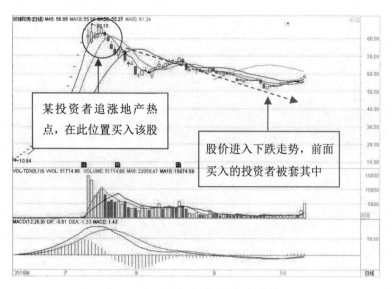

图 2-19　环球印务（002799）走势图

　　股市每天都有上涨的股票，投资者必须经得住诱惑，克服贪婪，增强纪律性，才能无往不胜。这样做尽管可能错过一些机会，但对于大多数普通散户来说，更重要的是回避了风险，保住了胜利果实。

软件进阶篇

第 3 章　软件入门——掌握通达信基本操作

学前提示

通达信软件由于操作便捷、功能强大、资讯丰富，深受广大股民的喜爱，是目前用户使用率最高的股票行情分析软件之一。本章主要向读者介绍通达信软件的相关入门操作，主要包括通达信软件的安装、卸载、启动、退出、登录、注册、开通以及网络区域设置等操作。

要点展示

▶ 了解通达信炒股软件

▶ 启动与退出通达信炒股软件

▶ 注册与登录通达信炒股软件

▶ 设置通达信网络通讯属性

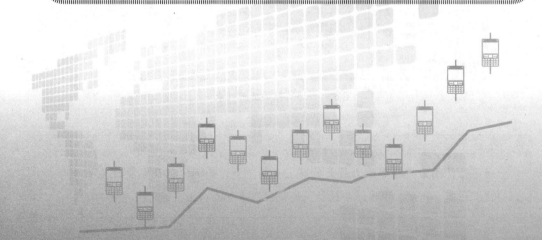

3.1 了解通达信炒股软件

通达信炒股软件是一个多功能的证券信息平台，与其他行情软件相比，具有简洁的界面和较快的行情更新速度等优点。本节主要向读者介绍通达信炒股软件的基础知识，包括下载、安装以及卸载通达信炒股软件，希望读者熟练掌握本节内容。

3.1.1 通达信炒股软件简介

通达信是深圳市财富趋势科技有限责任公司的著名品牌，致力于为广大的投资者提供有效的证券投资服务。通达信全方位的功能融合、精美简洁的界面展示、独到精妙的创新设计、深厚的专业底蕴和品牌形象，深受广大投资者的青睐。

通达信始终以市场的需求为产品研发的方向，其产品的研究开发借鉴了国际同类主流软件所反映的先进投资理念，融合了通达信长期以来对中国证券市场的深刻理解。

通达信允许用户自由划分屏幕，并规定每一个版块对应相关的内容。至于操作的快捷键，也是通达信的特色之一，如图 3-1 所示，用户通过快捷键可以对股票的交易投资进行快捷操作，提高炒股的效率。

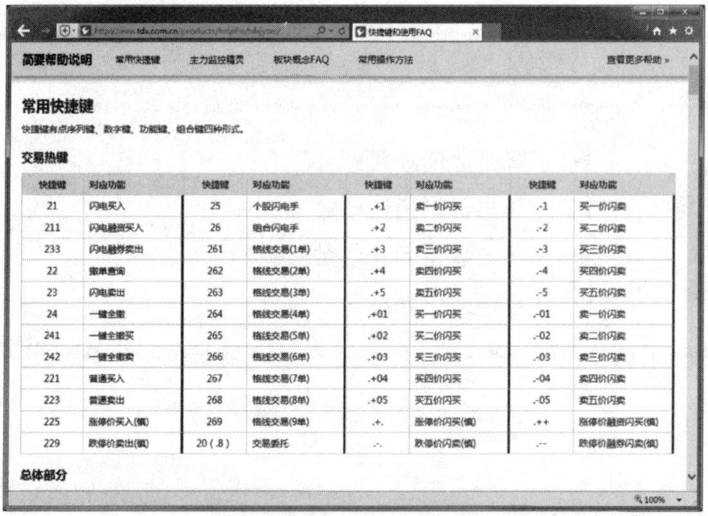

快捷键	对应功能	快捷键	对应功能	快捷键	对应功能	快捷键	对应功能
21	闪电买入	25	个股闪电手	.+1	卖一价闪买	.-1	买一价闪卖
211	闪电融资买入	26	组合闪电手	.+2	卖二价闪买	.-2	买二价闪卖
233	闪电融券卖出	261	格线交易(1单)	.+3	卖三价闪买	.-3	买三价闪卖
22	撤单查询	262	格线交易(2单)	.+4	卖四价闪买	.-4	买四价闪卖
23	闪电卖出	263	格线交易(3单)	.+5	卖五价闪买	.-5	买五价闪卖
24	一键全撤	264	格线交易(4单)	.+01	买一价闪买	.-01	卖一价闪卖
241	一键全撤买	265	格线交易(5单)	.+02	买二价闪买	.-02	卖二价闪卖
242	一键全撤卖	266	格线交易(6单)	.+03	买三价闪买	.-03	卖三价闪卖
221	普通买入	267	格线交易(7单)	.+04	买四价闪买	.-04	卖四价闪卖
223	普通卖出	268	格线交易(8单)	.+05	买五价闪买	.-05	卖五价闪卖
225	涨停价买入(慎)	269	格线交易(9单)	.+.	涨停价闪买(慎)	.++	涨停价融资闪买(慎)
229	跌停价卖出(慎)	20 (.8)	交易委托	.-.	跌停价闪卖(慎)	.--	跌停价融券闪卖(慎)

图 3-1 通达信快捷键列表

专家指点

通达信是南方市场影响力最大的网上交易厂商，南方地区最主要的几个券商，如国信、招商、广发、中投、安信等，均采用通达信的网上交易行情系统。

▶ 3.1.2 搜索通达信炒股软件

用户使用通达信软件进行炒股前，需要先在网上搜索通达信炒股软件。下面介绍搜索通达信软件的操作方法。

步骤 01 打开 IE 浏览器，在"百度"搜索文本框中，输入搜索内容"通达信"，单击"百度一下"按钮，如图 3-2 所示。

图 3-2 输入搜索内容

步骤 02 即可在页面中搜索出相关内容。单击通达信官方网页的超链接，如图 3-3 所示。

图 3-3 单击网页超链接

步骤 03 即可打开通达信软件官方网站，完成软件的搜索操作，如图 3-4 所示。

图 3-4 打开通达信软件官方网站

> **专家指点**
>
> 用户还可以在打开的 IE 浏览器地址栏中,手动输入通达信软件官方网站的地址 http://www.tdx.com.cn/,按 Enter 键确认,即可打开通达信软件官方网站。
>
> 另外,用户也可以在其他软件资源中心搜索并下载通达信炒股软件。

▶ 3.1.3 下载通达信炒股软件

在浏览器中搜索到通达信软件后,接下来向读者介绍下载通达信炒股软件的方法。

步骤 01 在通达信官方网站的页面上方,单击"下载中心"超链接,如图 3-5 所示。

图 3-5 单击"下载中心"超链接

步骤 02 打开"下载中心"页面，在页面下方单击"云下载2"按钮，如图3-6所示。

步骤 03 执行操作后，弹出"另存为"对话框，在其中设置软件存放的磁盘位置，单击"保存"按钮，如图3-7所示。

图3-6 单击"云下载2"按钮

图3-7 单击"保存"按钮

步骤 04 即可开始下载通达信炒股软件，并显示下载进度，如图3-8所示。

步骤 05 待软件下载完成后，即可在磁盘文件夹中查看下载的通达信炒股软件文件，如图3-9所示。

图3-8 显示软件下载进度

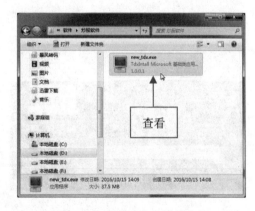

图3-9 查看下载的软件文件

3.1.4 安装通达信炒股软件

通达信软件下载完成后，接下来需要将软件安装到电脑中，这样才能正常运行通达信炒股软件。下面介绍安装通达信炒股软件的方法。

步骤 01 在通达信安装文件软件图标上，单击鼠标右键，在弹出的快捷菜单中选择"打开"命令,如图 3-10 所示。

步骤 02 启动通达信安装程序,弹出"通达信软件"对话框,选中"我同意免责声明,点击此处查看"复选框,然后单击"下一步"按钮,如图 3-11 所示。

图 3-10 选择"打开"命令

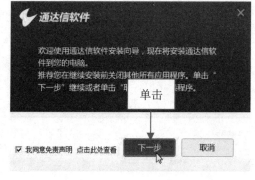

图 3-11 单击"下一步"按钮

步骤 03 进入下一个界面,单击"请选择安装目录"文本框右侧的"浏览"按钮,如图 3-12 所示。

步骤 04 弹出"浏览文件夹"对话框,在其中选择软件的安装位置,单击"确定"按钮,如图 3-13 所示。

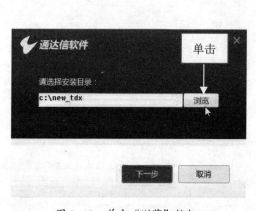

图 3-12 单击"浏览"按钮

图 3-13 选择软件的安装位置

步骤 05 返回"通达信软件"对话框,其中显示了刚设置的软件安装位置信息,如图 3-14 所示。

步骤 06 单击"下一步"按钮,开始安装通达信软件,并显示软件的安装进度,如

图 3-15 所示。

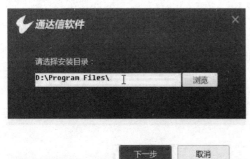

图 3-14 显示软件安装位置

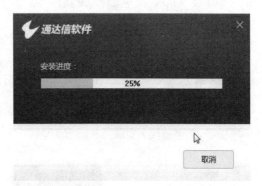

图 3-15 显示软件的安装进度

> **专家指点**
>
> 在"请选择安装目录"界面中,如果用户对电脑中的磁盘位置非常了解,还可以在下方的路径文本框中,手动输入软件的安装位置。在软件安装过程中,单击界面右下角的"取消"按钮,可以随时终止软件的安装操作。

步骤 07 软件安装完成后,将弹出提示信息框,提示用户安装结束,如图 3-16 所示,单击"确定"按钮。

步骤 08 此时,在 Windows 桌面上将显示"通达信金融终端"程序图标,如图 3-17 所示,完成软件的安装操作。

图 3-16 提示用户安装结束

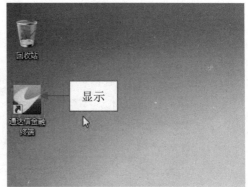

图 3-17 显示软件程序图标

> **专家指点**
>
> 当用户将通达信炒股软件下载至电脑后,在软件的安装程序图标上双击,也可以启动安装程序,对软件进行安装操作。

3.1.5 卸载通达信炒股软件

当用户不再需要使用通达信炒股软件时，可以将该软件从电脑中进行卸载，以提高电脑的运行速度，节省磁盘空间。下面介绍卸载通达信炒股软件的操作方法。

步骤 01 在 Windows 系统中，选择"开始"|"控制面板"命令，如图 3-18 所示。

步骤 02 打开"控制面板"窗口，以"类别"的方式显示控制面板，单击左下角的"卸载程序"文字链接，如图 3-19 所示。

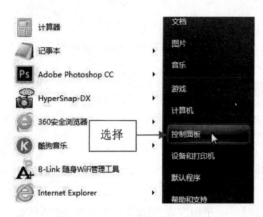
图 3-18 选择"控制面板"命令

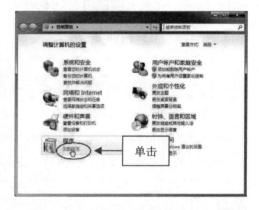
图 3-19 单击"卸载程序"文字链接

步骤 03 进入"程序和卸载"窗口，在其中选择"通达信金融终端"程序，在程序上单击鼠标右键，在弹出的快捷菜单中选择"卸载/更改"命令，如图 3-20 所示。

步骤 04 弹出提示信息框，提示用户是否确定卸载该程序，单击"确定"按钮，如图 3-21 所示。

图 3-20 选择"卸载/更改"命令

图 3-21 单击"确定"按钮

步骤 05 弹出"卸载 TDX 程序"提示信息框，提示用户正在卸载该软件，并显示卸载进度，如图 3-22 所示。

步骤 06 稍等片刻，系统再次弹出提示信息框，提示软件卸载成功，单击"确定"按钮，如图3-23所示，即可完成软件的卸载操作。

图3-22 显示卸载进度

图3-23 提示软件卸载成功

专家指点

在Windows系统中，用户还可以通过第三方工具软件对程序进行卸载操作，如360软件管家、金山清理专家等，这些工具软件的功能都十分强大，特别实用。

图3-24所示为在"360软件管家"界面中，进入"卸载"界面，单击"通达信金融终端"软件右侧的"卸载"按钮，进行软件的卸载操作。

图3-24 在360软件管家中卸载"通达信金融终端"软件

3.2 启动与退出通达信炒股软件

在用户将通达信炒股软件安装至电脑后，接下来介绍启动与退出通达信炒股软件的操作方法，希望读者能熟练掌握软件的这些基本操作。

3.2.1 启动通达信炒股软件

将通达信炒股软件安装至电脑中后，程序会自动在系统桌面上创建一个程序快捷方式。双击该快捷方式图标，可以快速启动应用程序，或者在程序快捷方式图标上单击鼠标右键，在弹出的快捷菜单中选择"打开"命令，如图 3-25 所示。

用户还可以选择"开始" | "通达信金融终端"命令，如图 3-26 所示。

图 3-25 选择"打开"命令

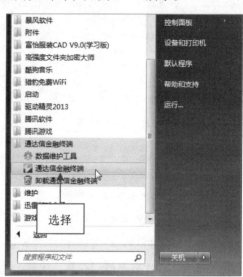
图 3-26 选择"通达信金融终端"命令

执行上述操作后，即可启动通达信炒股软件应用程序，进入通达信炒股软件登录界面，如图 3-27 所示。

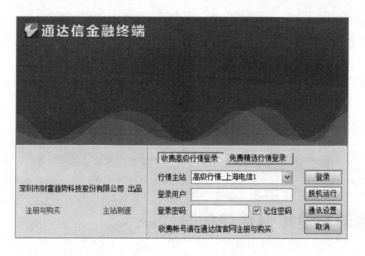
图 3-27 进入通达信炒股软件登录界面

> **专家指点**
>
> 在图 3-36 所示的"开始"菜单中,用户选择"卸载通达信金融终端"命令,可以对通达信软件进行快速卸载操作。

3.2.2 退出通达信炒股软件

当用户使用通达信软件完成股票的金融操作后,可退出通达信炒股软件,以提高系统的运行速度。下面向读者介绍退出通达信炒股软件的多种方法。

1. 通过"退出"命令退出软件

在通达信金融终端界面中,选择"系统"|"退出系统"命令,如图 3-28 所示。

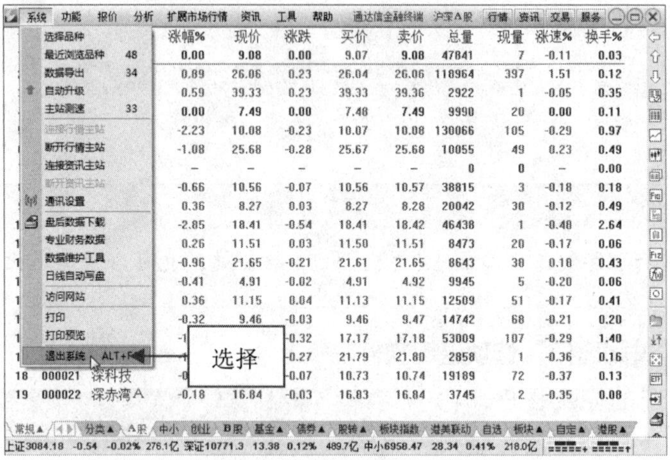

图 3-28 选择"退出系统"命令

执行操作后,弹出提示信息框,提示用户是否确定退出本系统。单击"退出"按钮,如图 3-29 所示,即可退出通达信金融终端。

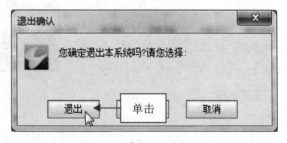

图 3-29 单击"退出"按钮

> **专家指点**
>
> 在"退出确认"对话框中,单击"重新登录"按钮,可以重新登录通达信账户。

2. 通过"退出"按钮退出软件

在通达信金融终端菜单栏的最右端，有一个"关闭"按钮。单击该按钮，如图 3-30 所示，也可以快速退出通达信金融终端。

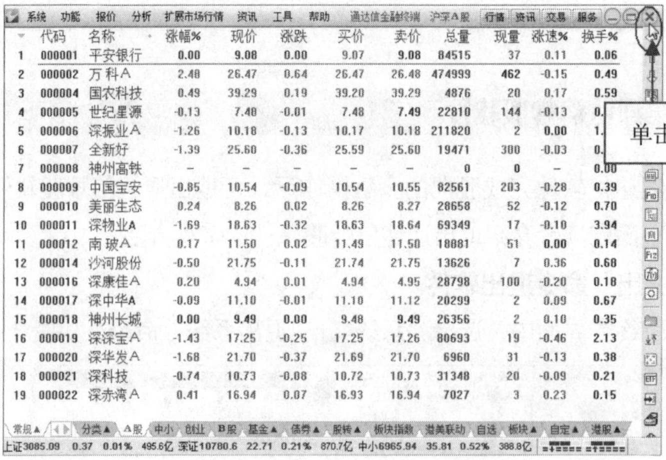

图 3-30 单击"关闭"按钮

> **专家指点**
>
> 在通达信金融终端工作界面中，按 Alt+F4 组合键，也可以快速退出该软件界面。

3. 通过"关闭窗口"选项退出软件

每一个打开的应用程序，在 Windows 的系统栏中，都会显示该程序的图标。用户可以在"通达信金融终端"程序图标上单击鼠标右键，在弹出的快捷菜单中选择"关闭窗口"命令，如图 3-31 所示，可以快速退出该软件。

图 3-31 选择"关闭窗口"命令

> **专家指点**
>
> 在 Windows 操作系统中，用户还可以通过"Windows 任务管理器"窗口，对通达信软件执行"结束任务"操作，退出该软件。

3.3 注册与登录通达信炒股软件

在用户掌握了启动与退出通达信炒股软件的操作后,接下来介绍注册通达信炒股软件、登录免费精选行情以及登录收费高级行情界面的方法,希望读者能熟练掌握本节内容。

3.3.1 登录免费精选行情

在通达信炒股软件中,提供了两种登录方式:一种是免费的行情登录,另一种是收费的行情登录。如果用户是初次进入炒股行列,在炒股的初学起步阶段,建议用户登录免费精选行情界面,虽然它的有些功能相比收费行情来说不是特别全面,但对于初学炒股的用户来说,操作上已经足够。

下面向读者介绍登录免费精选行情界面的操作方法。

步骤 01 在通达信金融终端登录界面中,单击"免费精选行情登录"按钮,如图3-32所示。

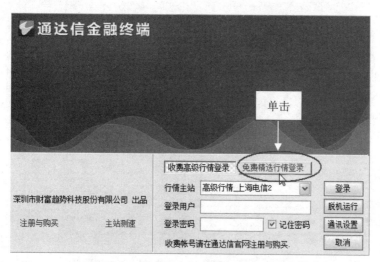

图3-32 单击"免费精选行情登录"按钮

步骤 02 切换至"免费精选行情登录"选项卡,在下方设置"行情主站"为"深圳行情主站2",然后单击"登录"按钮,如图3-33所示。

> **专家指点**
>
> 在"通达信金融终端"登录界面中,免费版的行情登录是不需要用户输入登录用户与登录密码信息的,用户只需直接单击"登录"按钮,即可完成登录操作。

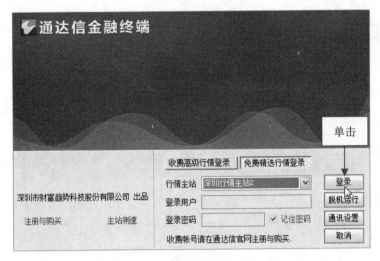

图 3-33 单击"登录"按钮

步骤 03 执行操作后，即可登录"通达信金融终端"免费版界面，在其中可以查看各类股票数据信息，如图 3-34 所示。

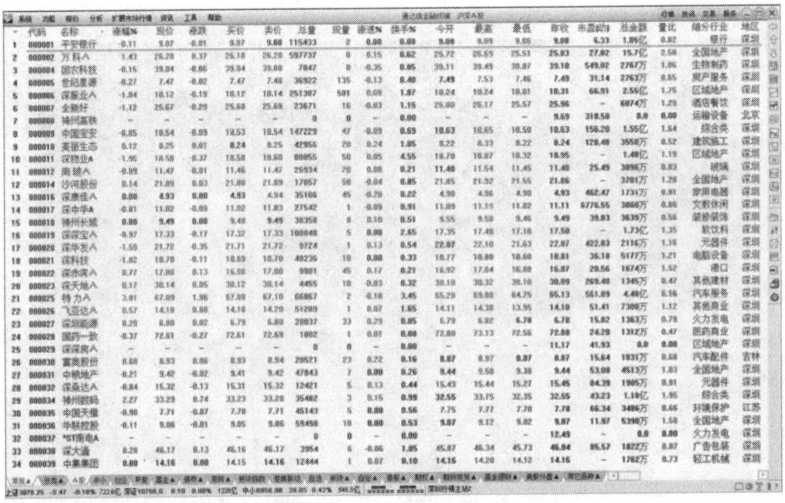

图 3-34 登录"通达信金融终端"免费版界面

3.3.2 注册通达信炒股软件

通过一段时间的操作，当用户完全掌握了通达信炒股技术后，就可以考虑使用功能全面的收费版通达信炒股软件了。在使用收费版通达信行情界面前，首先需要注册通达信账户，才能正常使用。下面介绍注册通达信炒股软件账户的操作方法。

步骤 01 在通达信金融终端登录界面中，单击"注册与购买"超链接，如图3-35所示。

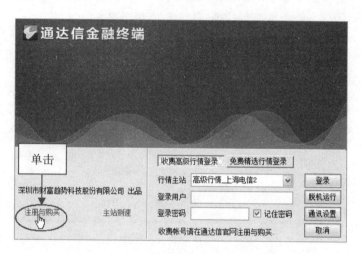

图3-35 单击"注册与购买"超链接

步骤 02 打开通达信官方网站，在网页右上角位置单击"注册"超链接，如图3-36所示。

图3-36 单击"注册"超链接

步骤 03 进入相应注册页面，在其中输入用户名、密码、用户姓名、手机号以及短信验证码等信息，信息输入完成后，单击"立即注册"按钮，如图3-37所示。

步骤 04 弹出提示信息框，提示用户账号注册成功，单击"我知道了"按钮，如图3-38所示，即可完成账号的注册操作。

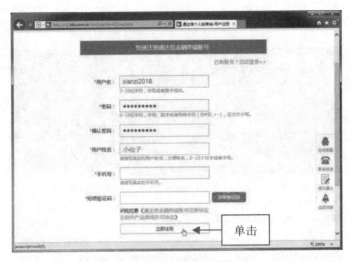

图 3-37 输入相应注册信息

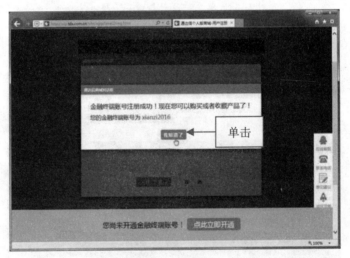

图 3-38 提示用户账号注册成功

3.3.3 开通通达信收费账户

当用户在网页中注册了通达信账户后,接下来需要登录网页,购买相应的月卡或年卡套餐,才能开通收费高级行情账户。下面介绍登录并购买通达信月卡套餐的操作方法。

步骤 01 打开通达信网页登录界面,在右侧输入相应的账号、密码以及验证码等信息,单击"登录"按钮,如图 3-39 所示。

图 3-39 单击"登录"按钮

步骤 02 执行操作后，即可登录"个人中心"页面，在网页左上方单击"个人版商城"超链接，如图 3-40 所示。

图 3-40 单击"个人版商城"超链接

专家指点

在"个人中心"页面中，用户可以修改账户的昵称、手机号码、电子邮箱等信息。

步骤 03 执行操作后，进入相应网页，在页面中间单击"港美通月卡：258元／月"图片链接，如图 3-41 所示。

图 3-41 单击"港美通月卡:258元/月"图片链接

步骤 04 进入相应页面,单击左侧的"个人版月卡258元/月"图片链接,如图3-42所示。

图 3-42 单击"个人版月卡258元/月"图片链接

专家指点

如果用户是初次使用收费版通达信炒股软件,建议先办理月卡套餐。如果觉得软件功能符合自己的操作需求,等月卡套餐到期后,续费时再购买年卡套餐。这样是最理性的操作,可将用户的损失降低到最小。

步骤 05 弹出"港股行情服务条款"对话框,请用户仔细阅读条款内容。阅读完成后,单击"确定"按钮,如图3-43所示。

图 3-43 单击"确定"按钮

步骤 06 进入"订单确认"页面,用户确认订单无问题后,单击"提交订单"按钮,如图 3-44 所示。

图 3-44 单击"提交订单"按钮

专家指点

在"订单确认"页面中,如果用户对购买的套餐还有什么疑问,可以单击右侧的"在线客服"按钮,与客服进行沟通交流,解决自己的疑问。还可以单击"联系电话"按钮,通过电话与客服进行交流。

步骤 07 页面中提示订单提交成功。单击右侧的"去支付"按钮,如图 3-45 所示。

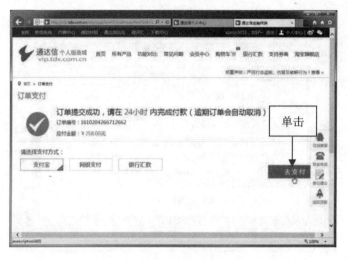

图 3-45 单击"去支付"按钮

> **专家指点**
>
> 在"订单支付"页面中，在"请选择支付方式"下方，用户若选择"网银支付"选项，将以网上银行的方式进行付款操作；若选择"银行汇款"选项，将以汇款到指定银行账户的方式进行支付操作。

步骤 08 进入"支付宝"页面，页面中提示了二维码扫码信息，如图 3-46 所示，用户在手机中打开支付宝，并通过扫一扫功能进行页面付款，即可完成收费高级行情套餐的购买操作。

图 3-46 提示了二维码扫码信息

3.3.4 登录收费高级行情

当用户注册并开通了收费高级行情账户后，就可以使用该账户登录收费高级行情界面了。在"通达信金融终端"登录界面中，切换至"收费高级行情登录"选项卡，在其中选择行情主站，并输入登录用户和登录密码，如图 3-47 所示，单击"登录"按钮，即可登录收费高级行情界面。

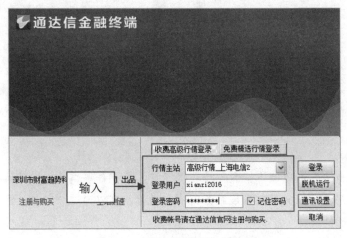

图 3-47　输入登录用户和密码

3.4　设置通达信网络通讯属性

网速对于喜爱炒股的股民来说，是非常重要的，网速的快和慢直接决定了股票的抢购速度。因此，选择合适的网络通讯渠道也是用户需要熟知的内容。本节主要向读者介绍设置与更改网络通讯属性的方法。

3.4.1 设置通达信网络区域

在 Windows 系统中，当用户第 1 次启动通达信金融终端软件时，软件会弹出"通达信金融终端 选择网络区域"对话框，用户可以根据自己网络所在的区域选择相应的网络服务商，这里选中"1.中国电信"单选按钮，表示目前正处于中国电信的网络区域，如图 3-48 所示。

选择相应的网络区域后，单击"确定"按钮，将弹出提示信息框，提示用户当前选择的网络区域，如图 3-49 所示，单击"确定"按钮，即可完成网络区域的选择。

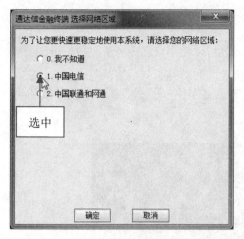
图 3-48 选中"1.中国电信"单选按钮

图 3-49 提示用户当前选择的网络区域

专家指点

当用户第 2 次启动通达信金融终端软件时,将不再弹出选择网络区域的提示。后期,如果用户所在的网络区域服务商有变动时,可以通过"通讯设置"对话框更改用户的网络区域。

3.4.2 更改通达信网络区域

用户如果在第 1 次启动通达信炒股软件时对于网络区域没有设置正确,此时可以通过"通讯设置"对话框对网络区域进行更改,以提高网络操作速度。

步骤 01 在登录界面中,单击"通讯设置"按钮,如图 3-50 所示。

步骤 02 用户还可以在"通达信金融终端"工作界面中,选择"系统"|"通讯设置"命令,如图 3-51 所示。

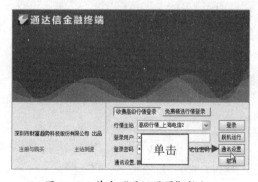
图 3-50 单击"通讯设置"按钮

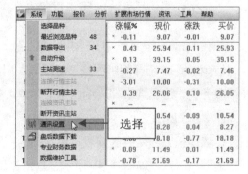
图 3-51 选择"通讯设置"命令

步骤 03 弹出"通讯设置"对话框，单击"更改网络区域"按钮，如图 3-52 所示。

步骤 04 弹出"通达信金融终端 选择网络区域"对话框，选中"2.中国联通和网通"单选按钮，如图 3-53 所示。

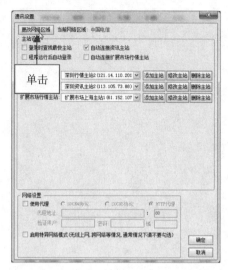
图 3-52 单击"更改网络区域"按钮

图 3-53 选中相应的单选按钮

步骤 05 单击"确定"按钮，弹出提示信息框，提示用户当前选择的网络区域，如图 3-54 所示。

步骤 06 单击"确定"按钮，返回"通讯设置"对话框，上方的"当前网络区域"已更改为"中国联通"，如图 3-55 所示，完成网络区域的更改操作。

图 3-54 弹出提示信息框

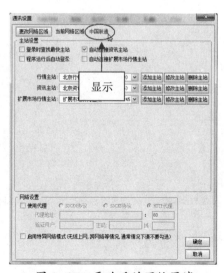
图 3-55 更改后的网络区域

第 4 章　界面全解——认识通达信软件界面

学前提示

　　用户若想熟练掌握通达信软件,首先需要掌握通达信的软件界面,对界面各组成部分的功能有一个全面的了解和掌握,才能更好地操作通达信软件。本章主要向读者介绍通达信软件的界面、功能、查看股票信息以及分时图界面等内容,希望读者熟练掌握本章内容,为后面学习炒股奠定良好的基础。

要点展示

▶ 了解通达信软件界面
▶ 掌握通达信软件功能
▶ 查看通达信各类股票信息
▶ 使用行情报价与分时图界面

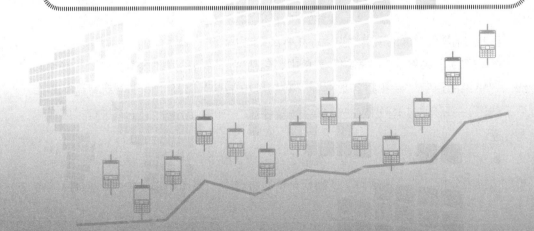

4.1 了解通达信软件界面

通达信软件界面非常简洁，操作简单，易懂易上手，界面主要包括菜单栏、个股参数、市场行情标签、状态栏以及工具栏等部分，如图4-1所示。

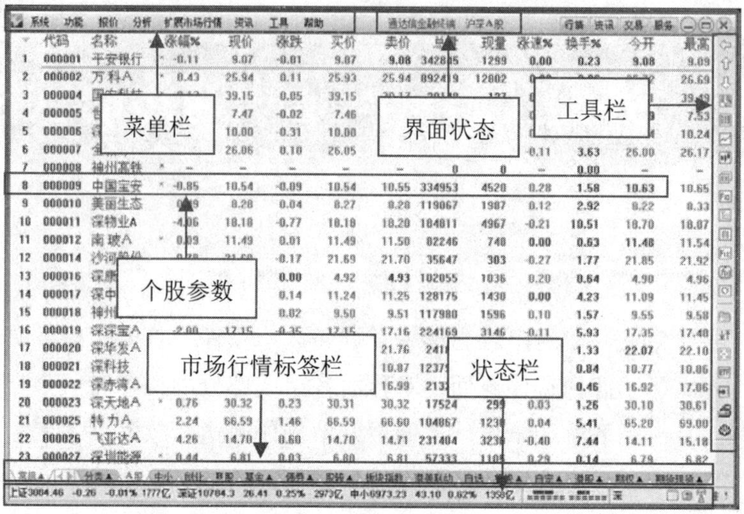

图 4-1 通达信软件界面

▶ 4.1.1 了解菜单栏

在通达信软件界面中，菜单栏位于软件界面的上方，包括"系统""功能""报价""分析""扩展市场行情""资讯""工具"以及"帮助"8个菜单项，如图4-2所示。

图 4-2 菜单栏

在通达信软件界面的菜单栏中，各菜单含义如下。

● "系统"菜单：在"系统"菜单中，包括"选择品种""数据导出""自动升级""主站测速""专业财务数据""数据维护工具"以及"日线自动写盘"等命令，如图4-3所示。选择相应的命令，可以对系统中的数据或行情主站进行相应编辑与管理。

● "功能"菜单：在"功能"菜单中，包括"报价分析""即时分析""技术分析""报表分析""个人理财""期权分析"等命令，如图4-4所示。选择相应的命令，可以根据各股票功能查看数据，使用户能更好地掌握盘面股票趋势。

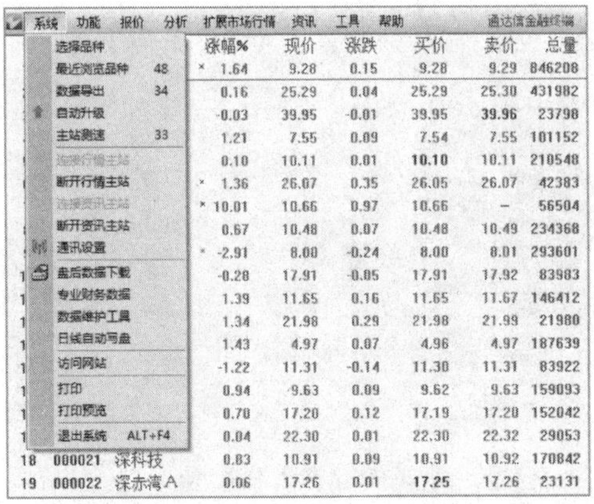

图 4-3 "系统"菜单 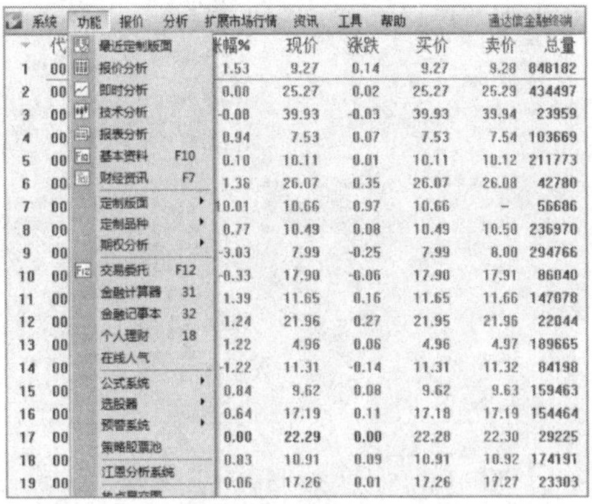　　　　　　图 4-4 "功能"菜单

● "报价"菜单：在"报价"菜单中，包括"沪深分类""沪深主要指数""基金分析平台""栏目排名""强弱分析"以及"区间涨跌幅度"等命令，如图4-5所示。选择相应的命令，可以查看各地区的股票报价信息和区间涨跌幅度。

● "分析"菜单：在"分析"菜单中，包括"大盘走势""分时走势图""分时成交明细""分价表""分析图""主力监控精灵"等命令，如图4-6所示。选择相应的命令，可以对股票数据进行分析操作，并查看分时走势图等股票信息。

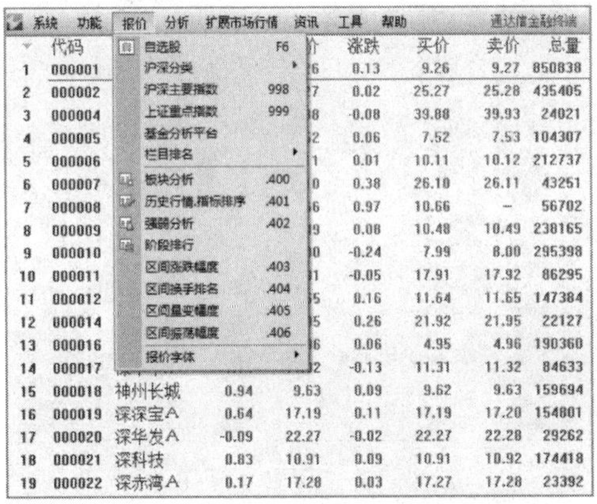

图 4-5 "报价"菜单 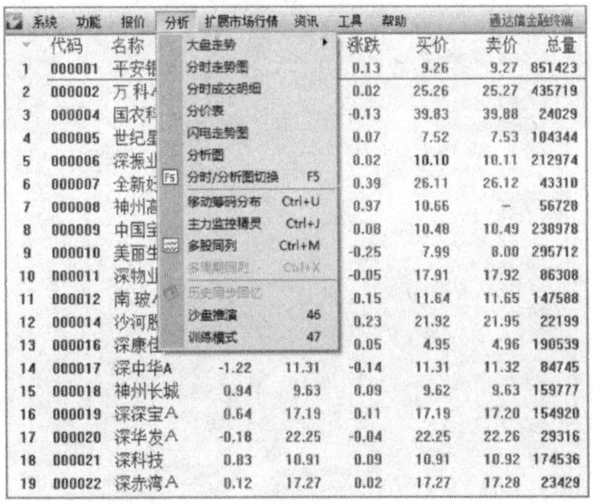　　　　　　图 4-6 "分析"菜单

● "扩展市场行情"菜单：在"扩展市场行情"菜单中，包括"连接扩展市场行情""香港指数""香港主板""港股板块""港股行业"以及"国内期货指数"等命令，如图4-7所示。选择相应的命令，可以查看相应市场中的股票行情。

● "资讯"菜单：在"资讯"菜单中，包括"财经资讯""基本资料""权息资料""沪深权息查询""港股披露易""信息地雷"以及"投资日记"等命令，如图4-8所示。选择相应的命令，可以查看股票相关的资讯信息。

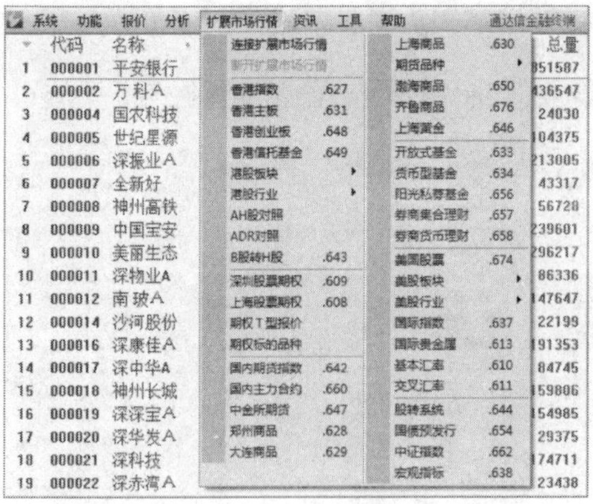

图 4-7 "扩展市场行情"菜单 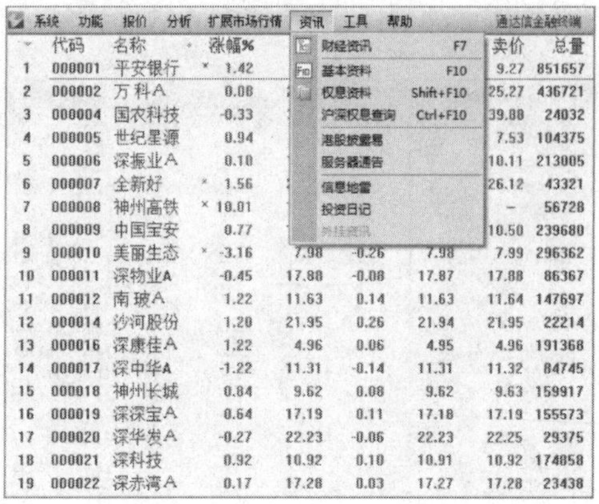　　　　　图 4-8 "资讯"菜单

● "工具"菜单：在"工具"菜单中，包括"辅助区""功能树""工具栏""状态栏""盯盘精灵""画线工具""屏幕截图"以及"自动换页"等命令，如图4-9所示。选择相应的命令，可以使用通达信股票软件的相关工具。

● "帮助"菜单：在"帮助"菜单中，包括"帮助说明书""快捷键和使用FAQ""交易所休市日""购买实时港股""用户论坛"以及"每日一帖"等命令，如图4-10所示。选择相应的命令，可以获取通达信股票软件的帮助功能。

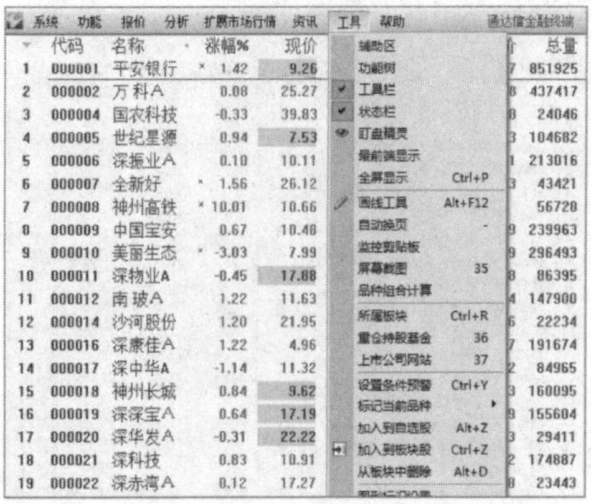

图 4-9 "工具"菜单 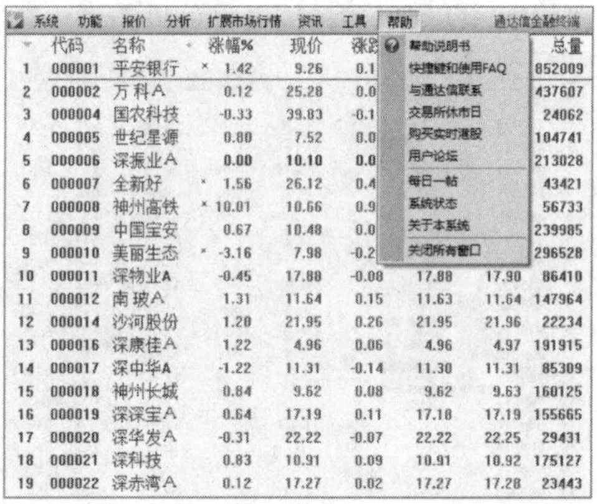　　　　　图 4-10 "帮助"菜单

4.1.2 了解个股参数

在通达信软件的中间窗格中，显示了每个企业的个股参数，在其中可以看到企业的股票代码、名称、涨幅、现价、涨跌、买价、卖价、总量、现量、涨速百分比、换手百分比、今开以及最高等股票数据，如图4-11所示。

	代码	名称	涨幅%	现价	涨跌	买价	卖价	总量	现量	涨速%	换手%	今开	最高
1	000001	平安银行	1.20	9.24	0.11	9.24	9.25	915691	5691	0.63		9.13	9.30
2	000002	万科A	-0.04	25.24	-0.01	25.23	25.24	533196	20437	-0.11	0.55	25.25	25.45
3	000004	国农科技	-0.33	39.83	-0.13	39.83	39.86	25326	196	0.00	3.05	39.98	40.57
4	000005	世纪星源	0.67	7.51	0.05	7.51	7.52	115663	1172	0.13	1.27	7.46	7.55
5	000006	深振业A	-0.10	10.09	-0.01	10.08	10.09	245499	2085	0.09	1.83	10.01	10.19
6	000007	全新好	1.36	26.07	0.35	26.07	26.08	47187	542	0.00	2.29	25.87	26.50
7	000008	神州高铁	10.01	10.66	0.97	10.66	—	57867	217	0.00	0.39	10.66	10.66
8	000009	中国宝安	1.06	10.52	0.11	10.53	291970		3528	0.09	1.38	10.41	10.52
9	000010	美丽生态	-2.67	8.02	-0.22	8.02	8.03	332388	3158	0.12	8.15	7.99	8.06
10	000011	深物业A	-0.11	17.94	-0.02	17.94	17.95	98756	2675	0.00	5.62	17.71	18.05
11	000012	南玻A	1.39	11.65	0.16	11.64	11.65	168899	3503	0.08	1.30	11.50	11.70
12	000014	沙河股份	1.89	22.10	0.41	22.10	22.12	32889	383	-0.18	1.63	21.79	22.19
13	000016	深康佳A	1.22	4.96	0.06	4.95	4.96	205817	911	0.20	1.29	4.89	4.99
14	000017	深中华A	-1.22	11.31	-0.14	11.31	11.32	98420	1493	0.00	3.25	11.38	11.45
15	000018	神州长城	1.05	9.64	0.10	9.63	9.64	181746	2503	0.10	2.41	9.56	9.67
16	000019	深深宝A	0.59	17.18	0.10	17.17	17.18	177122	3293	0.05	4.68	17.18	17.45
17	000020	深华发A	-0.31	22.22	-0.07	22.21	22.22	32647	427	0.09	1.80	22.29	22.43
18	000021	深科技	0.74	10.90	0.08	10.89	10.90	196241	1450	0.18	1.34	10.82	11.04
19	000022	深赤湾	0.23	17.30	0.04	17.29	17.30	27287	300	0.11	0.59	17.18	17.33
20	000023	深天地	1.14	31.00	0.35	31.00	31.01	25296	1087	0.35	1.82	30.45	31.00
21	000025	特力A	0.12	65.56	0.08	65.56	65.57	47894	950	0.09	2.43	64.71	66.50
22	000026	飞亚达A	-0.83	14.41	-0.12	14.41	14.42	112856	1254	0.06	3.63	14.48	14.65
23	000027	深圳能源	1.32	6.92	0.09	6.92	6.93	195496	804	0.14	0.49	6.82	6.94

图 4-11　查看企业个股参数

在窗口中，双击"603188亚邦股份"个股参数，在打开的窗口中可以查看个股参数的股票趋势信息，默认情况下以"日线"显示，如图4-12所示。

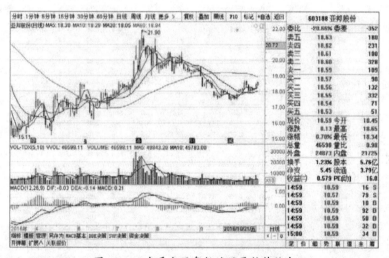

图 4-12　查看个股参数的股票趋势信息

> **专家指点**
>
> 在通达信软件界面的右侧工具栏中，单击最上方的"返回"按钮，可以返回至个股参数的主界面。

▶ 4.1.3　了解市场行情

通达信软件界面的下方，显示了股票市场行情标签栏，其中包括"A股""中小”“创业”“B股”“基金”“债券”“港美联动”以及“板块”等标签，如图4-13所示。单击相应的标签，可以查看股票的市场行情数据。

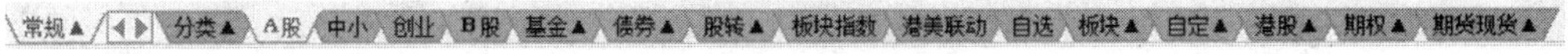

图 4-13　股票市场行情标签栏

在接下来的知识点中，将向读者介绍部分市场行情标签的功能。

1. A股

在证券交易市场中，A股是指人民币普通股，是由中国的境内公司所发行的，它不是实物股票，是以电子记账的方式进行的无纸化交易，是以人民币认购和交易的普通股股票。A股的发行人应当是依法设立且合法存续的股份有限公司，公司成立后，须持续经营3年以上，才能拥有A股的发行权。

在通达信软件界面下方的市场行情标签栏中，单击“A股”标签，即可切换至“A股”选项卡，在打开的页面中列出了发行A股的企业，以及A股的行情报价信息，如图4-14所示。

	代码	名称	涨幅%	现价	涨跌	买价	卖价	总量	现量	涨速%	换手%	今开	最高
1	000001	平安银行	× 0.11	9.25	0.01	9.24	9.25	2254	2254	0.00	0.00	9.25	9.25
2	000002	万科A	× -0.16	25.20	-0.04	25.18	25.20	1061	1061	0.00	0.00	25.20	25.20
3	000004	国农科技	-0.53	39.62	-0.21	39.62	39.83	10	10	0.00	0.00	39.62	39.62
4	000005	世纪星源	0.13	7.52	0.01	7.52	7.53	80	80	0.00	0.00	7.52	7.52
5	000006	深振业A	× -0.30	10.06	-0.03	10.05	10.06	561	561	0.00	0.00	10.06	10.06
6	000007	全新好	× -0.08	26.05	-0.02	26.03	26.05	146	146	0.00	0.01	26.05	26.05
7	000008	神州高铁	10.04	11.73	1.07	11.73	–	108952	108952	0.00	0.73	11.73	11.73
8	000009	中国宝安	× 0.00	10.52	0.00	10.52	10.53	442	441	0.00	0.00	10.52	10.52
9	000010	美丽生态	× -0.25	8.00	-0.02	7.99	8.00	2004	2004	0.00	0.05	8.00	8.00
10	000011	深物业A	-0.33	17.88	-0.06	17.85	17.88	641	641	0.00	0.04	17.88	17.88
11	000012	南玻A	× 0.26	11.68	0.03	11.67	11.68	942	942	0.00	0.01	11.68	11.68
12	000014	沙河股份	0.09	22.12	0.02	22.12	22.15	220	220	0.00	0.01	22.12	22.12
13	000016	深康佳A	× -0.20	4.95	-0.01	4.94	4.95	279	279	0.00	0.00	4.95	4.95
14	000017	深中华A	0.00	11.31	0.00	11.31	11.35	126	126	0.00	0.00	11.31	11.31
15	000018	神州长城	0.10	9.65	0.01	9.65	9.66	402	402	0.00	0.01	9.65	9.65
16	000019	深深宝A	× -0.29	17.13	-0.05	17.13	17.14	354	354	0.00	0.01	17.13	17.13
17	000020	深华发A	-0.54	22.10	-0.12	22.08	22.10	40	40	0.00	0.00	22.10	22.10
18	000021	深科技	0.00	10.90	0.00	10.89	10.90	379	379	0.00	0.00	10.90	10.90
19	000022	深赤湾A	0.00	17.30	0.00	17.28	17.30	60	60	0.00	0.00	17.30	17.30
20	000023	深天地A	2.23	31.69	0.69	31.01	31.69	135	135	0.00	0.01	31.69	31.69
21	000025	特力A	× 0.23	65.71	0.15	65.71	65.95	151	151	0.00	0.01	65.71	65.71
22	000026	飞亚达A	-0.42	14.35	-0.06	14.33	14.35	301	301	0.00	0.01	14.35	14.35
23	000027	深圳能源	× 0.14	6.93	0.01	6.92	6.93	314	314	0.00	0.00	6.93	6.93

常规▲ 分类▲ A股 中小 创业 B股 基金▲ 债券▲ 股转▲ 板块指数 港美联动 自选 板块▲ 自定▲ 港股▲ 期权▲ 期货现货▲

图 4-14　A股的行情报价信息

2. 中小

在证券交易市场中，中小板是指中小企业板，它是以002的市场代码开头的。相比主板市场，有些企业的资金或条件达不到主板市场的要求，就只能在中小板股票市场上市，它是创业板的一种过渡。

在通达信软件界面下方的市场行情标签栏中，单击“中小”标签，即可切换至“中小”选项卡，在打开的页面中列出了发行中小股的企业，以及中小股的行情报价信息，如图4-15所示。

	代码	名称	涨幅%	现价	涨跌	买价	卖价	总量	现量	涨速%	换手%	今开	最高
1	002001	新和成	0.26	23.24	0.06	23.24	23.29	67	67	0.00	0.00	23.24	23.24
2	002002	鸿达兴业	1.12	7.25	0.08	7.22	7.25	2317	2317	0.00	0.01	7.25	7.25
3	002003	伟星股份	0.45	15.52	0.07	15.43	15.52	91	91	0.00	0.00	15.52	15.52
4	002004	华邦健康	0.10	9.74	0.01	9.73	9.74	556	556	0.00	0.00	9.74	9.74
5	002005	德豪润达	-0.16	6.26	-0.01	6.25	6.26	961	961	0.00	0.01	6.26	6.26
6	002006	精功科技	0.00	12.78	0.00	12.78	12.80	73	73	0.00	0.00	12.78	12.78
7	002007	华兰生物	-0.21	37.28	-0.08	37.28	37.29	205	205	0.00	0.00	37.28	37.28
8	002008	大族激光	-1.81	23.30	-0.43	23.29	23.30	4079	4079	0.00	0.04	23.30	23.30
9	002009	天奇股份	-0.17	17.17	-0.03	17.12	17.17	101	101	0.00	0.00	17.17	17.17
10	002010	传化股份	-0.25	19.95	-0.05	19.95	19.96	24	24	0.00	0.00	19.95	19.95
11	002011	盾安环境	-0.64	10.82	-0.07	10.82	10.83	522	522	0.00	0.01	10.82	10.82
12	002012	凯恩股份	-0.11	9.42	-0.01	9.41	9.42	95	95	0.00	0.00	9.42	9.42
13	002013	中航机电	0.06	17.15	0.01	17.15	17.20	48	48	0.00	0.00	17.15	17.15
14	002014	永新股份	0.00	16.87	0.00	16.87	16.95	26	26	0.00	0.00	16.87	16.87
15	002015	霞客环保	0.10	9.70	0.01	9.69	9.70	30	30	0.00	0.00	9.70	9.70
16	002016	世荣兆业	-0.95	10.41	-0.10	10.41	10.42	84	84	0.00	0.00	10.41	10.41
17	002017	东信和平	0.26	15.38	0.04	15.34	15.38	183	183	0.00	0.01	15.38	15.38
18	002018	华信国际	0.22	9.18	0.02	9.17	9.18	701	701	0.00	0.00	9.18	9.18
19	002019	亿帆医药	0.07	14.51	0.01	14.51	14.53	48	48	0.00	0.00	14.51	14.51
20	002020	京新药业	–	–	–	12.72	12.74	0	0	–	0.00	–	–
21	002021	中捷资源	0.23	8.59	0.02	8.59	8.60	119	119	0.00	0.00	8.59	8.59
22	002022	科华生物	0.13	22.90	0.03	22.89	22.90	151	151	0.00	0.00	22.90	22.90
23	002023	海特高新	-0.49	16.13	-0.08	16.13	16.20	305	305	0.00	0.00	16.13	16.13

常规▲ 分类▲ A股 中小 创业 B股 基金▲ 债券▲ 股转▲ 板块指数 港美联动 自选 板块▲ 自定▲ 港股▲ 期权▲ 期货现货▲

图 4-15　中小股的行情报价信息

3. 创业

在证券交易市场中，创业板是指第二股票交易市场，又称为二板市场，它是以300的市场代码开头的，专门为中小企业、创业型企业以及高科技产业企业等需要进行融资的企业提供融资的证券交易市场，在资本市场上占有非常重要的地位。

在通达信软件界面下方的市场行情标签栏中，单击“创业”标签，即可切换至“创业”选项卡，在打开的页面中列出了发行创业股的企业，以及创业股的行情报价信息，如图4-16所示。

	代码	名称	涨幅%	现价	涨跌	买价	卖价	总量	现量	涨速%	换手%	今开	最高
1	300001	特锐德	0.05	19.98	0.01	19.98	20.04	187	187	0.00	0.00	19.98	19.98
2	300002	神州泰岳	0.09	11.22	0.01	11.21	11.22	429	429	0.00	0.00	11.22	11.22
3	300003	乐普医疗	0.32	19.01	0.06	19.00	19.01	57	57	0.00	0.00	19.01	19.01
4	300004	南风股份	0.06	17.34	0.01	17.31	17.34	66	66	0.00	0.00	17.34	17.34
5	300005	探路者	-0.13	15.93	-0.02	15.92	15.93	233	233	0.00	0.01	15.93	15.93
6	300006	莱美药业	0.00	8.79	0.00	8.78	8.79	17	17	0.00	0.00	8.79	8.79
7	300007	汉威电子	0.13	23.83	0.03	23.82	23.88	16	16	0.00	0.00	23.83	23.83
8	300008	天海防务	0.11	26.26	0.03	26.26	26.29	10	10	0.00	0.00	26.26	26.26
9	300009	安科生物	0.04	25.55	0.01	25.55	25.58	175	174	0.00	0.01	25.55	25.55
10	300010	立思辰	0.40	19.99	0.08	19.99	20.00	856	856	0.00	0.02	19.99	19.99
11	300011	鼎汉技术	0.00	21.50	0.00	21.50	21.68	164	164	0.00	0.00	21.50	21.50
12	300012	华测检测	0.15	13.31	0.02	13.31	13.35	70	70	0.00	0.00	13.31	13.31
13	300013	新宁物流	0.06	17.01	0.01	17.01	17.05	481	481	0.00	0.02	17.01	17.01
14	300014	亿纬锂能	0.06	34.97	0.02	34.97	34.99	203	203	0.00	0.00	34.97	34.97
15	300015	爱尔眼科	-0.50	33.80	-0.17	33.73	33.80	246	246	0.00	0.00	33.80	33.80
16	300016	北陆药业	0.10	20.22	0.02	20.20	20.22	83	83	0.00	0.00	20.22	20.22
17	300017	网宿科技	-0.13	62.01	-0.08	62.00	62.01	162	162	0.00	0.00	62.01	62.01
18	300018	中元股份	-0.52	13.28	-0.07	13.28	13.30	246	246	0.00	0.01	13.28	13.28
19	300019	硅宝科技	0.20	15.36	0.03	15.35	15.36	385	385	0.00	0.02	15.36	15.36
20	300020	银江股份	0.21	19.17	0.04	19.17	19.18	153	153	0.00	0.00	19.17	19.17
21	300021	大禹节水	0.05	19.40	0.01	19.39	19.40	113	113	0.00	0.01	19.40	19.40
22	300022	吉峰农机	0.11	9.03	0.01	9.02	9.03	76	76	0.00	0.00	9.03	9.03
23	300023	宝德股份	0.09	21.63	0.02	21.63	21.77	8	8	0.00	0.00	21.63	21.63

常规▲ 分类▲ A股 中小 创业 B股 基金▲ 债券▲ 股转▲ 板块指数 港美联动 自选 板块▲ 自定▲ 港股▲ 期权▲ 期货现货▲

图 4-16　创业股的行情报价信息

专家指点

创业板中的企业，大多从事高科技业务，具有较高的成长性，但股票风险也较大。

4. B股

在证券交易市场中，B股是指人民币特种股票，是一种在证券交易所上市交易的外资股，B股公司的注册地和上市地都在境内，它主要以人民币标明面值，以外币进行购买和交易操作。单击“B股”标签，即可切换至“B股”选项卡，在打开的页面中列出了发行B股的企业，以及B股的行情报价信息，如图4-17所示。

	代码	名称	涨幅%	现价	涨跌	买价	卖价	总量	现量	涨速%	换手%	今开	最高
1	200869	张裕B	0.09	21.71	0.02	21.69	21.71	20	2	-0.04	0.00	21.72	21.72
2	200550	江铃B	0.84	20.30	0.17	20.11	20.39	7	5	0.00	0.00	20.30	20.30
3	200025	特力B	0.33	17.98	0.06	17.80	17.97	4	2	1.58	0.00	17.70	17.98
4	200625	长安B	0.00	12.50	0.00	12.50	12.51	58	4	-0.15	0.00	12.52	12.52
5	200553	沙隆达B	-0.81	8.56	-0.07	8.56	8.64	14	11	-1.26	0.00	8.67	8.67
6	200468	*ST宁通B	-0.27	7.36	-0.02	7.36	7.37	65	63	0.13	0.01	7.35	7.42
7	200019	深深宝B	0.00	7.34	0.00	7.25	7.37	10	10	0.00	0.00	7.34	7.34
8	200020	深华发B	-0.83	7.20	-0.06	7.20	7.29	31	31	-1.77	0.00	7.33	7.33
9	200488	晨鸣B	0.00	7.11	0.00	7.11	7.12	7	5	-0.14	0.00	7.12	7.12
10	200413	东旭B	0.43	6.99	0.03	6.94	6.99	50	50	0.00	0.00	6.99	6.99
11	200012	南玻B	-0.61	6.49	-0.04	6.48	6.49	74	40	0.00	0.00	6.49	6.49
12	200058	深赛格B	1.07	5.68	0.06	5.68	5.70	175	75	0.53	0.01	5.65	5.68
13	200706	*ST瓦轴B	0.00	5.18	0.00	5.12	5.18	13	13	0.00	0.00	5.18	5.18
14	200017	深中华B	-0.97	5.12	-0.05	5.13	5.17	4	4	0.00	0.00	5.12	5.12
15	200018	神州B	0.70	4.34	0.03	4.30	4.33	1	1	0.00	0.00	4.34	4.34
16	900929	锦旅B股	0.18	3.846	0.007	3.810	3.846	50	50	0.00	0.01	3.846	3.846
17	200539	粤电力B	0.00	3.46	0.00	3.45	3.46	107	26	0.28	0.00	3.45	3.46
18	900905	老凤祥B	-0.09	3.420	-0.003	3.420	3.423	3	2	-0.08	0.00	3.423	3.423
19	900935	阳晨B股	-0.62	2.741	-0.017	2.713	2.741	8098	5	-2.10	0.77	2.800	2.800
20	900934	锦江B股	0.22	2.241	0.005	2.236	2.241	40	9	0.00	0.00	2.241	2.249
21	900915	中路B股	-0.05	1.822	-0.001	1.820	1.823	5	5	0.00	0.00	1.822	1.822
22	900939	汇丽B	0.17	1.745	0.003	1.707	1.740	40	5	0.00	0.00	1.745	1.745
23	900956	东贝B股	-1.60	1.719	-0.028	1.725	1.747	80	80	-1.48	0.01	1.745	1.745

常规▲ 分类▲ A股 中小 创业 B股 基金▲ 债券▲ 股转▲ 板块指数 港美联动 自选 板块▲ 自定▲ 港股▲ 期权▲ 期货现货▲

图 4-17　B股的行情报价信息

5. 基金

在证券交易市场中，基金是指以股票为投资对象的投资基金，是投资基金的主要种类。基金托管人通过管理各投资人的资金，从事股票、债券等金融活动。单击“基金”标签，在弹出的列表框中选择“跨境交易基金”选项，如图4-18所示。

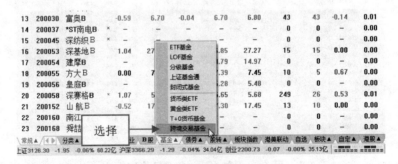

图 4-18　选择“跨境交易基金”选项

专家指点

与其他基金相比，股票基金的投资对象具有多样性，投资目的也具有多样性。与投资者直接投资于股票市场相比，股票基金具有分散风险、费用较低等特点。

执行操作后，即可打开“跨境交易基金”页面，在其中可以查看跨境基金的行情交易和报价信息，如图4-19所示。

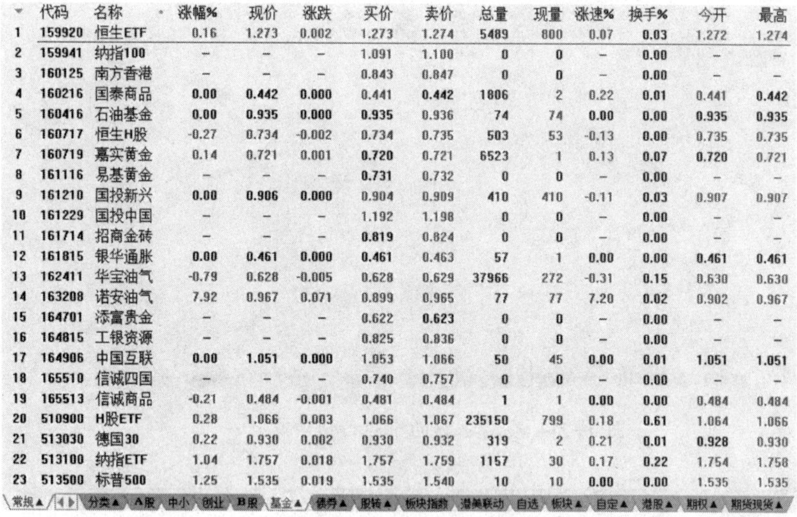

	代码	名称	涨幅%	现价	涨跌	买价	卖价	总量	现量	涨速%	换手%	今开	最高
1	159920	恒生ETF	0.16	1.273	0.002	1.273	1.274	5489	800	0.07	0.03	1.272	1.274
2	159941	纳指100	–	–	–	1.091	1.100	0	0	–	0.00	–	–
3	160125	南方香港	–	–	–	0.843	0.847	0	0	–	0.00	–	–
4	160216	国泰商品	0.00	0.442	0.000	0.441	0.442	1806	2	0.22	0.01	0.441	0.442
5	160416	石油基金	0.00	0.935	0.000	0.935	0.936	74	74	0.00	0.00	0.935	0.935
6	160717	恒生H股	-0.27	0.734	-0.002	0.734	0.735	503	53	-0.13	0.00	0.735	0.735
7	160719	嘉实黄金	0.14	0.721	0.001	0.720	0.721	6523	1	0.13	0.07	0.720	0.721
8	161116	易基黄金	–	–	–	0.731	0.732	0	0	–	0.00	–	–
9	161210	国投新兴	0.00	0.906	0.000	0.904	0.909	410	410	-0.11	0.03	0.907	0.907
10	161229	国投中国	–	–	–	1.192	1.198	0	0	–	0.00	–	–
11	161714	招商金砖	–	–	–	0.819	0.824	0	0	–	0.00	–	–
12	161815	银华通胀	0.00	0.461	0.000	0.461	0.463	57	1	0.00	0.00	0.461	0.461
13	162411	华宝油气	-0.79	0.628	-0.005	0.628	0.629	37966	272	-0.31	0.15	0.630	0.630
14	163208	诺安油气	7.92	0.967	0.071	0.899	0.965	77	77	7.20	0.02	0.902	0.967
15	164701	添富贵金	–	–	–	0.622	0.623	0	0	–	0.00	–	–
16	164815	工银资源	–	–	–	0.825	0.836	0	0	–	0.00	–	–
17	164906	中国互联	0.00	1.051	0.000	1.053	1.066	50	45	0.00	0.01	1.051	1.051
18	165510	信诚四国	–	–	–	0.740	0.757	0	0	–	0.00	–	–
19	165513	信诚商品	-0.21	0.484	-0.001	0.481	0.484	1	1	0.00	0.00	0.484	0.484
20	510900	H股ETF	0.28	1.066	0.003	1.066	1.067	235150	799	0.18	0.61	1.064	1.066
21	513030	德国30	0.22	0.930	0.002	0.930	0.932	319	2	0.21	0.01	0.928	0.930
22	513100	纳指ETF	1.04	1.757	0.018	1.757	1.759	1157	30	0.17	0.22	1.754	1.758
23	513500	标普500	1.25	1.535	0.019	1.535	1.540	10	10	0.00	0.00	1.535	1.535

图 4-19 查看跨境基金的行情交易和报价信息

6. 自选股

对于用户自己看好的股票，可将其加入到“自选”标签中，方便用户对股票的数据进行查看和跟踪。用户只需在相应个股参数上，单击鼠标右键，在弹出的快捷菜单中选择“加入到自选股”命令即可，如图4-20所示。

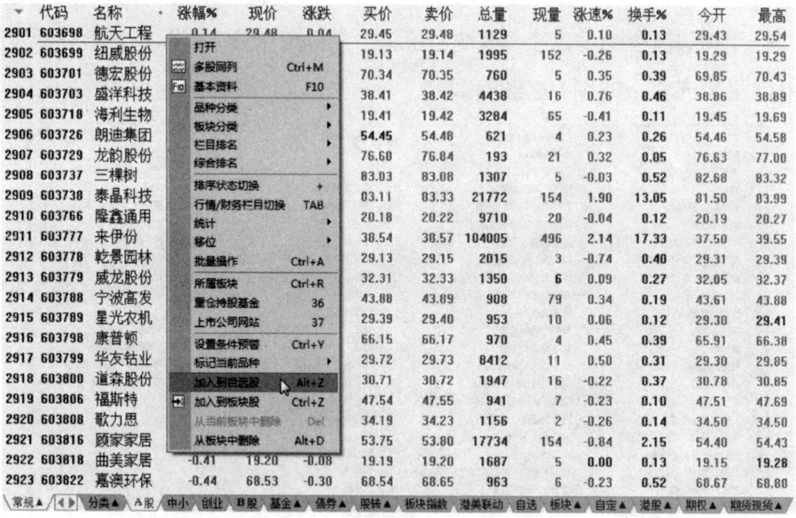

	代码	名称	涨幅%	现价	涨跌	买价	卖价	总量	现量	涨速%	换手%	今开	最高
2901	603698	航天工程	0.14	29.48	0.04	29.45	29.48	1129	5	0.10	0.13	29.43	29.54
2902	603699	纽威股份				19.13	19.14	1995	152	-0.26	0.13	19.29	19.29
2903	603701	德宏股份				70.34	70.35	760	5	0.35	0.39	69.85	70.43
2904	603703	盛洋科技				38.41	38.42	4438	16	0.76	0.46	38.86	38.89
2905	603718	海利生物				19.41	19.42	3284	65	-0.41	0.11	19.45	19.69
2906	603726	朗迪集团				54.45	54.48	621	4	0.23	0.26	54.46	54.58
2907	603729	龙韵股份				76.60	76.84	193	21	0.32	0.05	76.63	77.00
2908	603737	三棵树				83.03	83.08	1307	5	-0.03	0.52	82.68	83.32
2909	603738	泰晶科技				03.11	83.33	21772	154	1.90	13.05	81.50	83.99
2910	603766	隆鑫通用				20.18	20.22	9710	20	-0.04	0.12	20.19	20.27
2911	603777	来伊份				38.54	38.57	104005	496	2.14	17.33	37.50	39.55
2912	603778	乾景园林				29.13	29.15	2015	3	-0.74	0.40	29.31	29.39
2913	603779	威龙股份				32.31	32.33	1350	6	0.09	0.27	32.05	32.37
2914	603788	宁波高发				43.88	43.89	908	79	0.34	0.19	43.61	43.88
2915	603789	星光农机				29.39	29.40	953	10	0.06	0.12	29.30	29.41
2916	603798	康普顿				66.15	66.17	970	4	0.45	0.39	65.91	66.38
2917	603799	华友钴业				29.72	29.73	8412	11	0.50	0.31	29.30	29.85
2918	603800	道森股份				30.71	30.72	1947	16	-0.22	0.37	30.78	30.85
2919	603806	福斯特				47.54	47.55	941	7	-0.23	0.10	47.51	47.69
2920	603808	歌力思				34.19	34.23	1156	2	-0.26	0.14	34.50	34.50
2921	603816	顾家家居				53.75	53.80	17734	154	-0.84	2.15	54.40	54.43
2922	603818	曲美家居	-0.41	19.20	-0.08	19.19	19.20	1687	5	0.00	0.13	19.15	19.28
2923	603822	嘉澳环保	-0.44	68.53	-0.30	68.54	68.65	963	6	-0.23	0.52	68.67	68.80

图 4-20 选择“加入到自选股”命令

执行操作后，即可将选择的个股添加到“自选”选项卡中。在市场行情标签栏中，单击“自选”标签，即可在打开的页面中查看添加的个股行情信息，如图4-21所示。

代码	名称	涨幅%	现价	涨跌	买价	卖价	总量	现量	涨速%	换手%	今开	最高
1 000006	深振业A	-0.20	10.07	-0.02	10.05	10.07	23526	1	-0.39	0.17	10.06	10.14
2 000019	深深宝A	0.06	17.19	0.01	17.19	17.20	14181	1	0.17	0.38	17.13	17.21
3 000010	美丽生态	-0.87	7.95	-0.07	7.95	7.96	21408	6	-0.12	0.52	8.00	8.00
4 000504	*ST生物	0.07	15.17	0.01	15.17	15.18	1690	4	-0.13	0.05	15.17	15.24
5 000426	兴业矿业	2.36	9.99	0.23	9.98	9.99	52645	360	0.00	0.55	9.86	10.06
6 000668	荣丰控股	-0.08	24.60	-0.02	24.60	24.64	464	100	-0.08	0.03	24.75	24.82
7 603698	航天工程	0.14	29.48	0.04	29.45	29.48	1148	3	0.00	0.13	29.43	29.54

图 4-21 查看添加的个股行情信息

> **专家指点**
>
> 在通达信软件界面中，选择相应的个股参数后，按 Alt+A 组合键，也可以将选择的个股快速添加到"自选"选项卡中。

7. 板块

在证券交易市场中，每只股票都有属于自己的板块，选择不同的板块，可以查看板块中的相关股票市场行情数据信息。比如平安银行，就属于银行业的板块分类。

在市场行情标签栏中，单击"板块"标签，在弹出的列表框中选择"证监会行业板块"|"银行业"选项，如图4-22所示。

图 4-22 选择"银行业"选项

执行操作后，即可打开“银行业”板块，其中列出了属于银行业的股票行情报价信息，如图4-23所示。

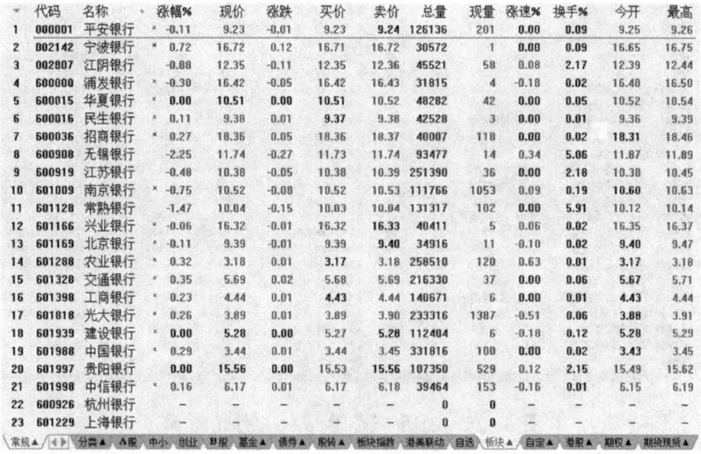

	代码	名称	涨幅%	现价	涨跌	买价	卖价	总量	现量	涨速%	换手%	今开	最高
1	000001	平安银行	-0.11	9.23	-0.01	9.23	9.24	126136	201	0.00	0.09	9.25	9.26
2	002142	宁波银行	0.72	16.72	0.12	16.71	16.72	30572	1	0.00	0.09	16.65	16.75
3	002807	江阴银行	-0.88	12.35	-0.11	12.35	12.36	45521	58	0.08	2.17	12.39	12.44
4	600000	浦发银行	-0.30	16.42	-0.05	16.42	16.43	31815	4	-0.18	0.02	16.48	16.50
5	600015	华夏银行	0.00	10.51	0.00	10.51	10.52	48282	42	0.00	0.05	10.52	10.54
6	600016	民生银行	0.11	9.38	0.01	9.37	9.38	42528	3	0.00	0.01	9.36	9.39
7	600036	招商银行	0.27	18.36	0.05	18.36	18.37	40007	118	0.00	0.02	18.31	18.46
8	600908	无锡银行	-2.25	11.74	-0.27	11.73	11.74	93477	14	0.34	5.06	11.87	11.89
9	600919	江苏银行	-0.48	10.38	-0.05	10.38	10.39	251390	36	0.00	2.18	10.38	10.45
10	601009	南京银行	-0.75	10.52	-0.08	10.52	10.53	111766	1053	0.09	0.19	10.60	10.63
11	601128	常熟银行	-1.47	10.04	-0.15	10.03	10.04	131317	102	0.00	5.91	10.12	10.14
12	601166	兴业银行	-0.06	16.32	-0.01	16.32	16.33	40411	5	0.06	0.02	16.35	16.37
13	601169	北京银行	-0.11	9.39	-0.01	9.39	9.40	34916	11	-0.10	0.02	9.40	9.47
14	601288	农业银行	0.32	3.18	0.01	3.17	3.18	258510	120	0.63	0.01	3.17	3.18
15	601328	交通银行	0.35	5.69	0.02	5.68	5.69	216330	37	0.00	0.06	5.67	5.71
16	601398	工商银行	0.23	4.44	0.01	4.43	4.44	140671	6	0.00	0.01	4.43	4.44
17	601818	光大银行	0.26	3.89	0.01	3.89	3.90	233316	1387	-0.51	0.06	3.88	3.91
18	601939	建设银行	0.00	5.28	0.00	5.27	5.28	112404	6	-0.18	0.12	5.28	5.29
19	601988	中国银行	0.29	3.44	0.01	3.44	3.45	331816	100	0.00	0.02	3.43	3.45
20	601997	贵阳银行	0.00	15.56	0.00	15.53	15.56	107350	529	0.12	2.15	15.49	15.62
21	601998	中信银行	0.16	6.17	0.01	6.17	6.18	39464	153	-0.16	0.01	6.15	6.19
22	600926	杭州银行	–	–	–	–	–	0	0	–	–	–	–
23	601229	上海银行	–	–	–	–	–	0	0	–	–	–	–

图 4-23　打开“银行业”板块

8. 港股

在证券交易市场中，港股是指在香港联合交易所上市的股票。整体来说，香港的股票市场比国内的股票市场要成熟、数据更全面，对相关股票行情反应也更加迅速。用户可以根据国内股票在香港股市的情况来判断A股的走势情况，是一个很好的参照。

在市场行情标签栏中，单击“港股”标签，在弹出的列表框中选择“香港指数”选项，如图4-24所示。

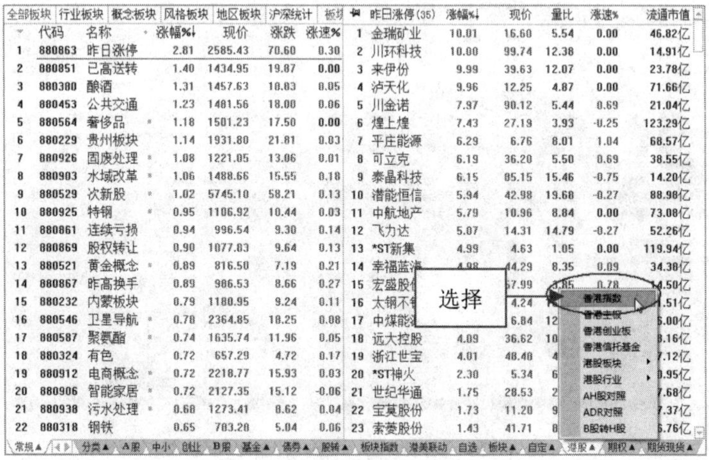

	代码	名称	涨幅%	现价	涨跌	涨速%
1	880863	昨日涨停	2.81	2585.43	70.60	0.30
2	880851	已高送转	1.40	1434.95	19.87	0.00
3	880380	酿酒	1.31	1457.63	18.83	0.05
4	880453	公共交通	1.23	1481.56	18.00	0.06
5	880564	奢侈品	1.18	1501.23	17.50	0.00
6	880229	贵州板块	1.14	1931.80	21.81	0.03
7	880926	固废处理	1.08	1221.05	13.06	0.01
8	880903	水域改革	1.06	1488.66	15.55	0.18
9	880529	次新股	1.02	5745.10	58.21	0.13
10	880925	特钢	0.95	1106.92	10.44	0.03
11	880861	连续亏损	0.94	996.54	9.30	0.14
12	880869	股权转让	0.90	1077.83	9.64	0.13
13	880521	黄金概念	0.89	816.58	7.19	0.21
14	880867	昨高换手	0.89	986.53	8.66	0.27
15	880232	内蒙板块	0.79	1180.95	9.24	0.11
16	880546	卫星导航	0.78	2364.85	18.25	0.08
17	880587	聚氨酯	0.74	1635.74	11.96	0.05
18	880324	有色	0.72	657.29	4.72	0.17
19	880912	电商概念	0.72	2218.77	15.93	0.03
20	880906	智能家居	0.72	2127.35	15.12	-0.06
21	880938	污水处理	0.68	1273.41	8.62	0.04
22	880318	钢铁	0.65	783.28	5.04	0.06

	昨日涨停(35)	涨幅%	现价	量比	涨速%	流通市值
1	金瑞矿业	10.01	16.60	5.54	0.00	46.82亿
2	川环科技	10.00	99.74	12.38	0.00	14.91亿
3	来伊份	9.99	39.63	12.07	0.00	23.78亿
4	泸天化	9.96	12.25	4.87	0.00	71.66亿
5	川金诺	7.97	90.12	5.44	0.69	21.04亿
6	煌上煌	7.43	27.19	3.93	-0.25	123.29亿
7	平庄能源	6.29	6.76	8.01	1.04	68.57亿
8	可立克	6.19	36.20	5.50	0.69	38.55亿
9	泰晶科技	6.15	85.15	15.46	-0.75	14.20亿
10	潜能恒信	5.94	42.98	19.68	-0.27	88.98亿
11	中航地产	5.79	10.96	8.84	0.00	73.08亿
12	飞力达	5.07	14.31	14.79	-0.27	52.26亿
13	*ST新集	4.99	4.63	1.05	0.00	119.94亿
14	幸福蓝		44.29	8.35	0.09	34.38亿
15	宏盛股				0.78	
16	太钢不		4.24			
17	中煤能		6.84			
18	远大控股	4.09	36.62			
19	浙江世宝	4.01	48.48			
20	*ST神火	2.30	5.34			
21	世纪华通	1.75	28.53			
22	宝莫股份	1.73	11.28			
23	索菱股份	1.43	41.71			

图 4-24　选择“香港指数”选项

执行操作后，即可打开“香港指数”行情页面，在其中可以查看香港的股票行情报价信息，如图4-25所示。

	代码	名称	涨幅%	现价	涨跌	涨速%	振幅%	总金额	涨跌数	最高	最低	今开	昨收	最新日期
1	CES100	港股通精选100	-0.09	4612.62	-4.21	0.10	0.40	37.7亿	–	4619.10	4600.44	4618.15	4616.84	20161025
2	CES120	中华120指数	-0.03	5154.71	-1.66	0.03	0.22	120.2亿	–	5160.90	5149.75	5155.61	5156.37	20161025
3	CES280	中华280指数	-0.03	6024.72	-1.51	0.04	0.28	167.5亿	–	6035.13	6018.55	6028.20	6026.23	20161025
4	CES300	中华沪港通300	-0.03	3725.98	-0.95	0.04	0.19	224.6亿	–	3729.35	3722.11	3726.17	3726.93	20161025
5	CESA80	中华A80指数	-0.04	5932.47	-2.67	0.01	0.32	98.1亿	–	5947.70	5928.71	5934.25	5935.13	20161025
6	CESG10	中华博彩指数	0.80	3755.79	29.74	0.21	0.95	1.68亿	–	3757.24	3721.90	3725.84	3726.05	20161025
7	CESM	中华香港内地指数	-0.13	5881.66	-7.69	0.05	0.36	25.2亿	–	5886.69	5865.63	5883.78	5889.35	20161025
8	GEM	香港创业板指数	-0.20	390.82	-0.77	0.01	0.81	6460万	–	393.43	390.25	392.13	391.59	20161025
9	HKL	大型股指数	-0.06	29711.00	-19.10	0.08	0.32	0.0	–	29711.00	29615.69	29680.82	29730.10	20161025
10	HSI	恒生指数	-0.14	23570.63	-33.45	0.06	0.33	127.0亿	–	23583.89	23506.64	23581.69	23604.08	20161025
11	HZ5014	恒生国企指数	-0.15	9838.40	-14.50	0.09	0.33	14.4亿	–	9842.34	9809.79	9812.41	9852.90	20161025
12	HZ5015	恒生中资指数	-0.20	3903.83	-7.79	0.07	0.49	12.4亿	–	3915.33	3896.29	3913.23	3911.62	20161025
13	HZ5018	恒生内地100	-0.15	6804.42	-10.26	0.09	0.31	37.0亿	–	6809.39	6788.01	6804.82	6814.68	20161025
14	HZ5020	恒生香港35	-0.11	2776.12	-3.05	0.09	0.35	14.6亿	–	2770.51	2768.75	2778.51	2779.17	20161025
15	HZ5021	恒生内地25	-0.15	8225.77	-12.37	0.05	0.35	23.1亿	–	8232.40	8203.24	8223.41	8238.14	20161025
16	HZ5022	恒生中国H股金融	-0.11	15472.82	-17.07	0.12	0.37	7.40亿	–	15476.56	15419.77	15437.62	15489.89	20161025
17	HZ5023	恒生可持续企业	-0.16	2902.59	-4.62	0.06	0.39	21.5亿	–	2907.04	2895.69	2907.04	2907.21	20161025
18	HZ5024	恒生房地产REIT	-0.13	6685.72	-8.67	0.06	0.33	5449万	–	6694.69	6672.35	6694.69	6694.39	20161025
19	HZ5025	恒生综合指数	-0.10	3194.34	-3.15	0.07	0.28	74.4亿	–	3195.31	3186.45	3195.10	3197.49	20161025
20	HZ5026	恒生综合大型股	-0.12	1909.94	-2.37	0.06	0.29	44.6亿	–	1910.52	1904.08	1910.49	1912.31	20161025
21	HZ5027	恒生综合中型股	0.03	4369.21	1.20	0.10	0.24	24.4亿	–	4369.52	4359.04	4368.49	4368.01	20161025
22	HZ5028	恒生综合小型股	-0.11	2016.20	-2.27	0.03	0.29	5.44亿	–	2021.21	2015.39	2017.85	2018.47	20161025
23	HZ5029	恒生高股息率	-0.03	983.36	-0.28	0.13	0.37	18.4亿	–	983.46	979.05	981.58	983.64	20161025
24	HZ5035	内地香港可持续	-0.16	2616.78	-4.23	0.07	0.32	5.71亿	–	2621.01	2612.60	2621.01	2621.01	20161025
25	HZ5036	恒生A股可持续	-0.13	2074.56	-2.75	0.01	0.43	16.7亿	–	2081.46	2072.44	2077.31	2077.31	20161025
26	HZ5037	恒生等权重	-0.34	1549.29	-5.31	0.07	0.43	37.0亿	–	1553.15	1546.41	1552.79	1554.60	20161025
27	HZ5038	恒生A股100强	-0.04	6326.31	-2.61	0.02	0.31	101.3亿	–	6340.67	6321.15	6328.92	6328.92	20161025
28	HZ5039	恒生A股500强	–	–	–	–	–	0.0	–	–	–	–	–	20161024

常规▲ 分类▲ A股 中小 创业 B股 基金▲ 债券▲ 股转▲ 板块指数 港美联动 自选 板块▲ 自定▲ 港股▲ 期权▲ 期货现货▲ 基金理财▲ 美股外盘▲

图 4-25　打开“香港指数”行情页面

9. 期权

在证券交易市场中，期权是一种衍生的金融工具，是指买方向卖方支付期权费后，拥有在未来一段时间内以事先规定好的价值向卖方购买或出售一定数据的特定标的物的权利。在通达信软件界面中，用户可以查看深圳与上海的股票期权数据。

在市场行情标签栏中，单击“期权”标签，在弹出的列表框中选择“上海股票期权”选项，如图4-26所示。

	代码	名称	涨幅%	现价	涨跌	买价	卖价	总量	现量	涨速%	换手%	今开	最高	最低	昨收
1	200011	深物业B	1.20	8.40	0.10	8.35	8.36	439	47	0.23	0.06	8.30	8.40	8.27	8.30
2	200012	南玻B	0.31	6.55	0.02	6.54	6.55	4821	2	-0.15	0.06	6.49	6.59	6.48	6.53
3	200016	深康佳B *	0.00	2.97	0.00	2.96	2.97	469	14	0.00	0.01	2.97	2.98	2.95	2.97
4	200017	深中华B	-0.58	5.14	-0.03	5.14	5.15	571	10	-0.19	0.02	5.12	5.18	5.12	5.17
5	200018	神州B	0.23	4.32	0.01	4.30	4.32	733	78	0.00	0.03	4.34	4.34	4.30	4.31
6	200019	深深宝B *	0.00	7.34	0.00	7.34	7.36	461	13	0.00	0.10	7.34	7.34	7.27	7.34
7	200020	深华发B	0.41	7.29	0.03	7.27	7.29	311	3	0.00	0.03	7.33	7.33	7.20	7.26
8	200022	深赤湾B	0.40	12.52	0.05	12.52	12.53	552	1	0.00	0.03	12.50	12.55	12.50	12.47
9	200025	特力B *	0.33	17.98	0.06	17.96	17.97	215	2	0.00	0.08	17.70	17.98	17.70	17.92
10	200026	飞亚达B	-0.13	7.89	-0.01	7.87	7.89	1046	11	0.00	0.13	7.99	8.00	7.86	7.90
11	200028	一致B	-0.62	49.49	-0.31	49.31	49.49	387	1	-0.02	0.07	49.80	49.88	48.79	49.80
12	200029	深深房B	–	–	–	–	–	0	0	–	0.00	–	–	–	5.72
13	200030	富奥B	0.89	6.80	0.06	6.79	6.80	1384	24	0.29	0.41	6.71	6.80	6.70	6.74
14	200037	*ST南电B *	–	–	–	–	–	0	0	–	0.00	–	–	–	5.32
15	200045	深纺织B *	–	–	–	–	–	0	0	–	0.00	–	–	–	7.71
16	200053	深基地B	0.52	27.13	0.14	27.09	27.13	254	8	0.00	0.02	27.27	27.27	27.03	26.99
17	200054	建摩B	0.00	15.00	0.00	15.00	15.10	86	1	0.13	0.03	14.87	15.00	14.87	15.00
18	200055	方大B	-0.94	7.38	-0.07	7.37	7.38	4007	9	0.00	0.12	7.40	7.45	7.31	7.45
19	200056	皇庭B	-0.37	5.41	-0.02	5.40	5.45	132	10	0.18	0.01	5.46	5.46	5.39	5.43
20	200058	深赛格B *	1.42	5.70	0.08	5.69	5.70	2842	4	0.00	0.12			5.65	5.62
21	200152	山航B	-0.81	17.25	-0.14	17.24	17.25	653	7	0.05	0.05			17.24	17.39
22	200160	南江B *	–	–	–	–	–	0	0	–	0.00			–	2.09
23	200168	舜喆B *	–	–	–	–	–	0	0	–	0.00			–	4.10
24	200413	东旭B	0.29	6.98	0.02	6.98	6.99	2157	57	0.00	0.09	6.99	7.04	6.95	6.96
25	200418	小天鹅B *	0.75	26.91	0.20	26.90	26.91	1063	5	-0.18	0.06	26.50	27.20	26.50	26.71
26	200429	粤高速B	0.58	5.20	0.03	5.18	5.20	1860	28	0.00	0.05	5.17	5.22	5.16	5.17
27	200468	*ST宁通B	0.41	7.41	0.03	7.41	7.42	313	10	0.00	0.03			7.35	7.38
28	200488	晨鸣B	0.14	7.12	0.01	7.12	7.13	3265	150	-0.14	0.07			7.10	7.11

选择
深圳股票期权
上海股票期权

图 4-26　选择“上海股票期权”选项

执行操作后，即可打开“上海股票期权”行情页面，在其中可以查看上海股票期权的行情报价信息，如图4-27所示。

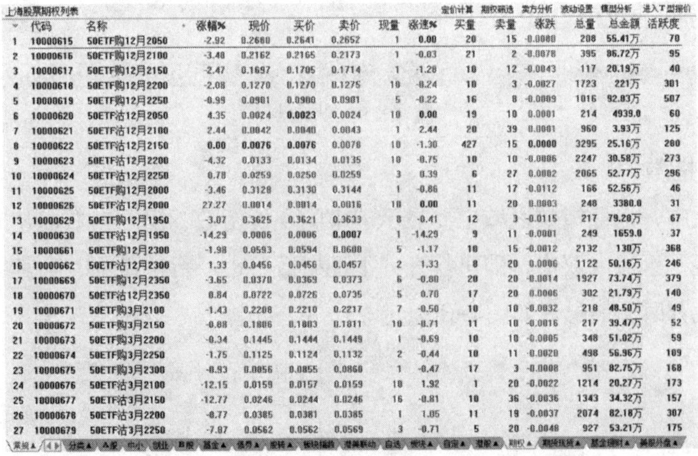

图 4-27 打开"上海股票期权"行情页面

10. 期货现货

期货是指某种商品如黄金、原油、农产品等，以及金融资产如股票、债券等为标的标准化可交易合约；现货是实实在在可以交易的商品。

在市场行情标签栏中，单击"期货现货"标签，在弹出的列表框中选择"国内期货指数"选项，即可打开"国内期货指数"行情页面，在其中可以查看国内期货的行情报价信息，如图4-28所示。

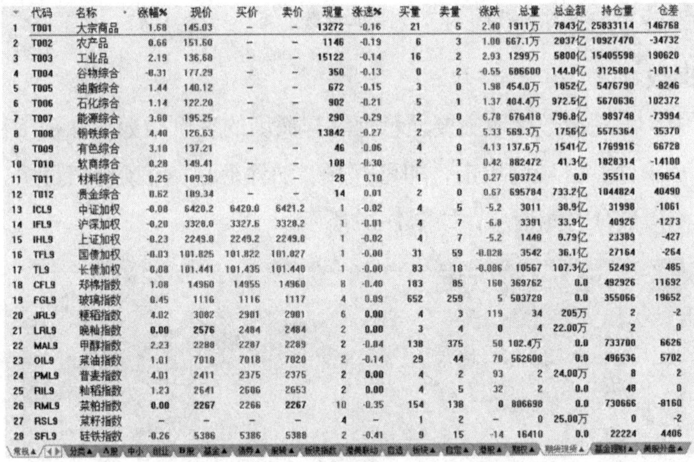

图 4-28 打开"国内期货指数"行情页面

▶ 4.1.4 了解状态栏

状态栏位于通达信软件界面的底部，主要用于显示当前的上证指数、沪深指数、深证指数、创业指数以及行情主站栏等信息，如图4-29所示。在相应的指数区域内双击，即可打开相应的分时图数据。

图 4-29 状态栏

1. 上证指数

在状态栏中，上证指数区域主要显示沪市的现价指数、涨跌指数以及成交金额等信息。在"上证"区域内双击，即可打开"上证指数"市场行情页面，在其中可以查看详细的上证指数分时图信息，如图4-30所示。

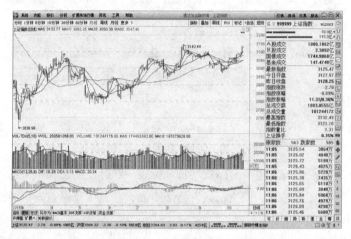

图 4-30 打开"上证指数"市场行情页面

2. 沪深指数

在状态栏中，沪深指数区域主要显示上海与深圳的现价指数、涨跌指数以及成交金额等信息。在"沪深"区域内双击，即可打开"沪深300"市场行情页面，在其中可以查看详细的沪深指数分时图信息，如图4-31所示。

图 4-31 打开"沪深300"市场行情页面

3. 深证指数

在状态栏中,深证指数区域主要显示深市的现价指数、涨跌指数以及成交金额等信息。在"深证"区域内双击,即可打开"深证成指"市场行情页面,在其中可以查看详细的深证指数分时图信息,如图4-32所示。

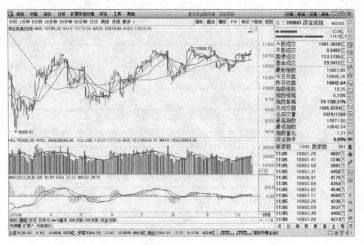

图 4-32 打开"深证成指"市场行情页面

4. 创业指数

在状态栏中,创业指数区域主要显示创业板中股票的现价指数、涨跌指数以及成交金额等信息。在"创业"区域内双击,即可打开"创业板指"市场行情页面,在其中可以查看详细的创业板指数分时图信息,如图4-33所示。

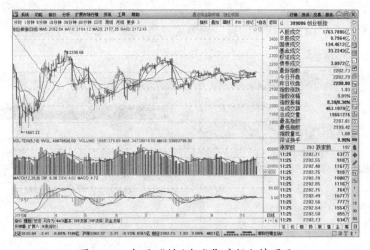

图 4-33 打开"创业板指"市场行情页面

5. 中小指数

在状态栏中,中小指数区域主要显示中小板中股票的现价指数、涨跌指数以及成交

▼ 金额等信息。在"中小"区域内双击,即可打开"中小板指"市场行情页面,在其中可以查看详细的中小板指数分时图信息,如图4-34所示。

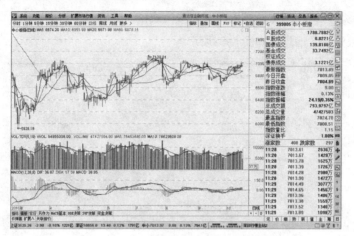

图4-34 打开"中小板指"市场行情页面

6. 行情主站栏

在行情主站栏中,将显示用户所登录的行情主站名称,如图4-35所示。

7. 通达信键盘精灵

在通达信软件界面的状态栏右侧,单击"通达信键盘精灵"按钮,即可打开"通达信键盘精灵"窗口,如图4-36所示。在窗口中,可以输入相应的股票代码、名称、快捷键、品牌以及板块等信息,如输入股票代码GGB,即可快速搜索到包含GGB的股票信息,如图4-37所示。

图4-35 显示用户所登录的行情主站名称

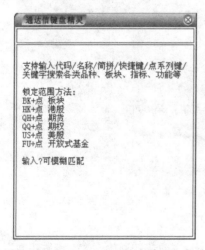

图4-36 打开"通达信键盘精灵"窗口　　图4-37 快速搜索GGB股票信息

8. 主力监控精灵

在通达信软件界面的状态栏右侧，单击"主力监控精灵"按钮，即可打开"主力监控精灵"窗口，窗口中显示了股票的主力买卖信息，如图4-38所示。

9. 市场雷达

在通达信软件界面中，市场雷达的功能主要用于监控股票数据的异常信息。在通达信软件界面的状态栏右侧，单击"市场雷达"按钮，将弹出信息提示框，提示用户市场雷达还没有打开，是否需要打开，单击"是"按钮，如图4-39所示。

即可开启市场雷达功能，在窗口中可随时监测有异常的股票数据，如图4-40所示。

图 4-38　打开"主力监控精灵"窗口

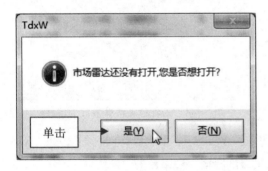

图 4-39　单击"是"按钮

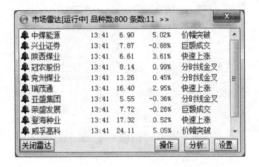

图 4-40　监测有异常的股票数据

在"市场雷达"窗口中，单击右下方的"设置"按钮，即可弹出"市场雷达设置"对话框，在其中用户可以设置需要雷达监控的股票异常选项，如图4-41所示。单击对话框上方的"其它设置"标签，即可设置异常数据的监控范围，如图4-42所示。

10. 条件预警

在通达信软件界面中，条件预警的功能主要是用来监控特定股票信息，如果特定的股票超过了预设的条件，就会弹出相应的警告信息。在状态栏的右侧，单击"条件预警"按钮，将弹出信息提示框，提示用户是否开启条件预警功能，单击"是"按钮，如图4-43所示。

执行操作后，即可打开条件预警对话框，在其中可以查看特定的股票行情信息，如图4-44所示。

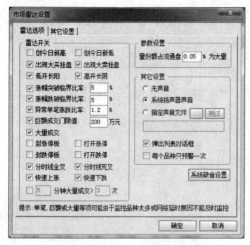
图 4-41 设置异常选项

图 4-42 设置异常数据监控范围

图 4-43 单击"是"按钮

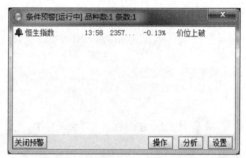
图 4-44 查看特定的股票行情信息

在条件预警对话框中，单击右下方的"设置"按钮，即可弹出"条件预警设置"对话框，如图4-45所示，在其中可以查看已经设置的股票品种以及条件参数。

在对话框的列表框中，选择股票品种代码后，单击"修改设置"按钮，弹出"修改价量条件预警"对话框，在其中可以设置上破价、下破价以及当日涨跌幅度等数据，如图4-46所示。

图 4-45 "条件预警设置"对话框

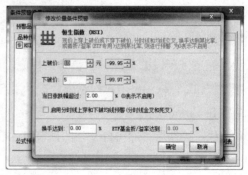
图 4-46 "修改价量条件预警"对话框

> **专家指点**
>
> 在"条件预警设置"对话框下方,各主要功能按钮含义如下。
> ● 添加品种:单击该按钮,即可弹出"选择品种"对话框,在其中可以添加需要监控的股票品种信息。
> ● 修改设置:单击该按钮,可以修改股票品种的条件监控信息。
> ● 移出品种:单击该按钮,可以将股票品种移出"条件预警设置"对话框。
> ● 清空列表:单击该按钮,可以清空所有的股票品种信息。

▶ 4.1.5 了解界面状态

界面状态位于系统画面右上方、菜单栏的右侧,除了标示系统名称外,还显示了当前窗口的信息。例如,用户当前股票窗口打开的是"中国宝安"企业的股票分时图,那么界面状态上将显示"通达信金融终端 中国宝安"等信息,如图4-47所示。

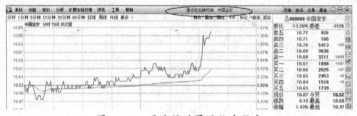

图 4-47 通达信的界面状态信息

▶ 4.1.6 了解工具栏

工具栏一般位于通达信软件界面的右侧,它提供了控制股票数据与系统的选项。工具栏中共有21个功能按钮,如图4-48所示。要使用工具栏中的工具,只要单击工具按钮即可。

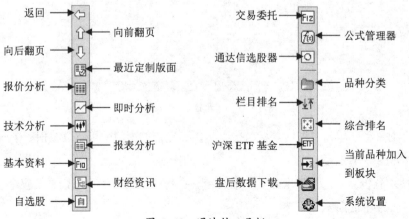

图 4-48 通达信工具栏

下面向读者介绍在工具栏中各主要工具按钮的含义。

● 最近定制版面：单击"最近定制版面"按钮，即可打开最近定制的版面，其中可以查看多种股票行情信息，如图4-49所示。

图 4-49　打开最近定制的版面

● 报价分析：单击"报价分析"按钮，即可打开报价分析页面，该页面也是通达信软件的默认数据页面，在其中可以查看股票的行情报价信息，如图4-50所示。

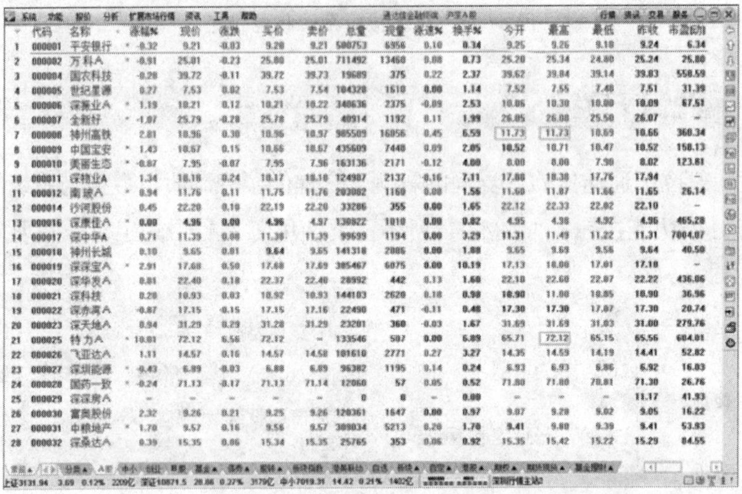

图 4-50　打开报价分析页面

● 即时分析：单击"即时分析"按钮，在打开的窗口中可以查看相应个股的行情均线图，如图4-51所示。

● 技术分析：单击"技术分析"按钮，在打开的窗口中可以查看相应个股的K线分时图，如图4-52所示。

● 报表分析：单击“报表分析”按钮 ，在打开的窗口中可以查看相应个股的报表，进行股票数据的分析，如图4-53所示。

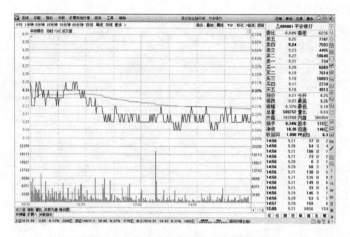

图 4-51 查看相应个股的行情均线图

图 4-52 查看相应个股的 K 线分时图

板块分析-所有板块 今日:2016-10-25,二 点右键操作

	板块名称	均涨幅%	权涨幅%	涨股比	领涨品种	总成交	市场比%	换手率%	市盈(动)
1	昨日涨停	4.04	3.07	28/35	平庄能源	297.5亿	5.52	5.38	161.06
2	煤炭	3.07	2.36	30/39	平庄能源	155.5亿	2.89	2.50	52.44
3	次新股	2.18	1.16	117/171	能科股份	577.1亿	10.71	11.48	37.12
4	资源优势	2.07	0.68	77/100	平庄能源	365.4亿	6.78	0.89	68.54
5	股权转让	2.07	1.86	29/43	银鸽投资	147.8亿	2.74	4.52	-
6	公共交通	1.91	2.12	4/6	锦江投资	12.3亿	0.23	1.80	46.04
7	云南板块	1.88	0.92	17/32	创新股份	94.1亿	1.75	3.21	171.88
8	有色	1.87	1.68	66/88	建新矿业	246.4亿	4.57	1.81	110.44
9	青海板块	1.81	0.37	7/11	正平股份	19.7亿	0.37	1.70	152.25
10	连续亏损	1.77	1.56	23/34	四环生物	77.1亿	1.43	2.93	-
11	稀缺资源	1.65	1.38	34/51	金瑞矿业	138.8亿	2.58	1.87	130.56
12	内蒙板块	1.50	1.40	17/25	平庄能源	75.2亿	1.40	1.66	47.98
13	酿酒	1.49	1.96	29/37	古井贡酒	88.7亿	1.65	1.57	23.60
14	钛金属	1.41	1.25	9/12	英力特	31.4亿	0.58	2.07	-
15	国证大宗	1.35	0.50	69/100	陕西煤业	361.9亿	6.72	0.84	48.64
16	聚氨酯	1.32	0.81	16/24	泸天化	35.6亿	0.66	1.69	271.90
17	宁夏板块	1.25	1.47	8/12	美利云	21.2亿	0.39	2.44	-
18	广西板块	1.23	1.14	25/36	河池化工	64.5亿	1.20	2.11	50.22
19	西藏板块	1.23	0.85	6/12	海思科	24.8亿	0.46	2.46	50.72
20	山西板块	1.22	1.19	25/38	潞安环能	95.0亿	1.76	1.99	85.24
21	电商概念	1.21	1.09	18/29	海欣食品	80.0亿	1.49	1.73	67.68
22	黄金概念	1.21	1.26	20/27	豫光金铅	62.8亿	1.17	1.45	57.25
23	特钢	1.20	0.99	7/15	方大特钢	22.8亿	0.42	1.51	-
24	卫星导航	1.17	0.86	17/24	中元股份	49.9亿	0.93	2.35	184.50
25	已高送转	1.17	1.54	31/49	天润曲轴	211.2亿	3.92	3.16	67.50
26	钢铁	1.16	1.18	39/57	金岭矿业	98.4亿	1.83	1.29	108.21

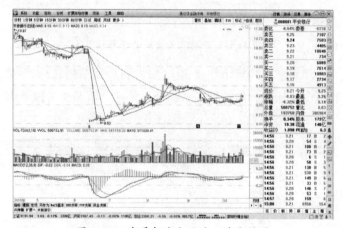

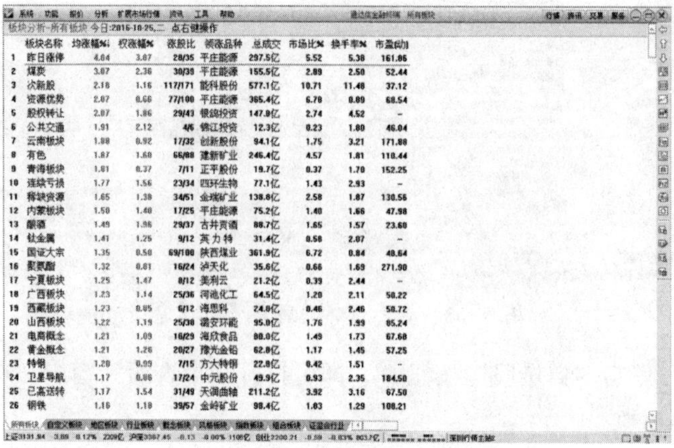

图 4-53 查看相应个股的报表数据

● 基本资料：单击"基本资料"按钮<kbd>F10</kbd>，在打开的窗口中可以查看相关企业的资料信息，包括企业的最新动态、公司概况、股本结构、新闻分析以及财务分析等，如图4-54所示。

最新动态信息　　　　　　　　　　　财务分析信息

图4-54　查看相关企业的资料信息

● 财经资讯：单击"财经资讯"按钮，即可打开"财经资讯"窗口，在其中可以查看最新的股票资讯信息，如特别提示、今日关注、新股快递以及海外财经等，如图4-55所示。

图4-55　查看最新的股票资讯信息

● 自选股：单击"自选股"按钮，即可打开"自选股"窗口，在其中可以查看相关的自选股票信息。

● 交易委托：单击"交易委托"按钮<kbd>F12</kbd>，即可弹出"外部交易委托程序"对话框,如图4-56所示,在其中可以通过单击"浏览"按钮打开外部程序,进行交易委托操作。

● 公式管理器:单击"公式管理器"按钮,即可打开"公式管理器V5.07"对话框,在其中用户可以执行公式的相关操作,如图4-57所示。

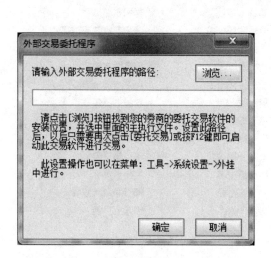

图4-56 "外部交易委托程序"对话框　　图4-57 "公式管理器V5.07"对话框

● 通达信选股器:单击"通达信选股器"按钮,在弹出的列表框中,包括"条件选股""定制选股""智能选股"以及"插件选股"等,选择相应的功能选项,即可启用相应的选股器进行股票的选择操作。图4-58所示为"条件选股"窗口与"定制选股"窗口。

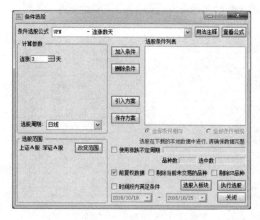
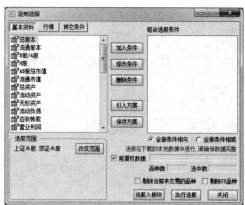

图4-58 "条件选股"窗口与"定制选股"窗口

● 品种分类:单击"品种分类"按钮,在弹出的列表框中有多种股票类别供用户选择,如图4-59所示。选择相应的分类后,即可查看相应的股票信息。

● 栏目排名：单击"栏目排名"按钮，在弹出的列表框中，选择相应的选项，将按不同的栏目类型查看股票的排名情况，如图4-60所示。

图 4-59 "品种分类"列表框 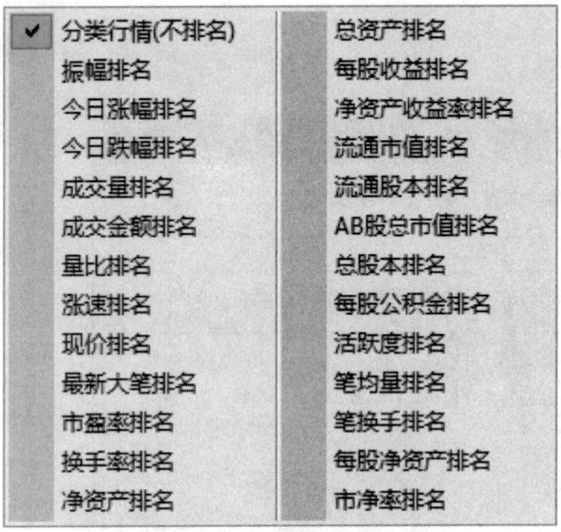　　图 4-60 "栏目排名"列表框

● 综合排名：单击"综合排名"按钮，在弹出的列表框中选择"上证A股"选项，如图4-61所示，即可打开"综合排名"窗口，在其中可以查看"上证A股"的不同排名情况，如图4-62所示。

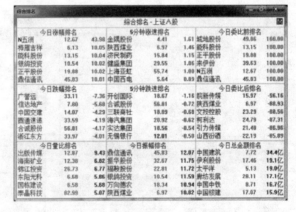

图 4-61 选择"上证A股"选项　　图 4-62 查看"上证A股"排名情况

● 沪深ETF基金：单击"沪深ETF基金"按钮，在打开的"ETF基金"窗口中可以查看股票的基金行情报表，如图4-63所示。

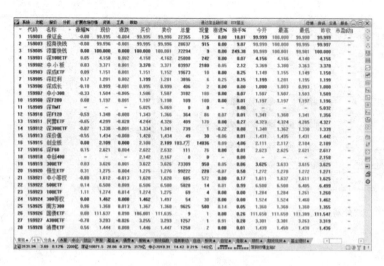

图 4-63 "ETF 基金"窗口

● 当前品种加入到板块：用户在"报价分析"页面中，选择相应的股票后，单击"当前品种加入到板块"按钮，弹出"加入到自选股/板块"对话框，在其中选择"自选股"选项，如图 4-64 所示，然后单击"确定"按钮，即可将相应的股票添加到"自选股"页面中，这样方便用户对相应个股数据进行监控。

● 盘后数据下载：单击"盘后数据下载"按钮，弹出"盘后数据下载"对话框，在其中选择需要下载的数据，并设置好数据的日期和时间，单击"开始下载"按钮，如图 4-65 所示，即可对股票数据进行下载操作。

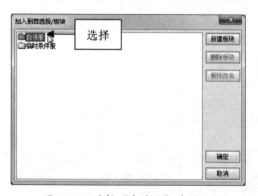

图 4-64 选择"自选股"选项

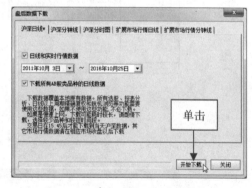

图 4-65 单击"开始下载"按钮

● 系统设置：单击"系统设置"按钮，弹出"系统设置"对话框，在其中可以对通达信软件的外观、标签等属性进行设置，如图 4-66 所示。设置完成后，单击"确定"按钮，即可完成操作。

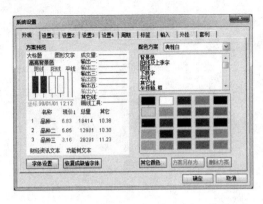 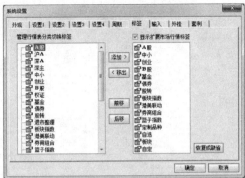

"外观"选项卡　　　　　　　　　　　　　　　"标签"选项卡

图 4-66　"系统设置"对话框

4.2　掌握通达信软件功能

通达信是一个功能非常强大的炒股软件，在"功能树"窗格中几乎涵盖了软件的所有功能。在菜单栏中，选择"工具"|"功能树"命令，即可打开功能树，并显示在界面的左侧。在下方单击"功能"标签，进入"功能"选项卡，如图4-67所示。

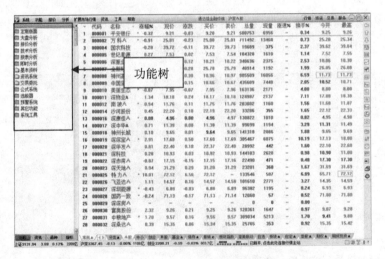

图 4-67　进入"功能"选项卡

▶ 4.2.1　定制版面功能

在"定制版面"列表中，包括7种不同的版面信息，如通达信全景、通达信看盘、盘中监测、多头鹰、板块联动、个股联动以及期股联动，这里选择"盘中监测"选项，即可打开"盘中监测"页面，在其中可以对多个股票盘面数据进行监测和跟踪，如图4-68所示。

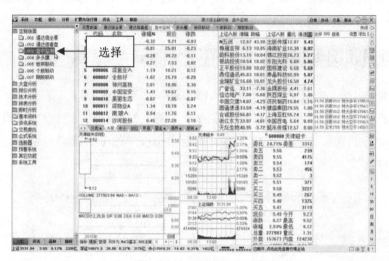

图 4-68　打开"盘中监测"页面

4.2.2　大盘分析功能

在"大盘分析"列表中，包括20种不同的股票走势信息，如上证180走势、上证综指走势、上证A股走势、上证B股走势、上证多空指标以及深证成份走势等，这里选择"上证综指走势"选项，即可打开"上证指数"页面，在其中可以查看上证指数的曲线分析图，如图4-69所示。

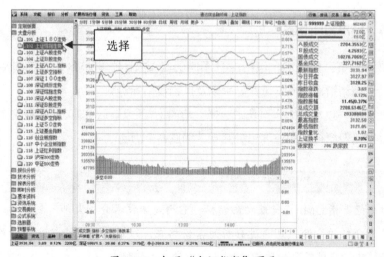

图 4-69　打开"上证指数"页面

> **专家指点**
>
> 在通达信炒股软件界面中，按Ctrl+2组合键，可以快速打开或隐藏"功能树"窗格。

4.2.3 报价分析功能

在"报价分析"列表中，包括26种不同的股票报价排名信息。

首先在市场行情标签栏中打开"中小"标签，然后在功能树的"报价分析"列表中选择"今日涨幅排名"选项，即可查看中小板中的今日股票涨幅排名数据，如图4-70所示。

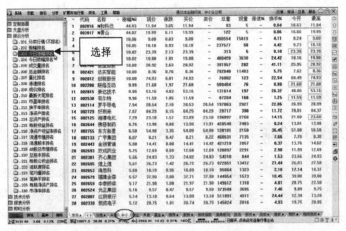

图4-70 查看中小企业板中的今日股票涨幅排名数据

4.2.4 技术分析功能

在"技术分析"列表中，包括22种不同的股票技术分析技术，如趋向指标、平均差、分水岭、情绪指标、成交量变异率以及抛物线指标等。

在功能树的"技术分析"列表中选择"趋向指标"选项，即可查看相关企业的股票趋势变化，对是股票行情的一种趋势判断，如图4-71所示。

> **专家指点**
>
> 趋向指标是指DMI指标或动向指标，它由美国技术分析大师所创造的一种中长期股市技术分析的方法，是通过分析股票价格在涨跌过程中买卖双击力量均衡点的变化情况，从而提供股票趋势判断依据的一种技术指标。

界面全解——认识通达信软件界面 第4章

图 4-71 "趋向指标"技术分析

4.2.5 报表分析功能

在"报表分析"列表中，包括7种不同的股票报表分析技术，如板块分析、强弱分析、区间涨跌幅度分析、区间换手排名分析以及区间量变幅度分析等。

在功能树的"报表分析"列表中，选择"强弱分析"选项，即可查看A股中的企业股票数据按强弱进行排名的变化情况，包括今日强、3日强、5日强、10日强、20日强等数据排名，如图4-72所示。

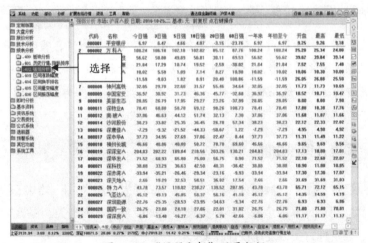

图 4-72 "强弱分析"股票数据

> **专家指点**
>
> 股票中的"强弱分析"功能是通过比较一段时期内的平均收盘涨数和平均收盘跌数来分析市场买沽盘的意向和实力，从而预测未来市场的走势。

4.2.6 即时分析功能

在"即时分析"列表中,包括7种不同的股票即时分析技术,如分时走势图、分时成交明细、分价表、逐笔成交明细、量比/多空指标以及闪电走势图等。

在功能树的"即时分析"列表中,选择"分时走势图"选项,即可查看相关企业股票数据的均线分时图走势,如图4-73所示。

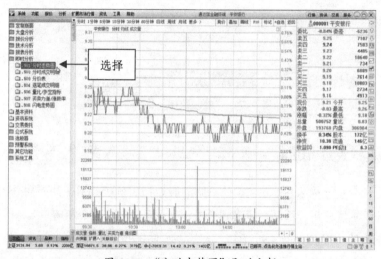

图4-73 "分时走势图"即时分析

> **专家指点**
>
> 分时走势图也称为即时走势图,它是把股票市场的交易信息实时地用曲线在坐标图上加以显示的技术图形,是股市现场交易的即时资料。在分时走势图的坐标轴上,横轴是指开市的时间,纵轴的上半部分是指股价或指数,下半部分是指成交量。

4.2.7 金融计算器功能

在通达信软件界面中,金融计算器的功能非常强大,用户可以使用它对金融产品进行精准的计算。可以计算的金融产品种类繁多,如股票类、理财类、银行类、保险类、购房计算类、期货理财类以及期权计算类等。

在功能树的"其它功能"列表中,选择"金融计算机"选项,即可打开"金融计算器"窗口,在其中展开"股票类"|"股票盈亏"选项,如图4-74所示,在右侧的"股票盈亏"页面中,可以对股票的盈亏数据进行精准的计算。

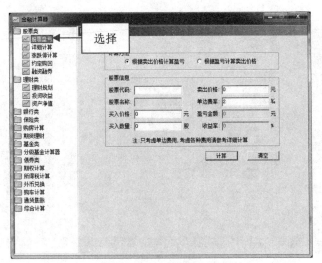

图 4-74 展开"股票盈亏"选项

4.2.8 金融记事本功能

在功能树的"其他功能"列表中，选择"金融记事本"选项，即可打开"金融记事本"窗口，如图4-75所示，在其中可以录入相应的金融信息和重要事项。

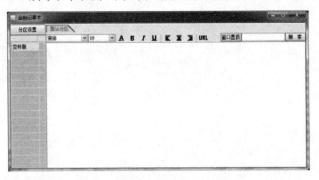

图 4-75 打开"金融记事本"窗口

4.3 查看通达信各类股票信息

在通达信软件界面中，包括多种不同类别的股票信息供用户交易。打开"功能树"窗格，在下方单击"品种"标签，进入"品种"选项卡，其中包括许多不同品种的股票信息，并按照商品不同的分类进行了划分，如图4-76所示。

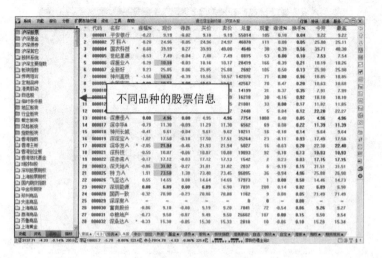

图 4-76 许多不同品种的股票信息

4.3.1 查看沪深股票

打开"品种"选项卡,在其中展开"沪深股票"|"新股发行"选项,即可查看上海和深圳发行的新股行情报价信息,如图4-77所示,用户可以对自己感兴趣的股票进行关注、跟踪与购买。

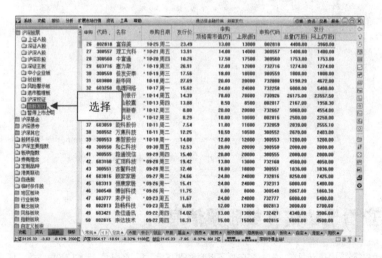

图 4-77 "新股发行"股票页面

4.3.2 查看沪深基金

打开"品种"选项卡,在其中展开"沪深基金"|"上证基金通"选项,即可查看

上海证券交易所开放式的基金销售系统数据，如图4-78所示，用户可以进行认购、申购、赎回等相关业务操作。

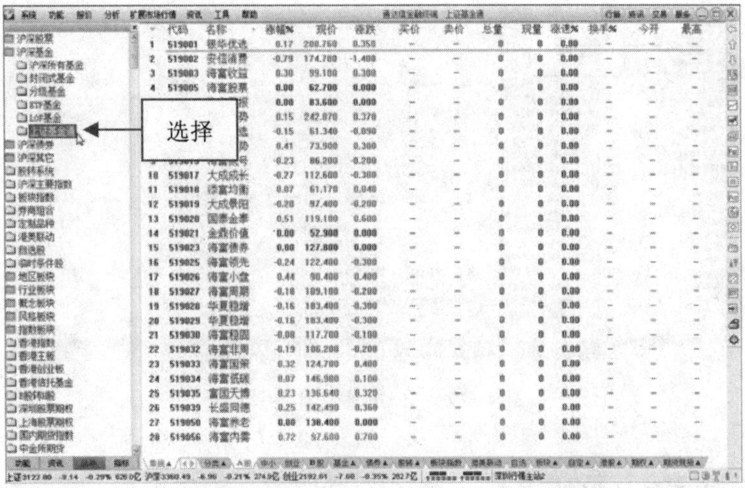

图 4-78 "上证基金通"股票页面

> **专家指点**
>
> 目前，"上证基金通"已经联结了136家证券公司，旗下有3000余家营业部，投资者可以直接通过上证所会员单位的电话、网上、柜台操作等向上证所系统申报，非常简单方便。

▶ 4.3.3 查看沪深债券

打开"品种"选项卡，在其中展开"沪深债券"|"公司债"选项，即可查看上海与深圳发行的公司债券行情，如图4-79所示，公司债券是公司债的一种表现形式，是公司向债券持有人出具的债务凭证。

> **专家指点**
>
> 公司债券是指公司依照法定程序发行的，约定在一定期限内还本付息的有价证券。公司债券是"有价证券"，它反映和代表了一定的经济价值，并且自身带有广泛的社会接受性，一般能够转让，可作为流通的金融性工具。

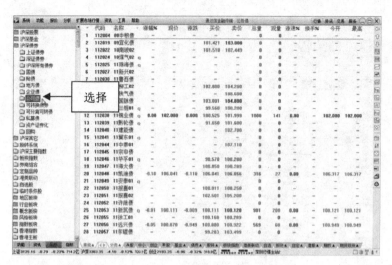

图 4-79 "公司债"股票页面

4.3.4 查看板块指数

板块指数就是采用指数分析方法，将同一板块的个股按不同的权重生成相关指数，它是板块各股股价变化的集合，是对各板块走势的整体反映。

打开"品种"选项卡，在其中展开"板块指数"选项，即可查看全部板块的股票行情报价信息，如图4-80所示。

图 4-80 "板块指数"股票页面

在软件界面的上方，单击"概念板块"标签，即可进入"概念板块"股票页面，在其中可以查看概念板块的股票行情报价信息，如图4-81所示。

图 4-81 "概念板块"股票页面

4.3.5 查看地区板块

在通达信软件界面中,用户通过"地区板块"可以根据不同的地区查看当地的股票行情数据。

打开"品种"选项卡,在其中展开"地区板块"|"北京板块"选项,即可查看北京地区的股票行情报价信息,如图4-82所示。若用户需要查看四川地区的股票行情,只需要在左侧窗格中展开"四川板块"选项,即可查看四川地区的股票行情报价信息。

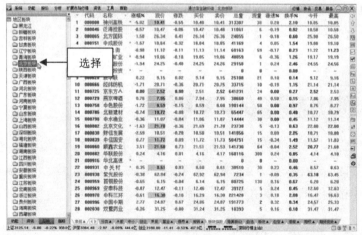

图 4-82 "北京板块"股票页面

4.3.6 查看行业板块

在通达信软件界面中,用户不仅可以根据地区的不同来查看相关股票行情,还可以

▼ 根据不同行业来查看股票行情。

打开"品种"选项卡,在其中展开"行业板块"|"农林牧渔"选项,即可查看农林牧渔行业的股票行情报价信息,如图4-83所示。若用户需要查看广告包装行业的股票行情,只需要在左侧窗格中展开"广告包装"选项,即可查看广告包装行业的股票行情报价信息。

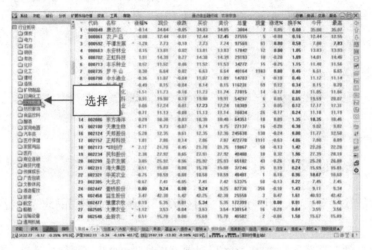

图 4-83 "农林牧渔"股票页面

专家指点

在"品种"选项卡中,包括55个不同行业的股票分类数据,再加一个"综合类"的行业股票数据,可以完全满足不同用户查看股票行情的需求。

4.4 使用行情报价与分时图界面

用户在炒股初期,需要熟练掌握通达信软件的相关常用界面,以更加方便对股票进行操作。常用的界面包括3种,第1种是行情报价界面,第2种是大盘分时走势界面,第3种是个股分时走势界面。本节主要向用户简单介绍这3种常用界面。

▶ 4.4.1 使用行情报价界面

用户登录通达信炒股软件后,默认情况下,显示的是行情报价界面,其中显示了相应类别的股票行情报价信息。在4.1.2节中,已经向用户介绍过行情报价界面的基本信息。下面介绍使用行情报价界面查看股票数据的操作方法。

步骤 01 用户直接按键盘上的2键,将自动弹出"通达信键盘精灵"窗口,其中显示了2所对应的功能键,如图4-84所示。

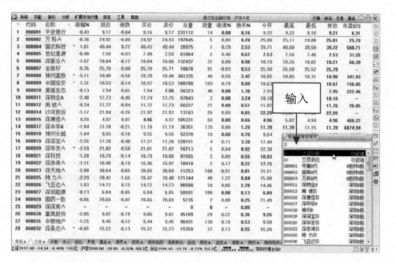

图 4-84 按键盘上的 2 键

步骤 02 按 Enter 键确认,即可打开"上证 B 股"股票页面,在其中可以查看上证 B 股的股票行情报价信息,如股票的涨幅、现价、涨跌、买价、卖价以及总量等信息,如图 4-85 所示。

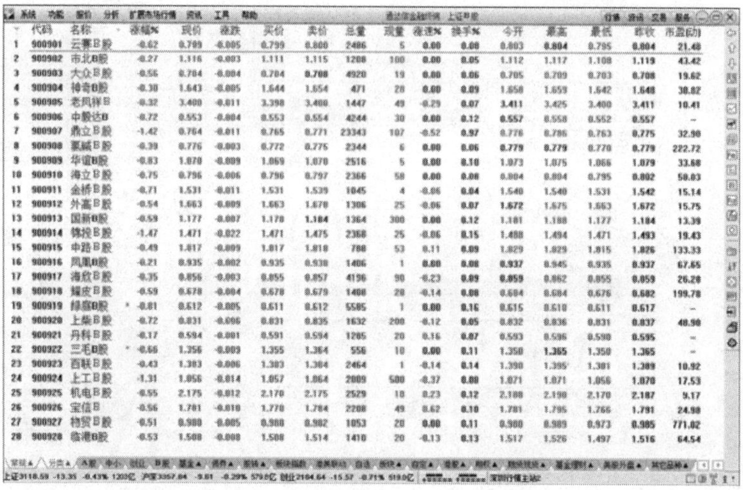

图 4-85 "上证 B 股"行情报价页面

4.4.2 使用大盘分时走势界面

在证券交易市场中,大盘一般指上证综合指数。由于股票基金主要投资股票,因此与股市关系密切,需经常关注上证综合指数。下面介绍使用大盘分时走势查看股票数据的操作方法。

步骤 01 在行情报价界面中，输入03，将自动弹出"通达信键盘精灵"窗口，其中显示了03所对应是"上证领先指标"功能键，如图4-86所示。

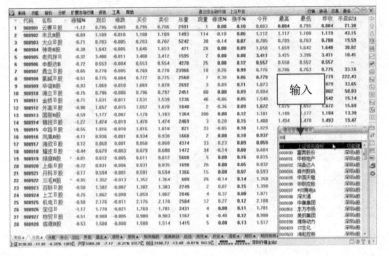

图 4-86　输入03

步骤 02 按Enter键确认，即可打开上证指数分时走势图界面，如图4-87所示。

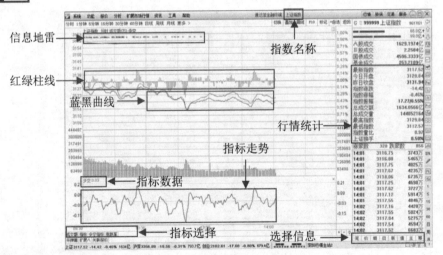

图 4-87　打开上证指数分时走势图界面

在上证指数分时走势图界面中，各组成部分含义如下。

● 指数名称：位于分时趋势图的最上方，用于显示当前分时走势图的名称。

● 信息地雷：将鼠标移至信息地雷上，将显示股票市场的重要信息，如图4-88所示。若在信息地雷上双击鼠标左键，即可在界面的下方显示实时的信息地雷。

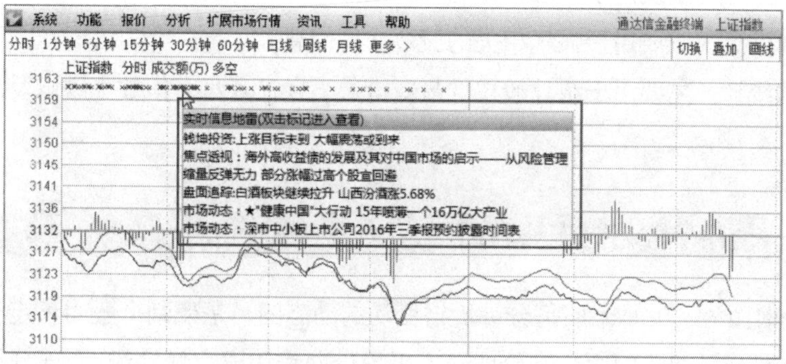

图 4-88 显示股票市场的重要信息

● 红绿柱线：红绿柱线是股票买盘和卖盘的比率。红线柱增长，表示买盘大于卖盘，指数将逐渐上涨；红线柱缩短，表示卖盘大于买盘，指数将逐渐下跌。绿线柱增长，指数下跌量增加；绿线柱缩短，指数下跌量减少。

● 蓝黑曲线：蓝色曲线代表加权指数，即证交所每日公布媒体时常说的大盘实际指数；黑色曲线代表不含加权指标，即不考虑股票盘子的大小，而将所有股票对指数影响看作相同而计算出来的大盘指数。

● 指标选择：在该区域中，包括成交额、指标、多空指标以及涨跌率4种指标，其中成交额指标用于显示分时成交量，如图4-89所示；多空指标用于显示总买总卖的分时数据；涨跌率用于显示上涨与下跌数据的变动趋势，如图4-90所示。

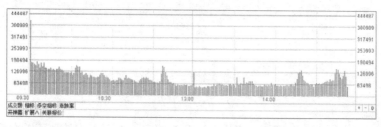

图 4-89 成交额指标

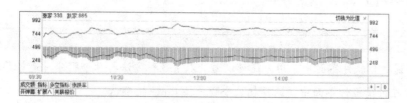

图 4-90 涨跌率指标

■ 指标数据：主要用于显示各种指标数据，如成交额、多空指标、涨跌率等。

■ 指标走势：主要用于显示指标的曲线走势情况。

■ 选择信息：主要用于显示相关的股票交易信息。

■ 行情统计：主要用于统计股票的最新指数、今日开盘、指数涨跌以及总成交额等行情信息。

4.4.3 使用个股分时走势界面

个股分时图显示的是个股每分钟价格变动的动态图，是研判个股当天走势的重要参考依据。个股分时图分别由成交价曲线、平均价曲线和成交量柱线3个部分组成。下面介绍使用个股分时走势查看股票数据的操作方法。

步骤 01 在行情报价界面中，选择相应的个股，单击鼠标右键，在弹出的快捷菜单中选择"打开"命令，如图4-91所示。

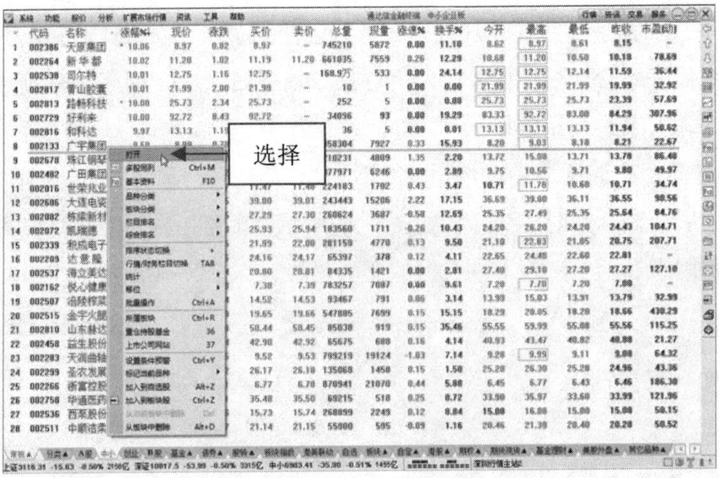

图 4-91 选择"打开"命令

步骤 02 执行操作后，即可打开相应个股分时图走势界面，在其中可以查看股票的走势情况，如图4-92所示。

专家指点

在通达信软件界面中，用户还可以通过以下3种方法打开个股分时走势界面。

● 在行情报价界面中，选择相应个股，按Enter键确认。

● 在行情报价界面中，选择相应个股，双击鼠标左键。

● 在"通达信键盘精灵"窗口中，输入股票代码，按Enter键确认。

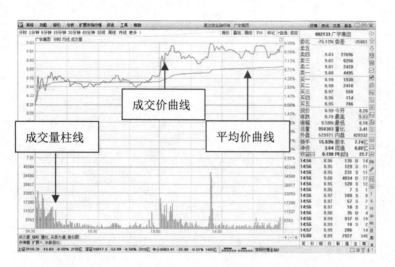

图 4-92　打开个股分时图走势界面

在个股分时走势图界面中，各组成部分含义如下。

● 成交价曲线：在个股分时图中，波动频繁的曲线是成交价曲线，又称为分时线。

● 平均价曲线：在个股分时图中，比较平滑的曲线是平均价曲线，又称为均价线。

● 成交量柱线：在个股分时图下方，柱线代表每分钟该股的成交手数。

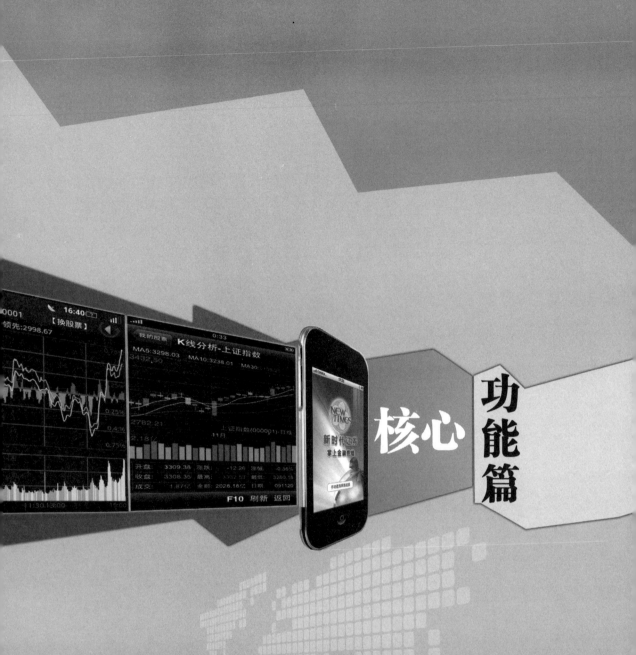

核心功能篇

第 5 章　系统菜单——解读股票数据操作

学前提示

在通达信软件界面的"系统"菜单中,包含了软件的一些基本操作,熟练掌握这些基本操作,有助于提高用户炒股的熟练度。本章主要向读者介绍选择与导出股票数据、下载与维护股票数据、连接与断开行情主站以及打印股票数据信息等内容。

要点展示

- ▶ 选择与导出股票数据
- ▶ 下载与维护股票数据
- ▶ 连接与断开行情主站
- ▶ 打印股票数据信息

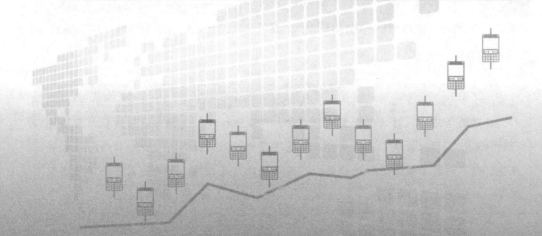

5.1 选择与导出股票数据

用户进行股票交易前，首先需要学会选择股票，这样才能快速找到自己需要的股票信息。本节主要向用户介绍选择股票品种、打开最近浏览的股票品种、导出股票数据以及升级软件数据等内容。

5.1.1 选择需要的股票品种

在通达信软件界面中，用户可以通过"选择品种"命令，对已经分类的股票进行选择。下面介绍选择需要的股票品种的操作方法。

步骤 01 进入通达信软件界面，在菜单栏中选择"系统"｜"选择品种"命令，如图 5-1 所示。

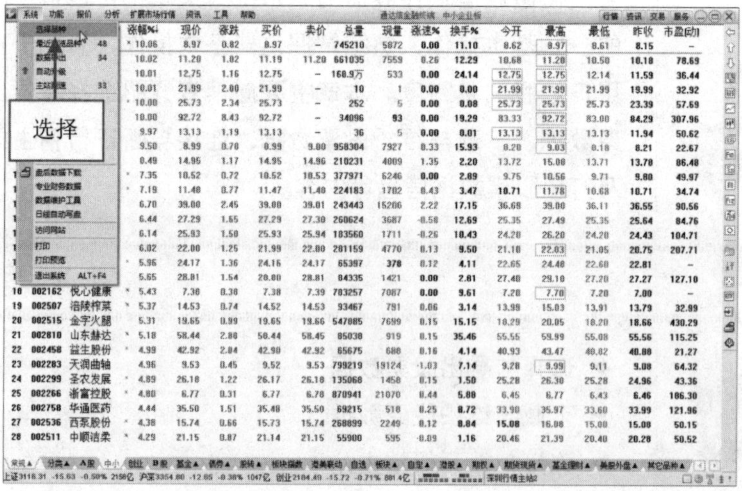

图 5-1 选择"选择品种"命令

步骤 02 执行操作后，弹出"选择品种"对话框，在上方单击"概念板块"标签，切换至"概念板块"选项卡，在左侧窗格中选择"长株潭"选项，在右侧窗格中选择"中联重科"选项，如图 5-2 所示。

> **专家指点**
>
> 在"选择品种"对话框的上方分类中，"地区板块"是指按地区对股票数据进行的分类，"行业板块"是指按行业对股票数据进行的分类，"概念板块"是指按权重、热点对股票数据进行的分类，"风格板块"是指按不同的企业风格对股票数据进行的分类，"指数板块"是指按不同指数对股票数据进行的分类。

系统菜单——解读股票数据操作 第 5 章

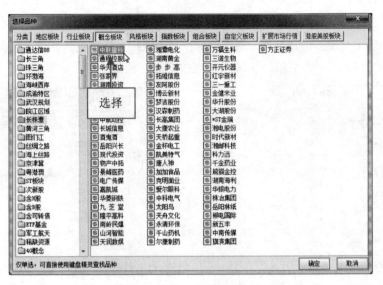

图 5-2 选择"中联重科"选项

步骤 03 股票的品种选择完成后,单击"确定"按钮,即可打开"中联重科"个股界面,如图 5-3 所示,完成品种的选择操作。

图 5-3 打开"中联重科"个股界面

▶ 5.1.2 打开最近浏览的股票

在通达信软件界面中,记录了用户浏览过的所有股票品种数据。用户通过翻看历史浏览数据,可以找到之前感兴趣的股票。下面介绍打开最近浏览过的股票数据的操作方法。

步骤 01 在菜单栏中,选择"系统"|"最近浏览品种"命令,如图5-4所示。

步骤 02 弹出"最近浏览品种"对话框,在其中选择最近浏览的品种,这里选择"国光股份(002749)"股票品种,单击下方的"查看"按钮,如图5-5所示。

图 5-4 选择"最近浏览品种"命令　　　图 5-5 单击"查看"按钮

专家指点

在界面中输入 48 后按 Enter 键,也可以弹出"最近浏览品种"对话框。

步骤 03 执行操作后,即可打开"国光股份(002749)"个股界面,如图5-6所示。

图 5-6 打开"国光股份(002749)"个股界面

5.1.3 导出股票的行情数据

在通达信软件界面中，用户可以对自己比较关注的股票数据进行导出操作，然后通过第三方软件对股票数据进行进一步分析。下面介绍导出股票数据的操作方法。

步骤 01 在通达信软件界面中，进入中小板，在菜单栏中选择"系统"|"数据导出"命令，如图 5-7 所示。

步骤 02 弹出"数据导出"对话框，单击右下角的"浏览"按钮，如图 5-8 所示。

图 5-7 选择"数据导出"命令

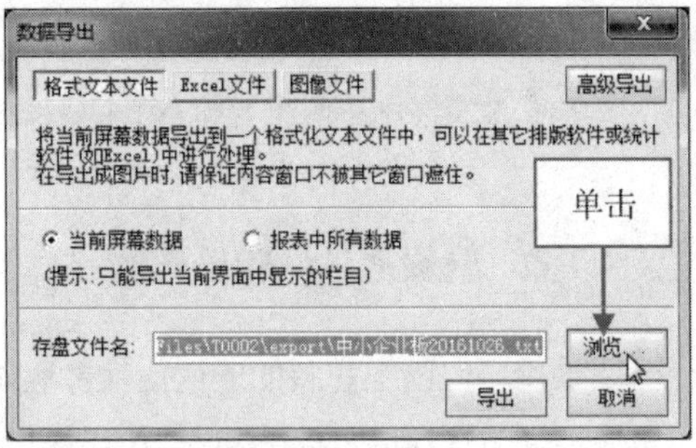

图 5-8 单击"浏览"按钮

步骤 03 弹出"另存为"对话框，在其中设置股票数据的保存位置与文件名称，如图 5-9 所示。

步骤 04 单击"保存"按钮，返回"数据导出"对话框，在"存盘文件名"文本框中显示了刚设置的保存位置，单击"导出"按钮，如图 5-10 所示。

图 5-9 设置保存位置与文件名称

图 5-10 单击"导出"按钮

步骤 05 弹出信息提示框，提示用户导出成功，单击"确定"按钮，如图 5-11 所示。

步骤 06 即可以记事本的方式,打开刚导出完成的股票数据,如图5-12所示。

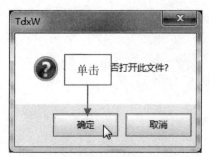
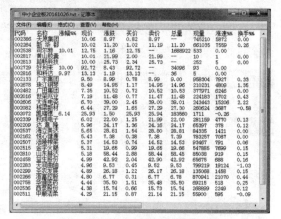

图5-11 单击"确定"按钮　　　　图5-12 导出股票数据

> **专家指点**
>
> 在通达信软件界面中,输入34后按Enter键,也可以弹出"数据导出"对话框。

5.1.4 升级通达信软件数据

如果用户电脑上安装的通达信软件版本比较落后,此时可以对软件进行升级操作,以更好地使用通达信软件的功能,使股票数据也保持在最新的状态。

在菜单栏中,选择"系统"|"自动升级"命令,如图5-13所示,即可在弹出的对话框中根据页面提示进行软件数据的自动升级操作。

图5-13 选择"自动升级"命令

5.2 下载与维护股票数据

在通达信软件界面中，用户可以对股票数据进行下载与维护操作，使用户对股票的数据把握得更加精准。本节主要向读者介绍下载沪深分钟线数据、下载专业财务数据包、使用股票数据维护工具以及维护日线数据自动写盘等内容。

▶ 5.2.1 下载沪深分钟线数据

在通达信软件界面中，用户通过"盘后数据下载"功能，可以下载股票的日线数据、1分钟线数据、5分钟线数据以及分时图数据等信息。下面以下载沪深分钟线数据为例，讲解下载盘后数据的操作方法。

步骤 01 在菜单栏中选择"系统"｜"盘后数据下载"命令，如图 5-14 所示。

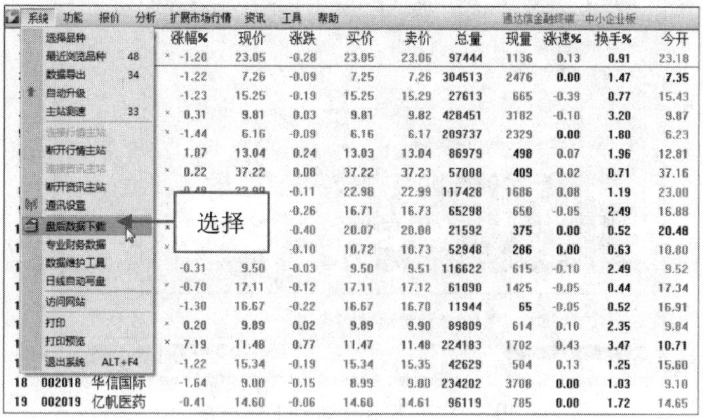

图 5-14 选择"盘后数据下载"命令

步骤 02 执行操作后，弹出"盘后数据下载"对话框，切换至"沪深分钟线*"选项卡，在其中选中"1 分钟线数据"复选框，单击"开始下载"按钮，如图 5-15 所示。

步骤 03 开始下载 1 分钟线数据，并在对话框的下方显示数据的下载进度，如图 5-16 所示。

步骤 04 稍等片刻，在对话框下方将提示用户股票数据下载完毕，如图 5-17 所示，完成沪深分钟线数据的下载操作。

> **专家指点**
>
> 用户只有在交易日 15:45 后，才能下载到当天沪深数据；其他市场行情数据，只能在相应市场收盘以后才能进行下载。

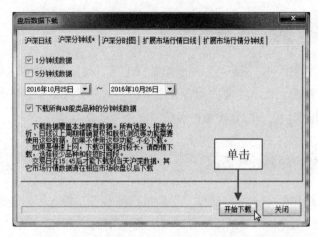

图 5-15 单击"开始下载"按钮

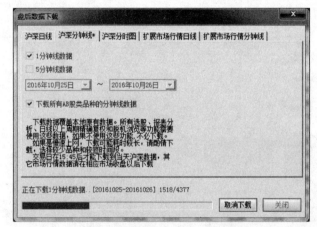

图 5-16 显示数据的下载进度

图 5-17 提示用户下载完毕

5.2.2 下载专业财务数据包

在通达信软件界面中，提供了74个财务数据包，这些数据包可以通过FINVALUE和FINONE等函数进行调用，用户可以通过这些财务数据包对股票数据进行更深一步的分析。下面介绍下载专业财务数据包的操作方法。

步骤 01 在菜单栏中选择"系统"|"专业财务数据"命令，如图5-18所示。

步骤 02 弹出"专业财务数据"对话框，其中显示了74个可以下载的专业财务数据包文件。单击对话框下方的"开始下载"按钮，如图5-19所示，待数据包下载完成后，页面中将提示用户下载完成。

图 5-18 选择"专业财务数据"命令　　图 5-19 单击"开始下载"按钮

5.2.3 使用股票数据维护工具

在通达信软件界面中，提供了数据维护工具，用户使用该工具可以对数据进行清理、备份以及恢复等操作，功能十分强大。本节主要向读者介绍使用数据维护工具对股票数据进行日常维护的操作方法。

1. 清理不需要的股票数据

在通达信软件界面中，用户需要经常对不需要的股票数据进行清理操作，以节省磁盘空间，提高系统的运行速度。下面介绍清理不需要的股票数据的操作方法。

步骤 01 在菜单栏中，选择"系统"|"数据维护工具"命令，如图5-20所示。

步骤 02 弹出"数据维护工具 V3.90 [通达信金融终端]"对话框，在上方选中需要清理的项目，单击"执行清理选中栏目"按钮，如图5-21所示。

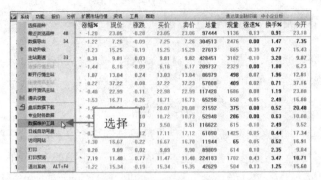

图 5-20 选择"数据维护工具"命令

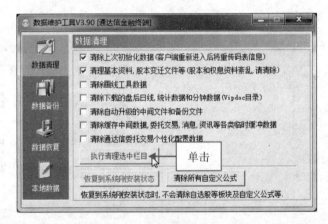

图 5-21 单击"执行清理选中栏目"按钮

步骤 03 弹出提示信息框，提示用户该操作将强制关闭通达信客户端，单击"是"按钮，如图 5-22 所示。

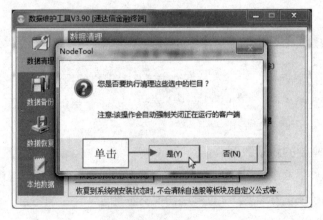

图 5-22 单击"是"按钮

步骤 04 稍等片刻，再次弹出提示信息框，提示用户数据清理完成，如图 5-23 所示。单击"确定"按钮，完成股票数据的清理操作。

第 5 章　系统菜单——解读股票数据操作

图 5-23　提示用户数据清理完成

2. 备份重要的股票数据

在通达信软件界面中，用户可以对自选股板块、自定义公式、委托交易配置以及股票池等数据进行备份操作，以防止因为系统或软件崩溃而导致数据丢失。下面介绍备份股票数据的操作方法。

步骤 01　通过"系统"｜"数据维护工具"命令打开"数据维护工具 V3.90 [通达信金融终端]"对话框，在左侧窗格中单击"数据备份"标签，切换至"数据备份"选项卡，单击"请选择您想把数据备份到的目标目录"文本框右侧的"浏览"按钮，如图 5-24 所示。

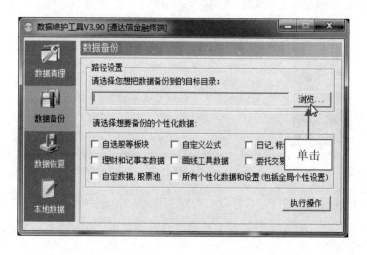

图 5-24　单击"浏览"按钮

步骤 02　弹出"浏览文件夹"对话框，选择股票数据的备份位置，如图 5-25 所示。

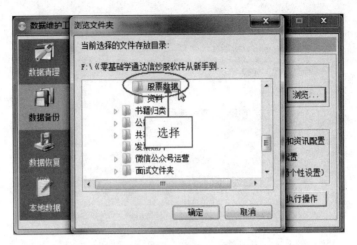

图 5-25 选择股票数据的备份位置

步骤 03 单击"确定"按钮,此时在"路径设置"选项组中可以查看到刚设置的备份位置。在"请选择想要备份的个性化数据"选项组中,分别选中"自选股等板块""自定义公式""委托交易配置"3 个复选框,然后单击下方的"执行操作"按钮,如图 5-26 所示。

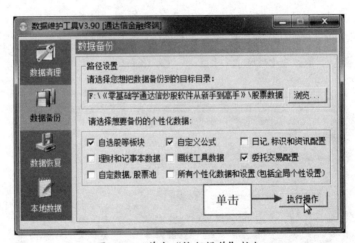

图 5-26 单击"执行操作"按钮

步骤 04 弹出提示信息框,单击"是"按钮,如图 5-27 所示,即可关闭通达信客户端程序。

步骤 05 稍等片刻,开始备份需要的股票数据,待数据备份完成后,页面下方将提示数据备份完毕,如图 5-28 所示。

步骤 06 股票数据备份完成后,打开备份的磁盘位置,即可查看备份的文件列表,如图 5-29 所示。

第 5 章 系统菜单——解读股票数据操作

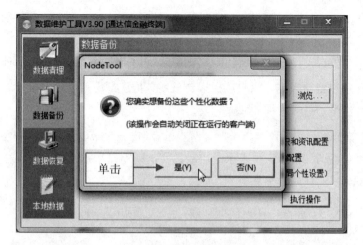

图 5-27 单击"是"按钮

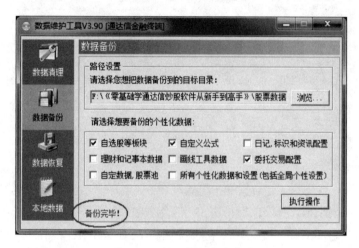

图 5-28 提示数据备份完毕

图 5-29 查看备份的文件列表

5.2.4 维护日线数据自动写盘

在通达信软件界面中,用户可以对股票日线数据进行自动写盘操作,使用户在脱机的情况下仍然可以查看数据。用户还可以对日线数据进行更新与删除操作,使数据更加精准。下面介绍维护日线数据的操作方法。

步骤 01 在菜单栏中,选择"系统"|"日线自动写盘"命令,此时该命令前将显示一个对钩符号,如图 5-30 所示,表示已启动日线自动写盘功能,接下来用户所查阅的股票日线数据都将进行自动写盘操作。

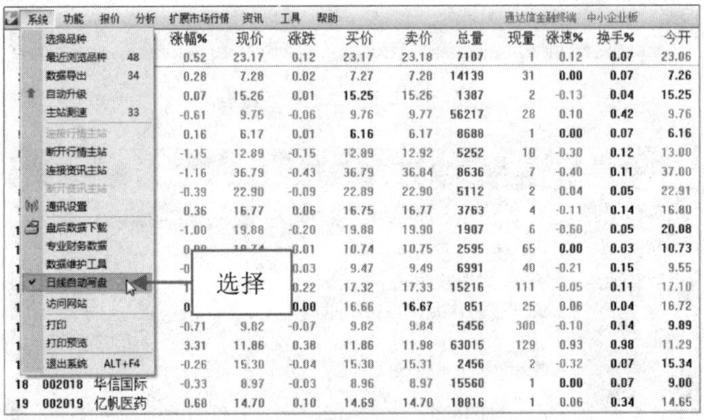

图 5-30 选择"日线自动写盘"命令

步骤 02 选择"系统"|"数据维护工具"命令,打开"数据维护工具 V3.90 [通达信金融终端]"对话框,在左侧窗格中单击"本地数据"标签,切换至"本地数据"选项卡,在上方通过"浏览"按钮可以导入其他地方的股票数据,在下方设置删除日期,然后单击"删除这个日期的日线"按钮,如图 5-31 所示。

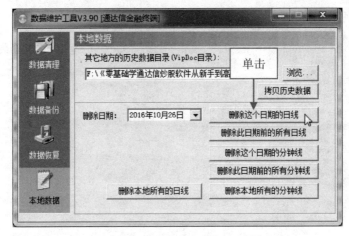

图 5-31 单击"删除这个日期的日线"按钮

第 5 章 系统菜单——解读股票数据操作

步骤 03 弹出提示信息框,提示是否确定删除,单击"是"按钮,如图 5-32 所示。

步骤 04 开始删除指定日期的日线数据,在对话框下方提示正在删除,如图 5-33 所示。

步骤 05 待数据删除完成后,对话框下方将提示删除完毕,如图 5-34 所示,即可完成对股票日线数据的写盘与维护操作。

图 5-32 单击"是"按钮

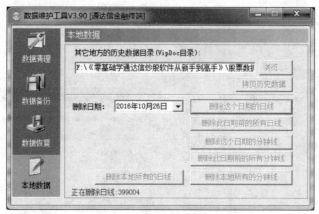

图 5-33 对话框下方提示正在删除

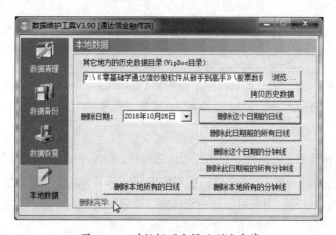

图 5-34 对话框下方提示删除完毕

5.3 连接与断开行情主站

行情主站的网速对于股民来说非常重要,网速的快慢直接影响股票的实时数据更新,因此需要选择一个网络非常好的行情主站。本节主要向读者介绍连接与断开行情主站的操作方法。

5.3.1 对行情主站进行测速

用户对行情主站进行选择时，可以先对各大行情主站进行测速，根据测速结果对行情主站进行选择。下面介绍对行情主站进行测速的操作方法。

步骤 01 在菜单栏中，选择"系统"|"主站测速"命令，如图5-35所示。

步骤 02 执行操作后，弹出"主站测速"对话框，其中显示了可供选择的行情主站，单击左下角的"开始测试"按钮，如图5-36所示。

图 5-35 选择"主站测速"命令　　　　　图 5-36 单击"开始测试"按钮

> **专家指点**
>
> 在通达信软件界面中，输入33后按Enter键，也可以弹出"主站测速"对话框。

步骤 03 执行操作后，对话框下方将提示正在测速，请用户耐心等待，如图5-37所示。

步骤 04 稍等片刻，待测速完成后，在列表中将显示各大行情主站的综合网速值，并显示了当时的网速状态，用户可以从中选择网络比较好的行情主站，这里选择"广州行情主站2"，单击下方的"使用所选"按钮，如图5-38所示。

步骤 05 执行操作后，返回通达信行情主站登录界面，并显示重新登录信息，如图5-39所示，稍等片刻，即可完成行情主站的重新登录操作。

> **专家指点**
>
> 在"主站测速"对话框中，综合值越低的主站，网速越好；综合值越高的主站，网速越差，不建议用户登录。

第 5 章 系统菜单——解读股票数据操作

图 5-37 提示正在测速

图 5-38 单击"使用所选"按钮

图 5-39 显示重新登录信息

5.3.2 断开行情主站信息

在通达信软件界面中，如果用户需要重新选择行情主站，首先需要将当前的行情主站进行断开操作，这样才能重新连接新的行情主站。

在菜单栏中，选择"系统"|"断开行情主站"命令，如图5-40所示，执行操作后，即可断开当前登录的行情主站。

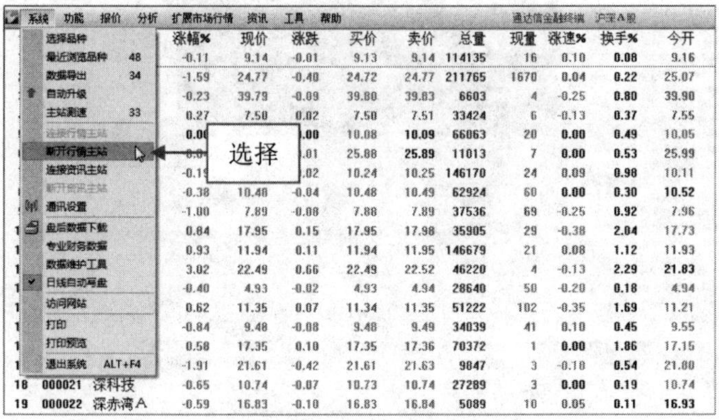

图 5-40 选择"断开行情主站"命令

5.3.3 重新连接行情主站

在用户对当前行情主站进行断开操作后,通过"连接行情主站"命令可以重新连接网速比较高的行情主站。下面介绍重新连接行情主站的操作方法。

步骤 01 在菜单栏中,选择"系统"|"连接行情主站"命令,如图5-41所示。

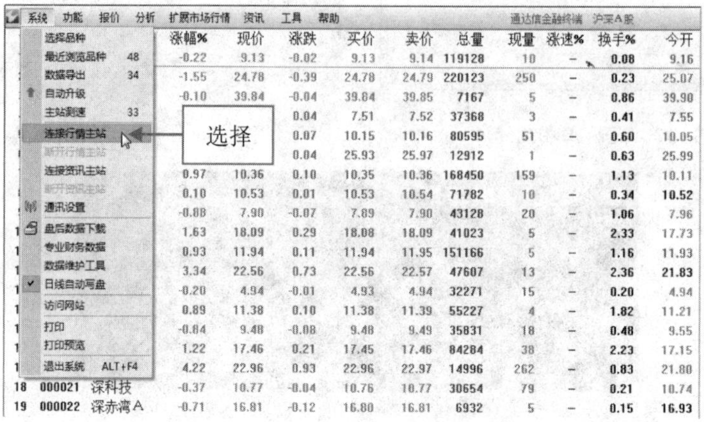

图 5-41 选择"连接行情主站"命令

> **专家指点**
>
> 在通达信软件界面中,用户可以通过登录不同的行情主站,查看相同的股票数据,对比哪个行情主站的股票数据信息更新更迅速、更准确。

步骤 02 执行操作后,弹出通达信行情主站登录界面,在其中选择需要连接的行情主站,如图5-42所示,单击"登录"按钮,即可重新连接行情主站。

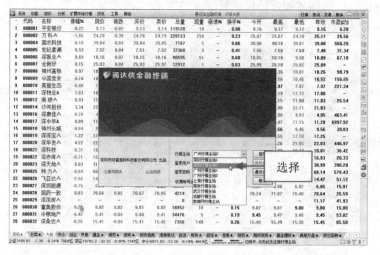

图 5-42 选择需要连接的行情主站

▶ 5.3.4 连接资讯主站信息

在通达信软件界面中，通过"连接资讯主站"命令，可以在行情主站中通过"资讯"功能查看最新的股票资讯信息。

在菜单栏中，选择"系统"|"连接资讯主站"命令，如图5-43所示。执行操作后，即可连接行情主站的资讯信息。

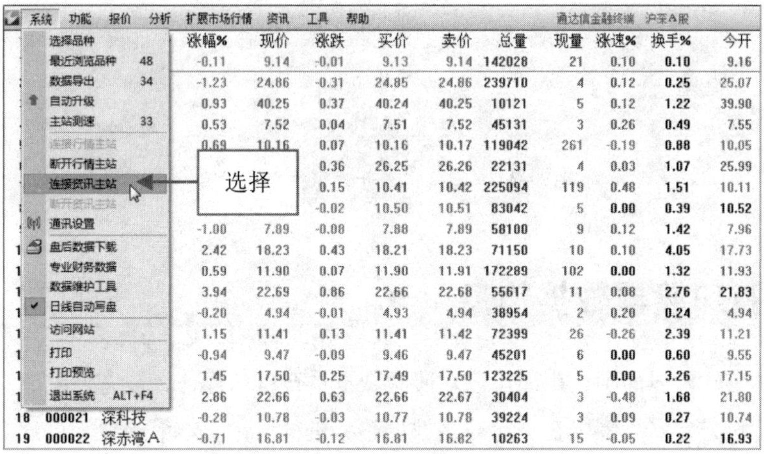

图 5-43　选择"连接资讯主站"命令

专家指点

在通达信软件界面中，用户首先需要确保已登录相关的行情主站，否则不能连接资讯主站信息。

▶ 5.3.5 断开资讯主站信息

在通达信软件界面中，通过"断开资讯主站"命令，可以断开当前连接的资讯主站，以方便用户重新选择其他的资讯主站。

在菜单栏中，选择"系统"|"断开资讯主站"命令，如图5-44所示。执行操作后，即可断开当前连接的资讯主站。

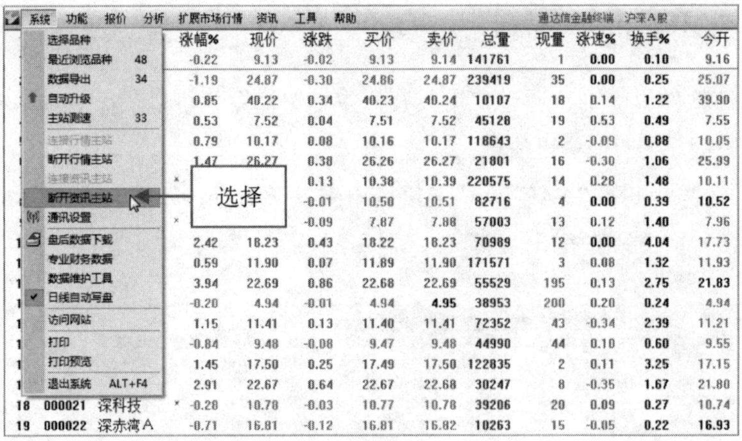

图 5-44 选择"断开资讯主站"命令

5.4 打印股票数据信息

在通达信软件界面中,用户可以对股票数据进行打印操作,以方便随时查阅、分析股票数据,也方便多人围坐在一起对股票的趋势进行讨论。本节主要向用户介绍打印股票数据的操作方法。

5.4.1 打印预览股票数据

用户在打印股票数据之前,可以先进行打印预览,看看打印出来的效果是否符合用户的要求。下面介绍打印预览股票数据的操作方法。

步骤 01 在菜单栏中,选择"系统"|"打印预览"命令,如图 5-45 所示。

步骤 02 执行操作后,进入打印预览界面,在其中可以预览股票数据的打印效果,如图 5-46 所示。

> **专家指点**
>
> 在打印预览界面中,单击界面左上方的"打印"按钮,可以对股票数据进行打印操作;单击"放大"按钮,可以放大打印预览界面,以便更清晰地显示股票数据。

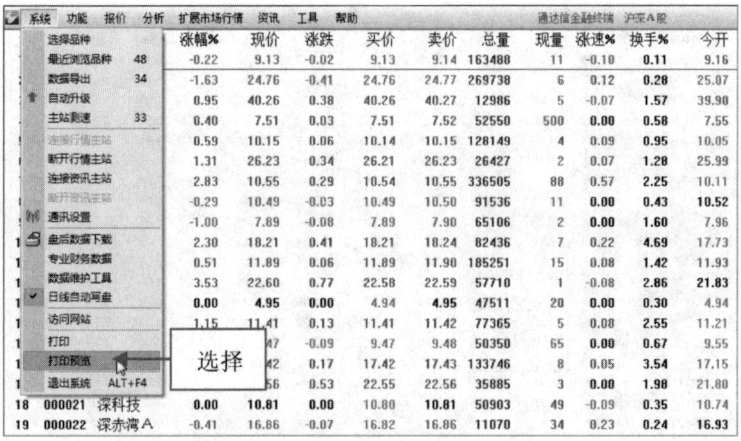

图 5-45 选择"打印预览"命令

图 5-46 预览股票数据的打印效果

5.4.2 打印股票数据

当用户对股票数据进行打印预览后,如果预览的股票内容符合用户的要求,用户可以通过"打印"命令,将股票数据打印出来。下面向用户介绍打印股票数据的操作方法,希望用户熟练掌握本小节内容。

步骤 01 在菜单栏中,选择"系统" | "打印"命令,如图 5-47 所示。

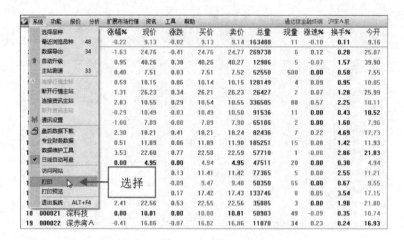

图 5-47 选择"打印"命令

步骤 02 弹出"打印"对话框,在"名称"列表框中选择打印机的机器名称,在"打印范围"列表框中设置打印的数据范围,单击"确定"按钮,如图 5-48 所示,即可开始打印股票数据。

图 5-48 单击"确定"按钮

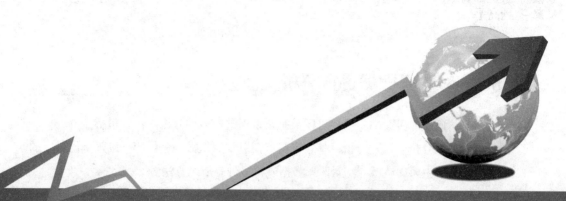

第 6 章 功能菜单——洞悉股票市场规律

学前提示　在通达信软件界面的"功能"菜单中,包括多种可以预测股票数据规律的功能命令,如股票的报价分析、即时分析、技术分析以及报表分析等,熟练掌握这些股票的分析技术,可以帮助用户对股票进行更加精准的预测,将金融投资风险降低到最小。

要点展示
- ▶ 对股票数据进行分析
- ▶ 定制股票版面与品种
- ▶ 进行金融交易操作
- ▶ 查看星空图与全景图

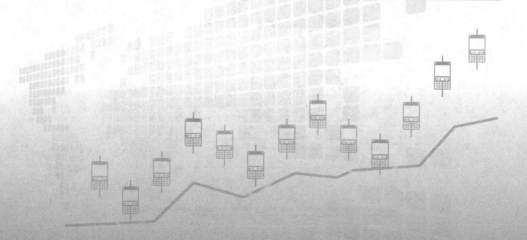

6.1 对股票数据进行分析

在通达信软件界面中，用户可以对股票数据进行多种分析操作，包括报价分析、即时分析、技术分析、报表分析、基本资料分析以及期权数据分析等，以预测出股票的未来走势。本节主要向读者介绍对股票数据进行多种分析的方法。

6.1.1 股票的报价分析

在通达信软件界面的报价分析页面中，股票的数据是以表格的形式显示的，用户可以对表格中的股票数据进行排名操作，从而帮助用户对股票进行更加准确的预测。下面介绍对股票进行报价分析的操作方法。

步骤 01 在菜单栏中，选择"功能"|"报价分析"命令，如图 6-1 所示。

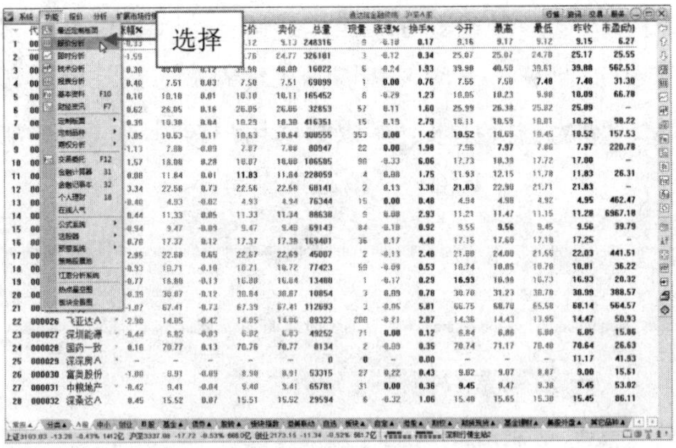

图 6-1 选择"报价分析"命令

步骤 02 即可进入报价分析界面。在界面中的任意位置上单击鼠标右键，在弹出的快捷菜单中选择"栏目排名"|"今日涨幅排名"命令，如图 6-2 所示。

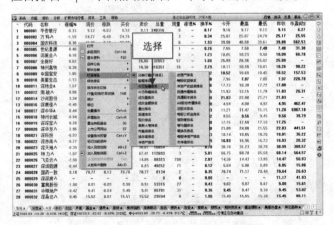

图 6-2 选择"今日涨幅排名"命令

> **专家指点**
>
> 在图 6-2 所示的右键快捷菜单中，各主要选项含义如下。
> - "打开"选项：可以单独打开某只股票的数据分析界面。
> - "品种分类"选项：可以将股票数据按品种进行分类排序。
> - "栏目排名"选项：可以将股票数据按栏目进行升降排序。
> - "所属板块"选项：可以查看选择的股票属于哪个板块。
> - "从板块中删除"选项：可以将选择的股票从板块中删除。

步骤 03 执行操作后，即可将报价分析界面中的数据以今日涨幅进行排序，在其中用户可以查看涨幅最大的股票数据，如图 6-3 所示。

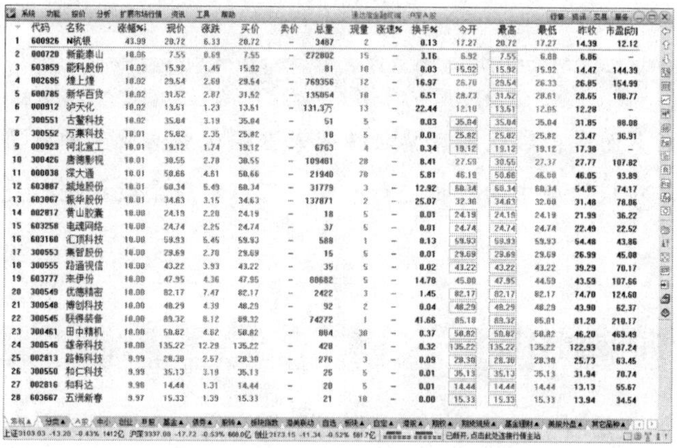

图 6-3 查看涨幅最大的股票数据

步骤 04 在报价分析界面中的任意位置上，单击鼠标右键，在弹出的快捷菜单中选择"栏目排名"|"今日跌幅排名"命令，如图 6-4 所示。

步骤 05 执行操作后，即可将报价分析界面中的数据以今日跌幅进行排序，在其中用户可以查看跌幅最大的股票数据，如图 6-5 所示。

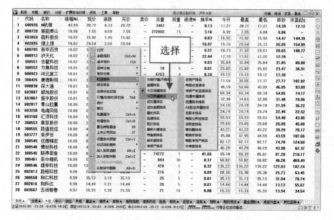

图 6-4 选择"今日跌幅排名"命令

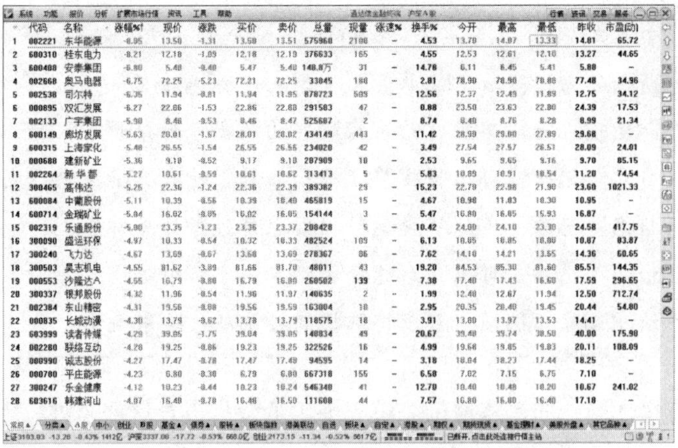

图 6-5　查看跌幅最大的股票数据

> **专家指点**
>
> 　　在报价分析界面中，红色的股票数值代表涨幅数据，绿色的股票数值代表跌幅数据。用户通过对报价表中的数据进行排序，可以对股票数据进行更准确的分析、判断和预测。

▶ 6.1.2　股票的即时分析

　　即时分析界面主要用于显示股票的分时图数据，用户在其中可以查看股票的即时数据形态，显示每分钟的数据变动情况。下面介绍对股票进行即时分析的操作方法。

步骤 01 在界面中选择一只股票，在菜单栏中，选择"功能"|"即时分析"命令，如图 6-6 所示。

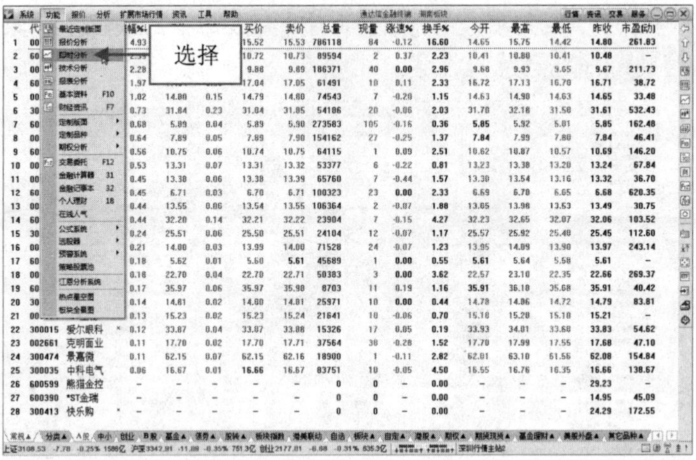

图 6-6　选择"即时分析"命令

步骤 02 打开股票的即时分析界面,以均线的方式显示分时图信息,如图6-7所示。

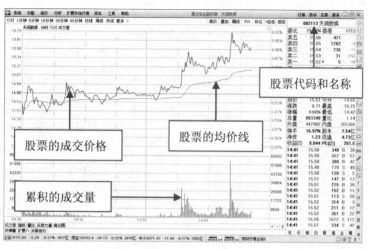

图 6-7 打开即时分析界面

> **专家指点**
>
> 在即时分析界面中,右上角显示的是股票的代码和股票名称,左上角显示的是股票名称和股票线型,中间窗格中黑色的线表示该股票的成交价格,黄色的线表示股票的均价线,下方的黑色柱状线表示每分钟累积的成交量。在即时分析界面中,按 Tab 键可以查看某个时间段内的股票变动趋势。

步骤 03 在即时分析界面中,单击鼠标右键,在弹出的快捷菜单中选择"多日分时图"|"最近2日"命令,如图6-8所示。

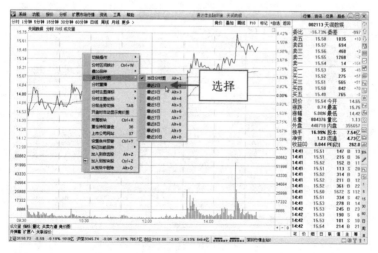

图 6-8 选择"最近2日"命令

步骤 04 执行操作后，即可显示最近 2 日内的股票分时图趋势线，如图 6-9 所示，方便用户对股票最近的变动数据进行分析。

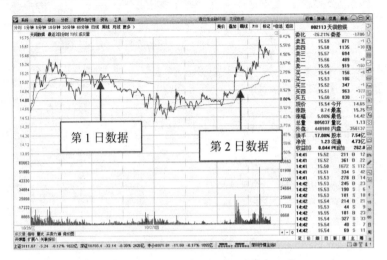

图 6-9 显示最近 2 日内的股票分时图趋势线

6.1.3 股票的技术分析

技术分析界面主要用于显示股票的 K 线图、量价图以及技术指标等信息，用户可以通过股票价格的变化来分析未来的价格趋势。下面介绍对股票进行技术分析的方法。

步骤 01 在界面中选择一只股票，在菜单栏中，选择"功能"|"技术分析"命令，如图 6-10 所示。

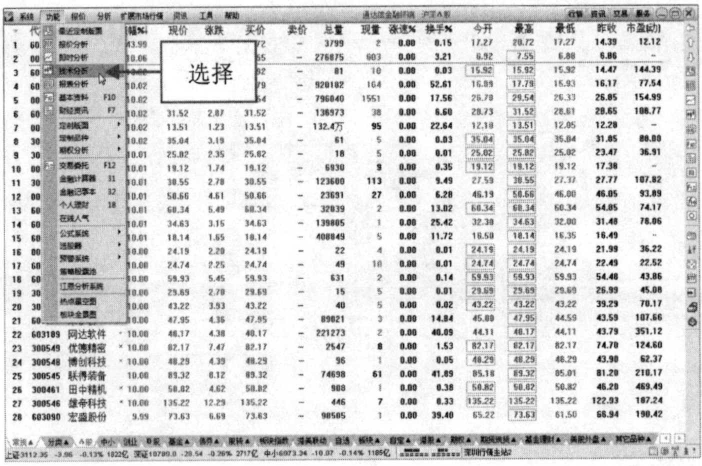

图 6-10 选择"技术分析"命令

步骤 02 执行操作后，即可打开个股技术分析界面，在其中可以查看股票的 K 线图数据，如图 6-11 所示。

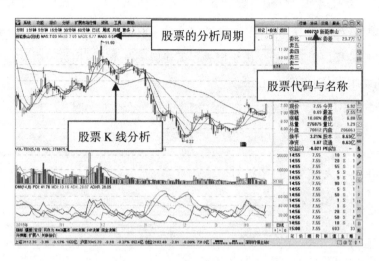

图 6-11 打开个股技术分析界面

专家指点

在技术分析界面中，左上角区域显示股票的分析周期和时间，右上角显示股票的代码和名称，中间的主图区可以做股票或指标的叠加。

步骤 03 在界面的上方，单击"15 分钟"标签，即可以 15 分钟的数据变动显示股票 K 线图数据，如图 6-12 所示。

图 6-12 以 15 分钟的数据变动显示股票 K 线图数据

6.1.4 股票的报表分析

在通达信软件界面中，股票的报表分析是基于报表的一种分析方法，主要包括地区板块报表、行业板块报表、概念板块报表、风格板块报表以及指数板块报表等，下面介绍对股票进行报表分析的操作方法。

步骤 01 在菜单栏中，选择“功能”|“报表分析”命令，如图 6-13 所示。

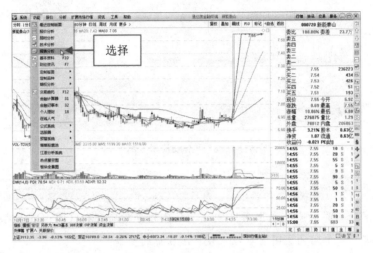

图 6-13 选择“报表分析”命令

步骤 02 执行操作后，即可进入报表分析界面，在界面下方单击“地区板块”标签，即可显示“地区板块”报表数据，并以“均涨幅 %”进行了地区板块的数据排序，如图 6-14 所示。

板块分析-地区板块 今日:2016-10-27.四 点右键操作

	板块名称	均涨幅%	权涨幅%	涨股比	领涨品种	总成交	市场比%	换手率%	市盈(动)
1	宁夏板块	1.20	1.10	5/12	新华百货	16.7亿	0.37	2.07	-
2	四川板块	0.72	0.36	65/110	泸天化	209.9亿	4.62	1.95	44.90
3	河北板块	0.44	0.06	23/52	河北宣工	107.0亿	2.36	1.22	27.84
4	吉林板块	0.38	0.32	22/40	一汽富维	58.2亿	1.28	1.61	57.23
5	浙江板块	0.38	0.07	148/320	N杭银	425.9亿	9.38	1.23	37.04
6	深圳板块	0.35	-0.31	108/219	深大通	406.7亿	8.96	1.02	18.59
7	江西板块	0.29	0.37	14/36	煌上煌	66.4亿	1.46	1.54	39.95
8	山东板块	0.29	-0.07	73/167	新能泰山	260.0亿	5.73	1.52	33.61
9	湖北板块	0.27	-0.05	38/94	振华股份	131.4亿	2.89	1.17	40.40
10	新疆板块	0.17	0.05	18/46	新天然气	56.3亿	1.24	1.17	46.60
11	江苏板块	0.14	-0.17	129/302	通用股份	416.9亿	9.18	1.53	38.40
12	贵州板块	0.14	0.71	11/21	贵航股份	31.8亿	0.70	1.07	24.73
13	陕西板块	0.12	0.04	19/44	烽火电子	60.5亿	1.33	1.24	101.52
14	辽宁板块	0.12	-0.08	30/73	智云股份	87.0亿	1.92	0.91	44.10
15	上海板块	0.11	-0.25	101/232	古鳌科技	320.8亿	7.07	0.65	17.65
16	北京板块	0.07	-0.26	107/278	能科股份	520.7亿	11.47	0.27	10.58
17	安徽板块	0.04	-0.01	39/91	黄山胶囊	171.1亿	3.77	1.74	38.80
18	青海板块	0.02	-0.67	3/11	正平股份	20.6亿	0.45	1.65	151.89
19	西藏板块	0.02	-0.06	4/12	华钰矿业	18.0亿	0.40	1.57	52.16
20	广东板块	0.01	-0.05	89/235	科达洁能	336.8亿	7.42	1.40	26.99
21	云南板块	-0.01	0.12	13/32	创新股份	60.8亿	1.34	1.77	173.09
22	甘肃板块	-0.03	-0.19	8/29	陇神戎发	46.0亿	1.01	1.65	97.94
23	黑龙江	-0.05	-0.30	15/35	S佳通	42.2亿	0.93	1.13	50.70
24	广西板块	-0.07	-0.40	14/36	国发股份	51.9亿	1.14	1.77	49.28
25	福建板块	-0.07	-0.18	38/106	吉宏股份	134.8亿	2.97	0.95	17.54
26	山西板块	-0.09	-0.48	15/38	美锦能源	74.3亿	1.64	1.51	83.51

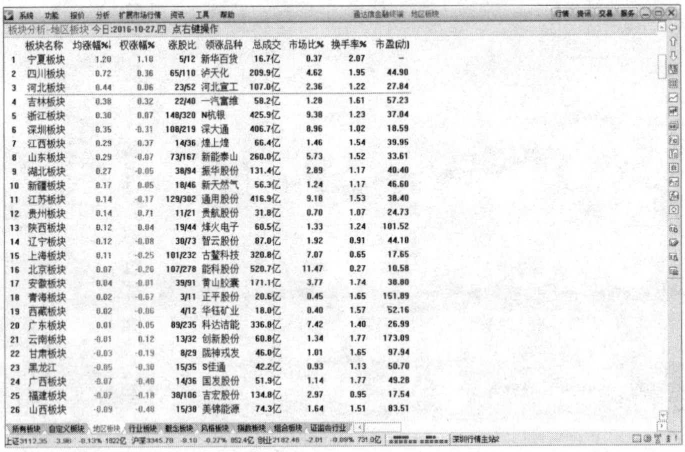

图 6-14 显示“地区板块”报表数据

步骤 03 在界面下方单击“行业板块”标签，即可显示“行业板块”报表数据，并以“均涨幅%"进行了行业板块的数据排序,如图6-15所示,用户可以根据排序的报表数据进行股票的预测和分析。

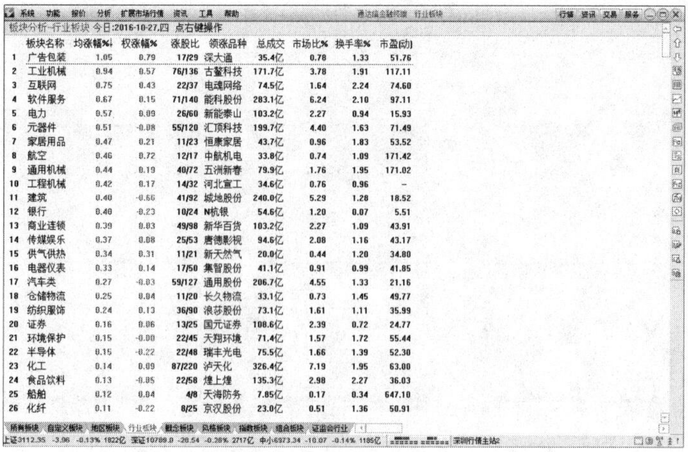

图6-15 显示"行业板块"报表数据

6.1.5 多股同列趋势分析

在通达信软件界面中,用户还可以在同一个界面中显示多只股票的变化趋势线,以对多只股票的数据同时进行对比和分析。下面介绍进行多股同列股票数据趋势分析的操作方法。

步骤 01 打开"中小"报价分析界面,在界面中的任意位置单击鼠标右键,在弹出的快捷菜单中选择"多股同列"命令,如图6-16所示。

图6-16 选择"多股同列"命令

步骤 02 执行操作后,即可打开"多股同列"数据分析界面,如图6-17所示,其中显示了9只不同股票的数据趋势线，用户可以同时对比多只股票的数据并进行分析操作。

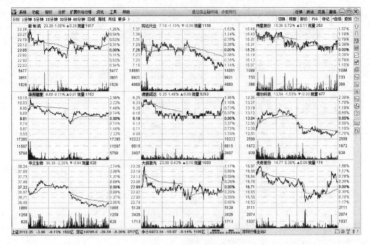

图 6-17　打开"多股同列"数据分析界面

> **专家指点**
>
> 在通达信软件界面中，按 Ctrl+M 组合键，也可以快速打开"多股同列"数据分析界面。

6.1.6　股票基本资料分析

如果用户对某只股票感兴趣，此时可以查看该股票所属上市公司的基本资料，包括公司概况、财务分析、公司股本以及主力追踪等信息。

在报价分析界面中选择一只感兴趣的股票，在菜单栏中，选择"功能"｜"基本资料"命令，即可打开相关基本资料界面，如图6-18所示。

图 6-18　打开相关基本资料界面

专家指点

在图 6-18 所示的基本资料界面中，相关基本资料含义如下。
- 公司概况：显示公司的基本资料、发行信息等。
- 财务分析：显示公司的财务指标、利润表、现金流量表等。
- 重大事项：显示公司与证券金融相关的重要处理事项。
- 公司动态：显示公司最新的动态信息。
- 行业分析：显示公司在行业中的研究报告。
- 同行比较：显示与同行的比较，包括估值表现、盈利能力以及收益质量等。

6.2 定制股票版面与品种

在通达信软件界面中，用户可以根据自己的操作习惯对股票的界面进行个性化定制，使用户操作股票的时候更加方便、自由，得到更大的操作空间。本节主要介绍定制版面与股票品种的方法。

6.2.1 定制个性化版面

在通达信软件界面中，定制个性化股票数据版面的操作方法很简单，下面向用户进行简单介绍。

步骤 01 在菜单栏中，选择"功能"|"定制版面"|"新建空白版面"命令，弹出提示信息框，单击"确定"按钮，进入空白单元界面，如图 6-19 所示。

图 6-19 进入空白单元界面

步骤 02 在空白单元界面中，单击鼠标右键，在弹出的快捷菜单中分别选择"左插入"和"上插入"命令，对窗口进行分格操作，如图6-20所示。

图6-20 对窗口进行分格操作

步骤 03 在相关窗口中的空白位置上，单击鼠标右键，在弹出的快捷菜单中依次选择"行情资讯单元"子菜单中的"港股""综合排名"以及"分时走势图"|"普通分时走势图"选项，添加相应的行情资讯板块内容，即可完成个性化版面的定制，如图6-21所示。

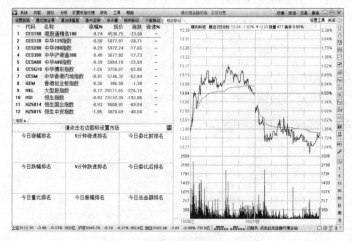

图6-21 完成个性化版面的定制

▶ 6.2.2 定制股票的品种

在通达信软件界面中，用户不仅可以对版面进行个性化定制，还可以对股票的品种进行个性化定制。下面介绍定制股票品种的操作方法。

步骤 01 在菜单栏中，选择"功能"|"定制品种"|"组合品种管理"命令，弹出"定

制品种管理"对话框,如图 6-22 所示。

步骤 02 单击右侧的"添加品种"按钮,弹出"组合品种设置"对话框,单击中间的"添加"按钮,如图 6-23 所示。

图 6-22 "定制品种管理"对话框

图 6-23 单击"添加"按钮

步骤 03 弹出"选择品种"窗口,展开"行业板块"|"食品饮料"选项,在右侧选择相应的食品饮料个股,单击"确定"按钮,如图 6-24 所示。

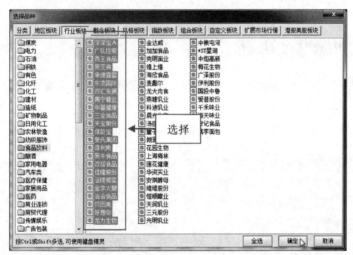
图 6-24 选择相应的食品饮料个股

步骤 04 返回"组合品种设置"对话框,右上角的列表框中列出了刚添加的多种食品饮料个股,显示了股票的代码和名称;在左上角区域设置股票品种的相关信息,如图 6-25 所示,单击"确定"按钮。

步骤 05 返回"定制品种管理"对话框,其中显示了用户定制的股票品种,单击"确定"按钮,如图 6-26 所示,即可完成股票品种的个性化定制操作。

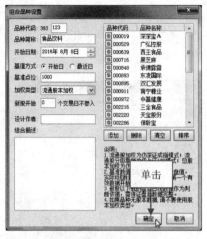
图 6-25 设置股票品种的相关信息

图 6-26 显示定制的股票品种

6.3 进行金融交易操作

在通达信软件界面中,用户可以进行相应的金融管理操作,如进行交易委托、使用金融计算器、使用金融记事本以及个人理财等。

6.3.1 进行交易委托操作

用户如果需要对股票进行交易委托操作,首先需要打开外部交易的委托程序。操作方法很简单,用户只需在菜单栏中选择"功能"|"交易委托"命令,如图6-27所示,在弹出的"外部交易委托程序"对话框中导入相应的程序,即可完成操作。

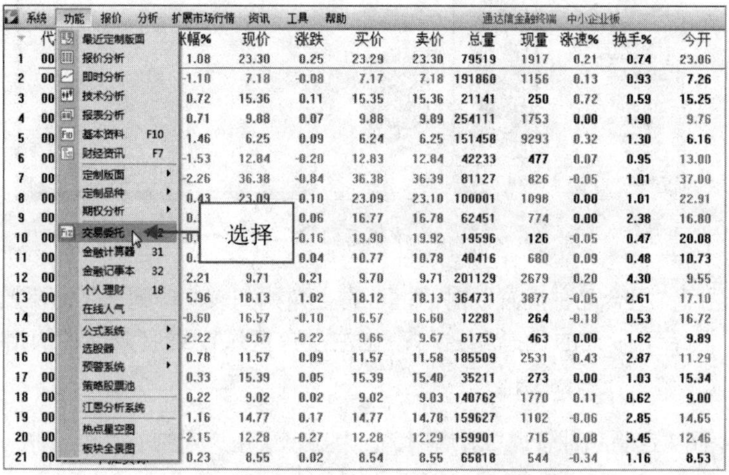

图 6-27 选择"交易委托"命令

功能菜单——洞悉股票市场规律 **第 6 章**

> **专家指点**
>
> 在通达信软件界面中，按F12键，也可以快速执行"交易委托"命令。

6.3.2 使用金融计算器

在通达信软件界面中，用户使用金融计算器可以对股票的盈亏、涨跌停、融资融券等金融理财数据进行精准的计算。下面介绍使用金融计算器计算股票涨跌停价格的操作方法。

步骤 01 在菜单栏中，选择"功能"|"金融计算器"命令，打开"金融计算器"窗口，在左侧窗格中依次展开"股票类"|"涨跌停计算"选项，在右侧输入股票代码、基准价格等信息，单击"计算"按钮，如图 6-28 所示。

> **专家指点**
>
> 在通达信软件界面中，依次按31、Enter键，也可以弹出"金融计算器"窗口。

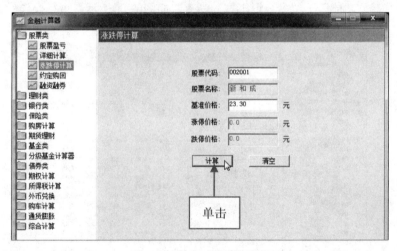

图 6-28 单击"计算"按钮

步骤 02 执行操作后，即可计算出股票的涨停价格与跌停价格，如图 6-29 所示，帮助用户对股票的涨跌停价格进行精准的计算。

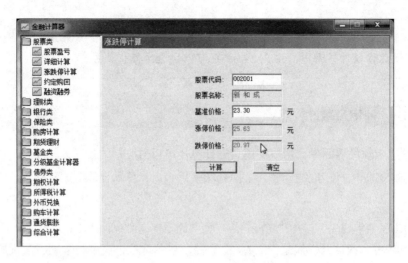

图 6-29 计算出股票的涨停价格与跌停价格

6.3.3 使用金融记事本

在金融记事本中，用户可以记录一些重要的金融事项，用于提醒自己。用户只需在菜单栏中选择"功能"|"金融记事本"命令，如图6-30所示。执行操作后，即可打开"金融记事本"窗口，选择一种合适的输入法，输入相应文本内容即可。

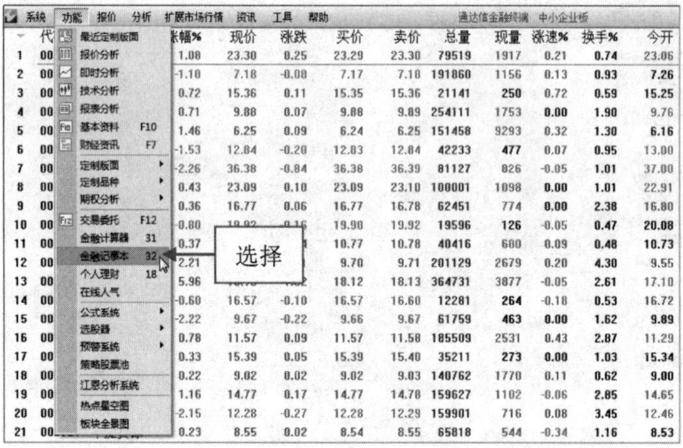

图 6-30 选择"金融记事本"命令

6.3.4 个人账户理财操作

"个人理财"是通达信软件专为用户提供的个性化理财插件，用户在其中可以更好地管理自己投资理财的产品。在菜单栏中选择"功能"|"个人理财"命令，打开"个人理财"窗口，弹出"新建用户"对话框，如图6-31所示。

图 6-31　弹出"新建用户"对话框

在其中设置账户名称、账户密码、初始资金、交易类型等信息，然后单击"创建"按钮，即可创建用户的个人理财账户。

> **专家指点**
>
> 在通达信软件界面中，输入 18 后按 Enter 键，也可以打开"个人理财"窗口。

6.4　查看星空图与全景图

在通达信软件界面中，用户可以查看股票的星空图与全景图，以便对股票数据进行更精准的分析。本节主要介绍查看星空图与全景图的操作方法。

▶ 6.4.1　查看热点星空图

在热点星空图版面中，用户可以对股票的全局走势进行统筹分析。首先在菜单栏中选择"功能"|"热点星空图"命令，即可打开"热点星空图"界面，如图6-32所示。

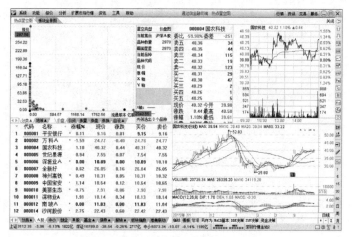

图 6-32　打开"热点星空图"界面

6.4.2 查看板块全景图

在通达信的板块全景图界面中，用户可以查看相应板块中个股的整体数据情况。首先在菜单栏中选择"功能"|"板块全景图"命令，即可打开"板块全景图"界面，如图6-33所示。

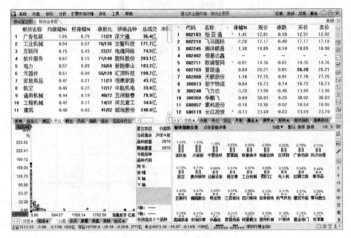

图6-33 打开"板块全景图"界面

第 7 章 报价菜单——看准股票报价信息

学前提示

在通达信软件界面的"报价"菜单中,用户可以查看多种不同类型的股票实时报价信息,还可以对不同板块中的股票数据进行区间排名分析,以便更全面地掌握股票的变化趋势,寻找最能盈利的股票进行交易操作。

要点展示

▶ 查看股票行情报价
▶ 分析股票区间数据

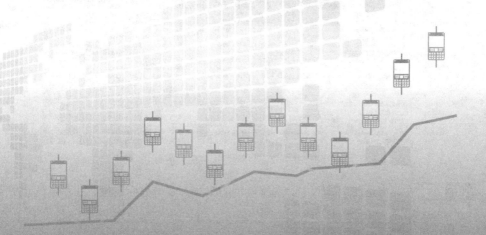

7.1 查看股票行情报价

在通达信软件界面中，用户可以查看自选股、沪深分类股票、沪深主要指数、上证重点指数、基金分析平台等股票的行情报价信息，使用户对股票的数据有一个全面的掌握。本节主要介绍查看股票行情报价的操作方法。

7.1.1 查看与管理自选股

自选股的知识，在前面的相关章节中有简单介绍，主要指自己收藏的个股资讯。

步骤 01 在通达信软件界面中，用户可以选择"报价"|"自选股"命令，如图7-1所示。

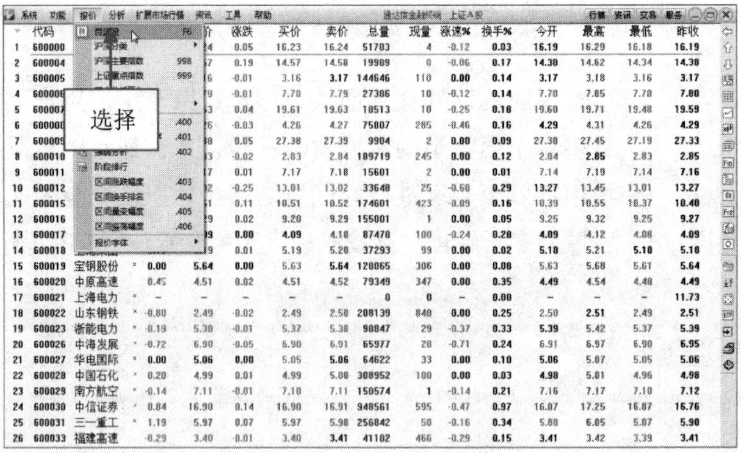

图7-1 选择"自选股"命令

步骤 02 执行操作后，即可打开"自选股"界面，在其中用户可以查看自己收藏、关注的股票行情报价信息，如图7-2所示。

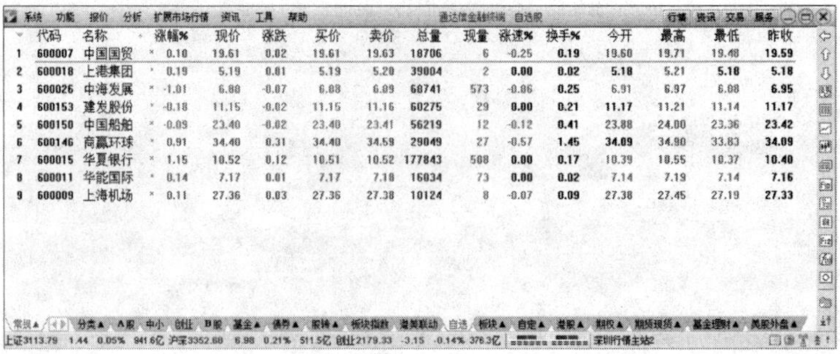

图7-2 打开"自选股"界面

步骤 03 在"自选股"界面中，选择所需的个股，单击鼠标右键，在弹出的快捷菜单中选择"从当前板块中删除"命令，如图7-3所示。

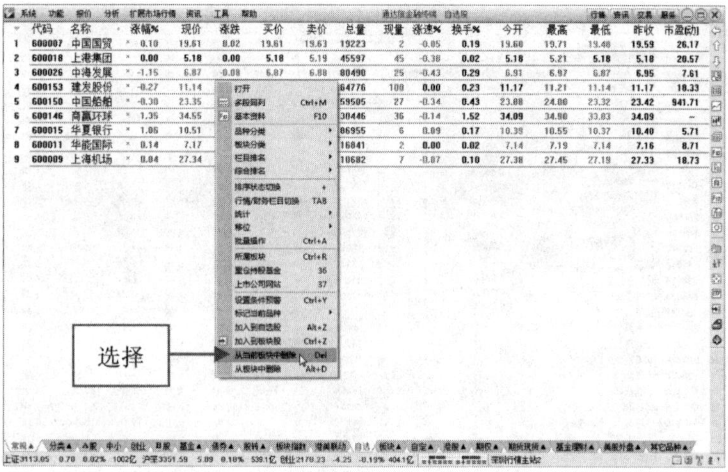

图7-3 选择"从当前板块中删除"命令

步骤 04 执行操作后，弹出提示信息框，提示用户是否确认删除操作，单击"确定"按钮，如图7-4所示，即可清除不需要的自选股票。

图7-4 单击"确定"按钮

专家指点

在通达信软件界面中，按F6键，也可以打开"自选股"界面。

▶ 7.1.2 查看沪深分类股票

在"沪深分类"股票中，用户可以查看上证A股、深证A股、沪深A股、深证主板、创业板以及沪深权证等多种分类股票行情报价数据。

步骤 01 在菜单栏中，选择"报价"|"沪深分类"|"深证 A 股"命令，如图 7-5 所示。

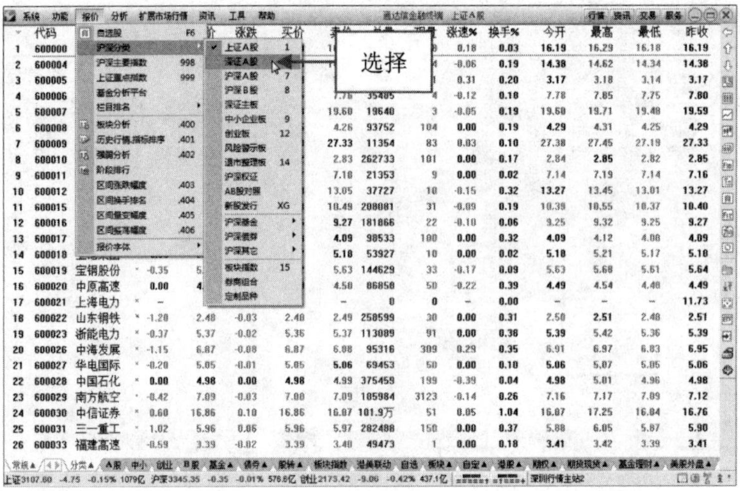

图 7-5　选择"深证 A 股"命令

> **专家指点**
>
> 在通达信软件界面中，输入 3 后按 Enter 键，可以打开"深证 A 股"界面；输入 7 后按 Enter 键，可以打开"沪深 A 股"界面；输入 8 后按 Enter 键，可以打开"沪深 B 股"界面。

步骤 02 执行操作后，即可打开"深证 A 股"界面，在其中可以查看深证 A 股的行情报价信息，如图 7-6 所示。

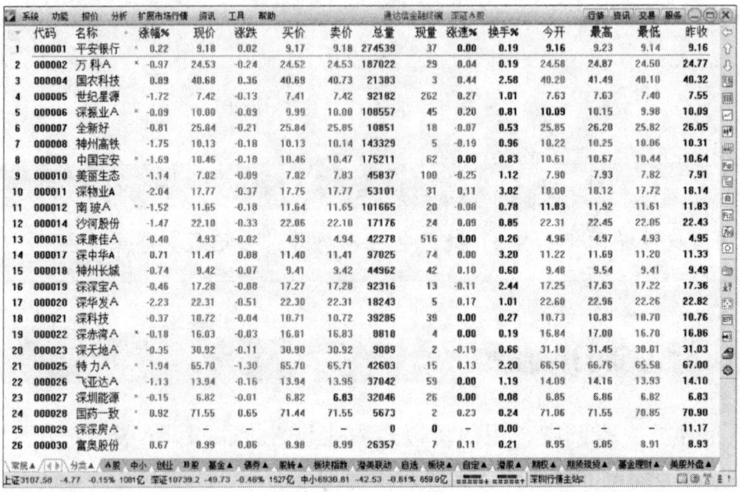

图 7-6　查看深证 A 股的行情报价信息

步骤 03 在菜单栏中,选择"报价"|"沪深分类"|"沪深基金"|"沪深所有基金"命令,如图 7-7 所示。

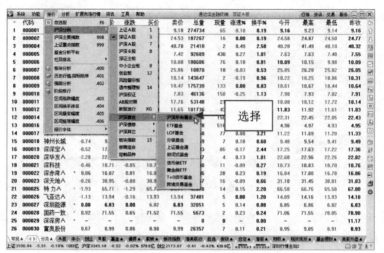

图 7-7 选择"沪深所有基金"命令

步骤 04 执行操作后,即可打开"沪深基金"界面,在其中可以查看沪深所有基金的行情报价信息,如图 7-8 所示。

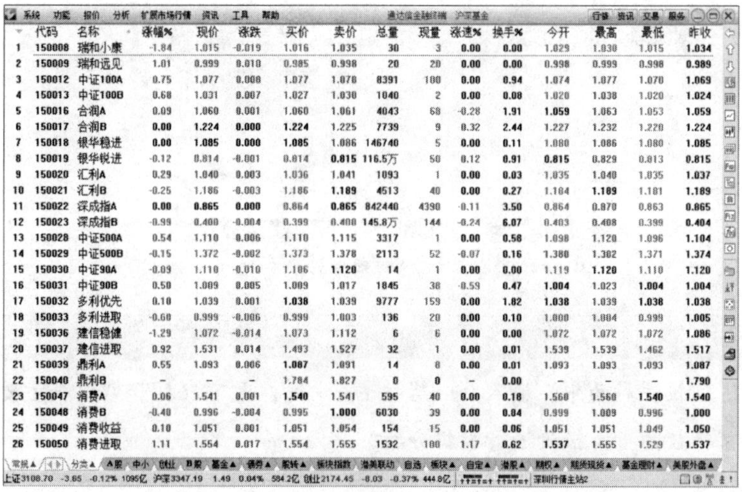

图 7-8 查看沪深所有基金的行情报价信息

7.1.3 查看沪深主要指数

通过"沪深主要指数"命令,可以查看沪深主要指数的股票行情报价信息。

步骤 01 在菜单栏中,选择"报价"|"沪深主要指数"命令,如图 7-9 所示。

图 7-9 选择"沪深主要指数"命令

步骤 02 执行操作后,打开"沪深主要指数"界面,用户在其中可以查看沪深主要指数的行情报价信息,如图 7-10 所示。

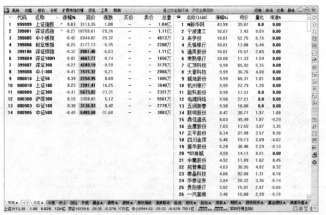

图 7-10 查看沪深主要指数的行情报价信息

> **专家指点**
>
> 在通达信软件界面中,输入 998 后按 Enter 键,也可以打开"沪深主要指数"界面,对沪深指数的行情报价进行数据分析。

7.1.4 查看上证重点指数

上证重点指数是指上海证券交易所的重点指数信息,下面介绍查看上证重点指数的操作方法。

步骤 01 在菜单栏中,选择"报价"|"上证重点指数"命令,如图 7-11 所示。

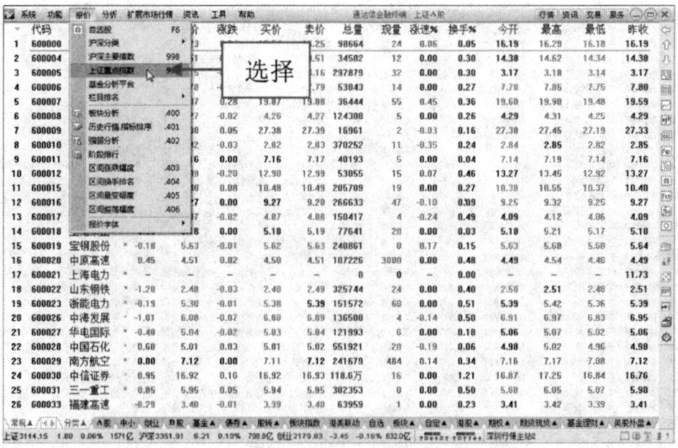

第7章 报价菜单——看准股票报价信息

图7-11 选择"上证重点指数"命令

步骤 02 执行操作后，即可打开"重点沪指"界面，在其中可以查看上证重点指数的行情报价信息，如图7-12所示。

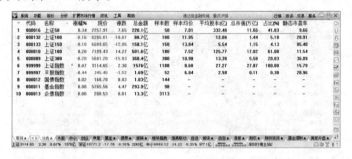

图7-12 查看上证重点指数的行情报价信息

专家指点

在通达信软件界面中，输入999后按Enter键，也可以打开"重点沪指"界面，对重点沪指的行情报价进行数据分析。

7.1.5 查看基金分析平台

在通达信软件的基金分析平台中，用户可以查看不同基金的代码、名称、最新净值、累计净值以及投资风格等信息。下面介绍查看基金分析平台行情报价的操作方法。

步骤 01 在菜单栏中，选择"报价"|"基金分析平台"命令，即可打开"开放式基金"界面，在其中可以查看每个基金的行情报价信息，以及涨幅数据，如图7-13所示。

图 7-13 查看每个基金的行情报价信息

步骤 02 在界面上方的标签栏中，单击"基金类型"下三角按钮，在弹出的列表框中选择"创新封基"选项，如图 7-14 所示。

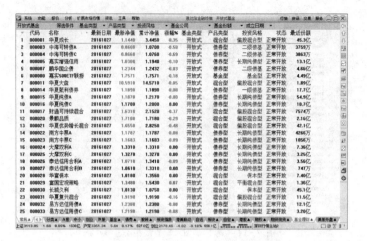

图 7-14 选择"创新封基"选项

步骤 03 执行操作后，即可查看创新封基类型的基金行情报价信息，如图 7-15 所示。

图 7-15 查看创新封基类型的基金行情报价信息

7.1.6 查看栏目排名

在"栏目排名"子菜单中，包括25种不同的股票排名信息，如图7-16所示，包括振幅排名、涨速排名、量比排名、现价排名、换手率排名、总资产排名以及活跃度排名等，用户通过这些排行榜信息，可以更加准确地对股票数据进行分析和预测。

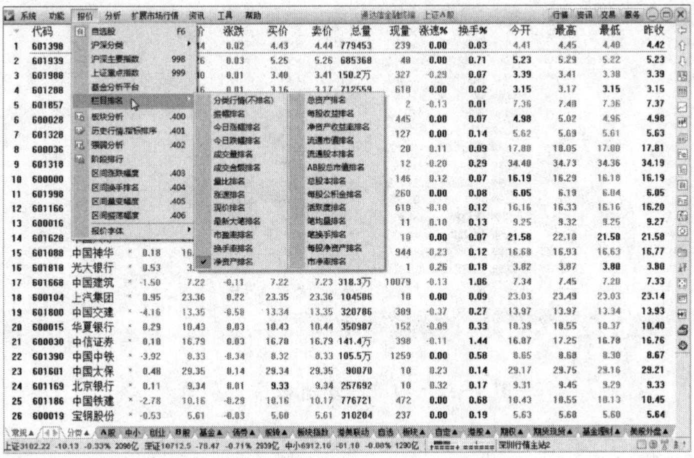

图7-16 "栏目排名"子菜单

> **专家指点**
>
> 在"栏目排名"子菜单中，若选择"分类行情（不排名）"命令，将不对行情数据进行排名操作，只查看相关的栏目分类行情数据。

7.2 分析股票区间数据

用户可以使用通达信软件对股票的区间数据进行分析，以掌握某一段时间内股票行情报价数据的变动走势，主要包括阶段排行分析、区间涨跌幅度分析以及区间换手排名分析等。

7.2.1 分析板块行情数据

在通达信软件界面中，通过"板块分析"命令可以查看板块中的报表数据，还能对板块中的涨跌数据进行排序操作，以便更好地对股票进行分析。

步骤 01 在菜单栏中，选择"报价"|"板块分析"命令，打开"所有板块"界面，其中按"均涨幅%"栏目对板块行情数据进行了排序操作，用户可以查看排序后的股票

数据，如图 7-17 所示。

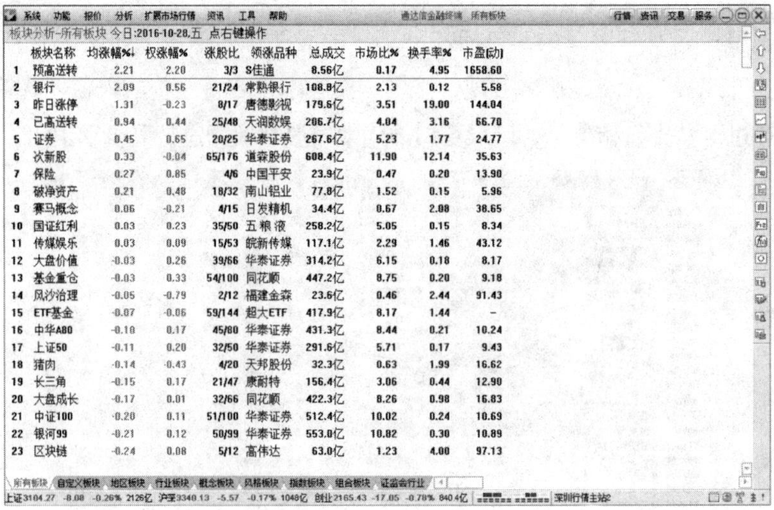

	板块名称	均涨幅%↓	权涨幅%	涨股比	领涨品种	总成交	市场比%	换手率%	市盈(动)
1	预高送转	2.21	2.20	3/3	S佳通	8.56亿	0.17	4.95	1658.60
2	银行	2.09	0.56	21/24	常熟银行	108.8亿	2.13	0.12	5.58
3	昨日涨停	1.31	-0.23	8/17	唐德影视	179.6亿	3.51	19.00	144.04
4	已高送转	0.94	0.44	25/48	天润数娱	206.7亿	4.04	3.16	66.70
5	证券	0.45	0.65	20/25	华泰证券	267.6亿	5.23	1.77	24.77
6	次新股	0.33	-0.04	65/176	道森股份	608.4亿	11.90	12.14	35.63
7	保险	0.27	0.85	4/6	中国平安	23.9亿	0.47	0.20	13.90
8	破净资产	0.21	0.48	18/32	南山铝业	77.8亿	1.52	0.15	5.96
9	赛马概念	0.06	-0.21	4/15	日发精机	34.4亿	0.67	2.08	38.65
10	国证红利	0.03	0.23	35/50	五粮液	258.2亿	5.05	0.15	8.34
11	传媒娱乐	0.03	0.09	15/53	皖新传媒	117.1亿	2.29	1.46	43.12
12	大盘价值	-0.03	0.26	39/66	华泰证券	314.2亿	6.15	0.18	8.17
13	基金重仓	-0.03	0.33	54/100	同花顺	447.2亿	8.75	0.20	9.18
14	风沙治理	-0.05	-0.79	2/12	福建金森	23.6亿	0.46	2.44	91.43
15	ETF基金	-0.07	-0.06	59/144	超大ETF	417.9亿	8.17	1.44	-
16	中华A80	-0.10	0.17	45/80	华泰证券	431.3亿	8.44	0.21	10.24
17	上证50	-0.11	0.20	32/50	华泰证券	291.6亿	5.71	0.17	9.43
18	猪肉	-0.14	-0.43	4/20	天邦股份	32.3亿	0.63	1.99	16.62
19	长三角	-0.15	0.17	21/47	康耐特	156.4亿	3.06	0.44	12.90
20	大盘成长	-0.17	0.01	32/66	同花顺	422.3亿	8.26	0.98	16.83
21	中证100	-0.20	0.11	51/100	华泰证券	512.4亿	10.02	0.24	10.69
22	银河99	-0.21	0.12	50/99	华泰证券	553.0亿	10.82	0.30	10.89
23	区块链	-0.24	0.08	5/12	高伟达	63.0亿	1.23	4.00	97.13

图 7-17　打开“所有板块”界面

专家指点

在通达信软件界面中，输入 .400 后按 Enter 键，也可以打开“所有板块”界面，对板块中的行情报价进行数据分析。

步骤 02 在界面上方的“权涨幅 %”栏目上单击，即可按“权涨幅 %”行情数据进行排序，如图 7-18 所示。

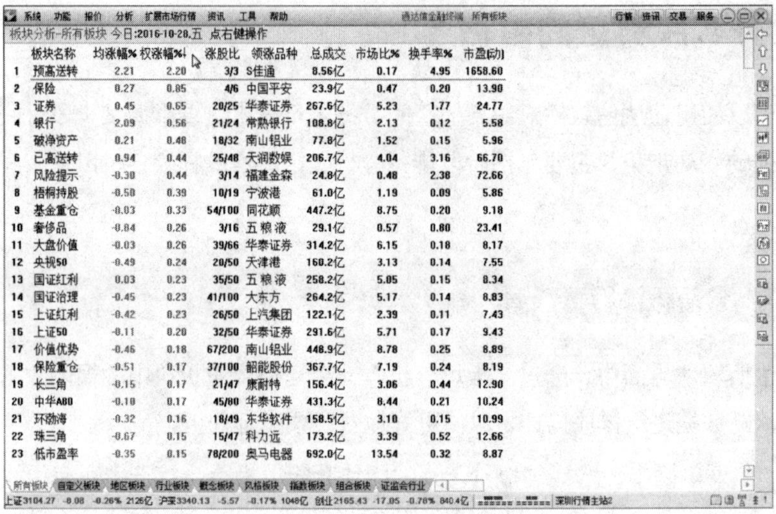

	板块名称	均涨幅%	权涨幅%↓	涨股比	领涨品种	总成交	市场比%	换手率%	市盈(动)
1	预高送转	2.21	2.20	3/3	S佳通	8.56亿	0.17	4.95	1658.60
2	保险	0.27	0.85	4/6	中国平安	23.9亿	0.47	0.20	13.90
3	证券	0.45	0.65	20/25	华泰证券	267.6亿	5.23	1.77	24.77
4	银行	2.09	0.56	21/24	常熟银行	108.8亿	2.13	0.12	5.58
5	破净资产	0.21	0.48	18/32	南山铝业	77.8亿	1.52	0.15	5.96
6	已高送转	0.94	0.44	25/48	天润数娱	206.7亿	4.04	3.16	66.70
7	风险提示	-0.30	0.44	3/14	福建金森	24.8亿	0.48	2.38	72.66
8	梧桐持股	-0.50	0.39	10/19	宁波港	61.0亿	1.19	0.09	5.86
9	基金重仓	-0.03	0.33	54/100	同花顺	447.2亿	8.75	0.20	9.18
10	奢侈品	-0.84	0.26	3/16	五粮液	29.1亿	0.57	0.80	23.41
11	大盘价值	-0.03	0.26	39/66	华泰证券	314.2亿	6.15	0.18	8.17
12	央视50	-0.49	0.24	20/50	天津港	160.2亿	3.13	0.14	7.55
13	国证红利	0.03	0.23	35/50	五粮液	258.2亿	5.05	0.15	8.34
14	国证治理	-0.45	0.23	41/100	大东方	264.2亿	5.17	0.14	8.83
15	上证红利	-0.42	0.23	26/50	上汽集团	122.1亿	2.39	0.11	7.43
16	上证50	-0.11	0.20	32/50	华泰证券	291.6亿	5.71	0.17	9.43
17	价值优势	-0.46	0.18	67/200	南山铝业	448.9亿	8.78	0.25	8.89
18	保险重仓	-0.51	0.17	37/100	韶能股份	367.7亿	7.19	0.24	8.19
19	长三角	-0.15	0.17	21/47	康耐特	156.4亿	3.06	0.44	12.90
20	中华A80	-0.10	0.17	45/80	华泰证券	431.3亿	8.44	0.21	10.24
21	环渤海	-0.32	0.16	18/49	东华软件	158.5亿	3.10	0.15	10.99
22	珠三角	-0.67	0.15	15/47	科力远	173.2亿	3.39	0.52	12.66
23	低市盈率	-0.35	0.15	78/200	奥马电器	692.0亿	13.54	0.32	8.87

图 7-18　按“权涨幅 %”行情数据进行排序

7.2.2 分析历史行情数据

在通达信软件界面中，用户通过"历史行情.指标排序"命令，可以查看股票在过去一段时间内的行情数据，有助于投资者对股票数据进行精准推断。

在菜单栏中，选择"报价"|"历史行情.指标排序"命令，即可打开"历史行情.指标排序"界面，在其中可以查看"中小企业板"在过去一段时间内的股票历史行情数据，如图7-19所示。

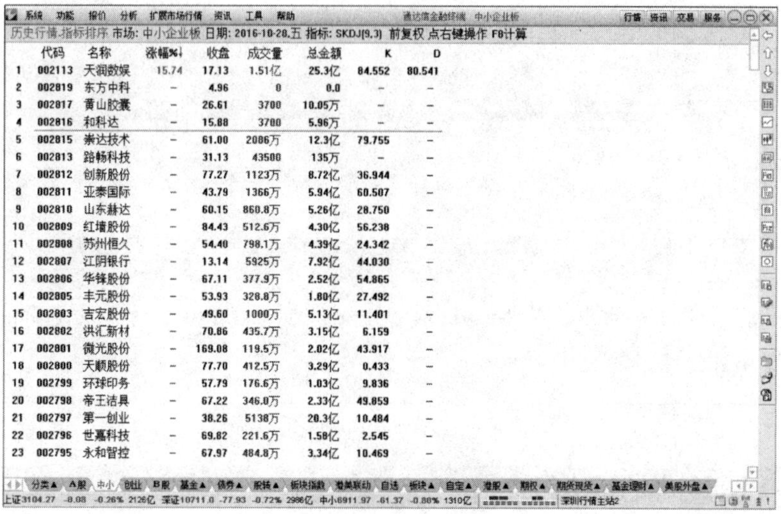

图 7-19 查看股票历史行情数据

> **专家指点**
>
> 在通达信软件界面中，输入 .401 后按 Enter 键，也可以在打开的界面中查看股票的历史行情数据信息。

7.2.3 对数据的强弱分析

在通达信软件界面中，通过"强弱分析"命令可以统计在不同的时间段内股票数据的强弱程度，对股票的涨跌幅度进行统计和分析。

在菜单栏中，选择"报价"|"强弱分析"命令，如图7-20所示，即可查看"沪深A股"界面中数据的强弱分析情况，以便更好地掌握哪只股票收益最好。

图 7-20 选择"强弱分析"命令

> **专家指点**
>
> 在通达信软件界面中，输入 .402 后按 Enter 键，也可以在打开的界面中查看股票的强弱分析数据。

▶ 7.2.4 对数据的阶段分析

在通达信软件界面中，用户可以查找某一段时间内股票的涨跌幅度、换手率排名、量变幅度以及振荡幅度等数据，还可以手动设置需要查看的起始和终止日期。下面介绍对股票数据进行阶段分析的操作方法。

步骤 01 在菜单栏中，选择"报价"|"阶段排行"命令，如图 7-21 所示。

步骤 02 弹出"阶段排行"对话框，在其中设置起始日期与终止日期；在"排行类型"选项组中选中涨跌幅度"单选按钮；在"排行范围"选项组中选中"板块"单选按钮，在下拉列表框中选择"广东板块"选项。各选项设置完成后，单击"确定"按钮，如图 7-22 所示。

步骤 03 执行操作后，即可对广东板块的区间数据以涨跌幅度进行排序分析，如图 7-23 所示。

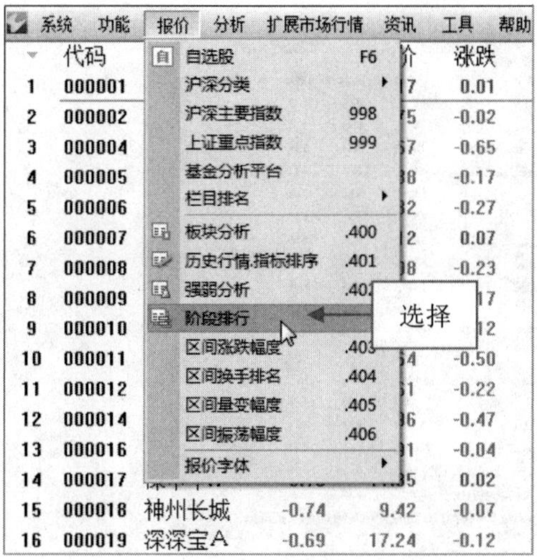

图 7-21 选择"阶段排行"命令 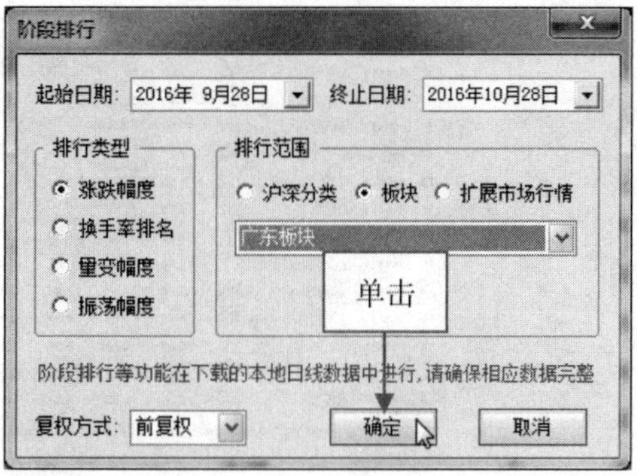　　　图 7-22 单击"确定"按钮

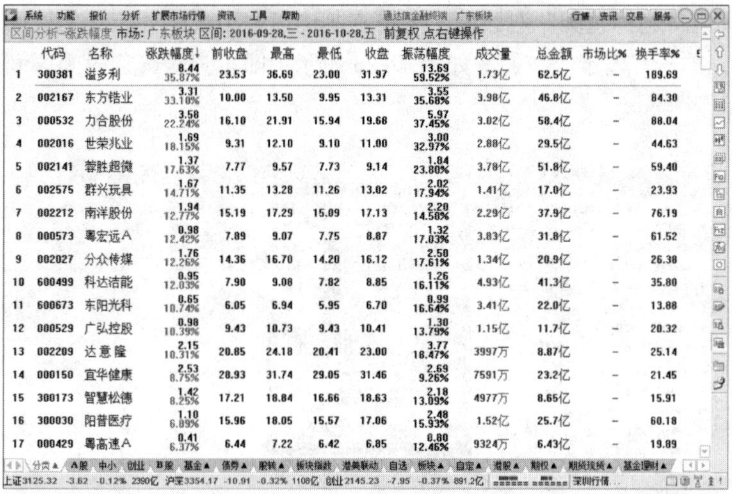

图 7-23 以涨跌幅度进行排序分析

▶ 7.2.5 分析区间涨跌幅度

在通达信软件界面中,通过"区间涨跌幅度"命令可以查看相应区间内的股票涨跌幅度排名情况。

步骤 01 在菜单栏中,选择"报价"|"区间涨跌幅度"命令,即可打开"区间分析－涨跌幅度"界面,在其中可以查看区间涨跌幅度的行情数据。在界面中的任意位置单击鼠标右键,在弹出的快捷菜单中选择"选择区间"命令,如图 7-24 所示。

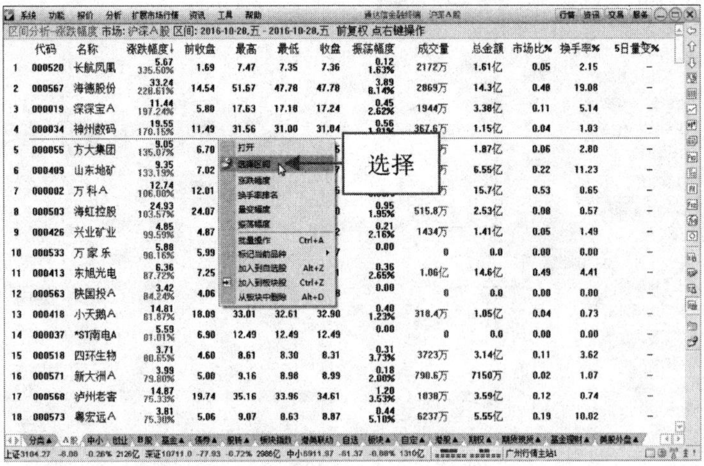

图 7-24 选择 "选择区间" 命令

步骤 02 弹出 "选择区间" 对话框，用户在其中可以更改需要查看的区间起止时间。设置完成后，单击 "确定" 按钮，如图 7-25 所示，即可查看选定时间区间内股票的涨跌幅度变化。

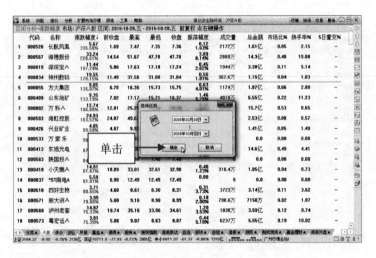

图 7-25 单击 "确定" 按钮

7.2.6 分析区间换手排名

在通达信软件界面中，选择 "报价" | "区间换手排名" 命令，即可打开 "区间分析-换手率排名" 界面，在其中可以查看某个区间内的换手率排名情况，如图7-26所示。

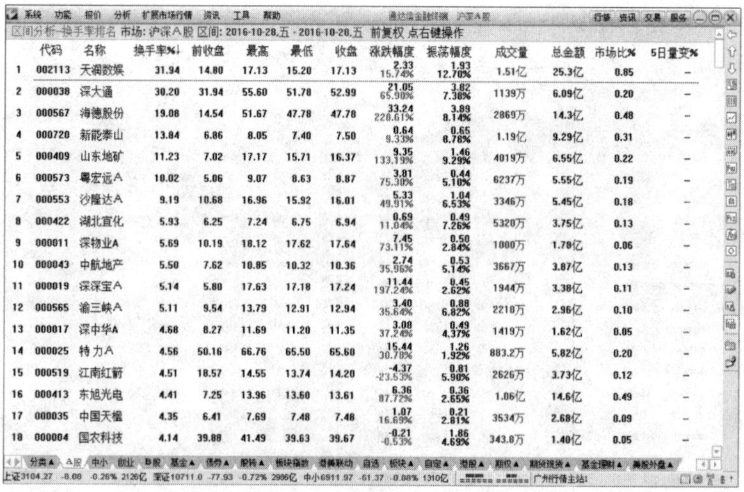

区间分析-换手率排名 市场: 沪深A股 区间: 2016-10-28,五 - 2016-10-28,五 前复权 点右键操作

	代码	名称	换手率%↓	前收盘	最高	最低	收盘	涨跌幅度	振荡幅度	成交量	总金额	市场比%	5日量变%
1	002113	天润数娱	31.94	14.80	17.13	15.20	17.13	2.33 15.74%	1.93 12.70%	1.51亿	25.3亿	0.85	–
2	000038	深大通	30.20	31.94	55.60	51.78	52.99	21.05 65.90%	3.82 7.38%	1139万	6.09亿	0.20	–
3	000567	海德股份	19.08	14.54	51.67	47.78	47.78	33.24 228.61%	3.89 8.14%	2869万	14.3亿	0.48	–
4	000720	新能泰山	13.84	6.86	8.05	7.40	7.50	0.64 9.33%	0.65 8.78%	1.19亿	9.29亿	0.31	–
5	000409	山东地矿	11.23	7.02	17.17	15.71	16.37	9.35 133.19%	1.46 9.29%	4019万	6.55亿	0.22	–
6	000573	粤宏远A	10.02	5.06	9.07	8.63	8.87	3.81 75.30%	0.44 5.10%	6237万	5.55亿	0.19	–
7	000553	沙隆达A	9.19	10.68	16.96	15.92	16.01	5.33 49.91%	1.04 6.53%	3346万	5.45亿	0.18	–
8	000422	湖北宜化	5.93	6.25	7.24	6.75	6.94	0.69 11.04%	0.49 7.26%	5320万	3.75亿	0.13	–
9	000011	深物业A	5.69	10.19	18.12	17.62	17.64	7.45 73.11%	0.50 2.84%	1000万	1.78亿	0.06	–
10	000043	中航地产	5.50	7.62	10.85	10.32	10.36	2.74 35.96%	0.53 5.14%	3667万	3.87亿	0.13	–
11	000019	深深宝A	5.14	5.80	17.63	17.18	17.24	11.44 197.24%	0.45 2.62%	1944万	3.38亿	0.11	–
12	000565	渝三峡A	5.11	9.54	13.79	12.91	12.94	3.40 35.64%	0.88 6.82%	2218万	2.96亿	0.10	–
13	000017	深中华A	4.68	8.27	11.69	11.20	11.35	3.08 37.24%	0.49 4.37%	1419万	1.62亿	0.05	–
14	000025	特力A	4.56	50.16	66.76	65.50	65.60	15.44 30.78%	1.26 1.92%	883.2万	5.82亿	0.20	–
15	000519	江南红箭	4.51	18.57	14.55	13.74	14.20	-4.37 -23.53%	0.81 5.90%	2626万	3.73亿	0.12	–
16	000413	东旭光电	4.41	7.25	13.96	13.60	13.61	6.36 87.72%	0.36 2.65%	1.06亿	14.6亿	0.49	–
17	000035	中国天楹	4.35	6.41	7.69	7.48	7.48	1.07 16.69%	0.21 2.81%	3534万	2.68亿	0.09	–
18	000004	国农科技	4.14	39.88	41.49	39.63	39.67	-0.21 -0.53%	1.86 4.69%	343.8万	1.40亿	0.05	–

图 7-26 查看某个区间内的换手率排名情况

7.2.7 分析区间量变幅度

在通达信软件界面中，选择“报价” | “区间量变幅度”命令，即可打开“区间分析-量变幅度”界面，在其中可以查看某个区间内股票量比变化情况，如图7-27所示。

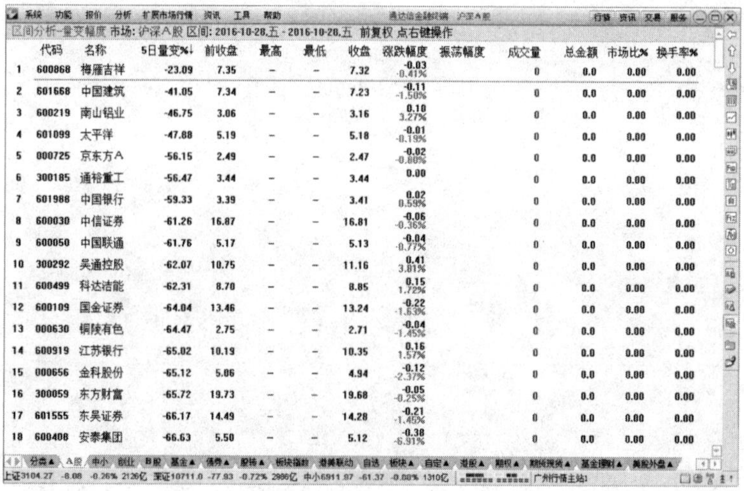

区间分析-量变幅度 市场: 沪深A股 区间: 2016-10-28,五 - 2016-10-28,五 前复权 点右键操作

	代码	名称	5日量变%↓	前收盘	最高	最低	收盘	涨跌幅度	振荡幅度	成交量	总金额	市场比%	换手率%
1	600868	梅雁吉祥	-23.09	7.35	–	–	7.32	-0.03 -0.41%		0	0.0	0.00	0.00
2	601668	中国建筑	-41.05	7.34	–	–	7.23	-0.11 -1.50%		0	0.0	0.00	0.00
3	600219	南山铝业	-46.75	3.06	–	–	3.16	0.10 3.27%		0	0.0	0.00	0.00
4	601099	太平洋	-47.88	5.19	–	–	5.18	-0.01 -0.19%		0	0.0	0.00	0.00
5	000725	京东方A	-56.15	2.49	–	–	2.47	-0.02 -0.80%		0	0.0	0.00	0.00
6	300185	通裕重工	-56.47	3.44	–	–	3.44	0.00		0	0.0	0.00	0.00
7	601988	中国银行	-59.33	3.39	–	–	3.41	0.02 0.59%		0	0.0	0.00	0.00
8	600030	中信证券	-61.26	16.87	–	–	16.81	-0.06 -0.36%		0	0.0	0.00	0.00
9	600050	中国联通	-61.76	5.17	–	–	5.13	-0.04 -0.77%		0	0.0	0.00	0.00
10	300292	吴通控股	-62.07	10.75	–	–	11.16	0.41 3.81%		0	0.0	0.00	0.00
11	600499	科达洁能	-62.31	8.70	–	–	8.85	0.15 1.72%		0	0.0	0.00	0.00
12	600109	国金证券	-64.04	13.46	–	–	13.24	-0.22 -1.63%		0	0.0	0.00	0.00
13	000630	铜陵有色	-64.47	2.75	–	–	2.71	-0.04 -1.45%		0	0.0	0.00	0.00
14	600919	江苏银行	-65.02	10.19	–	–	10.35	0.16 1.57%		0	0.0	0.00	0.00
15	000656	金科股份	-65.12	5.06	–	–	4.94	-0.12 -2.37%		0	0.0	0.00	0.00
16	300059	东方财富	-65.72	19.73	–	–	19.68	-0.05 -0.25%		0	0.0	0.00	0.00
17	601555	东吴证券	-66.17	14.49	–	–	14.28	-0.21 -1.45%		0	0.0	0.00	0.00
18	600408	安泰集团	-66.63	5.50	–	–	5.12	-0.38 -6.91%		0	0.0	0.00	0.00

图 7-27 查看某个区间内股票量比变化情况

7.2.8 分析区间振荡幅度

在通达信软件界面中，选择“报价” | “区间振荡幅度”命令，即可打开“区间分

析-振荡幅度"界面，在其中可以查看某个区间内股票振荡幅度的排名情况，如图7-28所示。

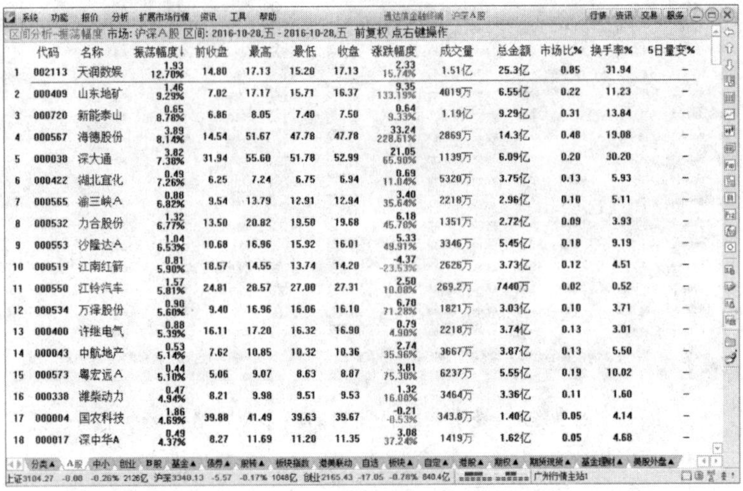

图 7-28 查看某个区间内股票振荡幅度的排名情况

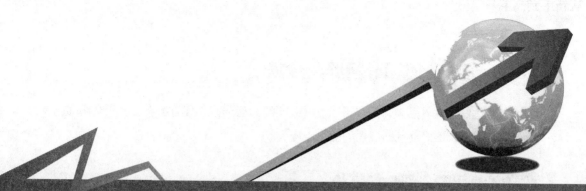

第8章 分析菜单——判断分析股票走势

学前提示

在通达信软件界面的"分析"菜单中,用户可以对股票数据进行实时分析操作,常用的命令包括大盘走势、分时走势图、分时成交明细以及闪电走势图等,用户还可以同时对多股进行对比分析操作。对于初入股市的用户,还可以使用沙盘推演和训练模式功能对炒股进行模拟炒股操作,提升用户的炒股技术。

要点展示

▶ 通过分时图分析股票数据
▶ 通过多股分析股票趋势
▶ 应用沙盘推演与训练模式

8.1 通过分时图分析股票数据

在通达信软件界面中，用户可以查看股票的大盘走势、分时走势图、成交明细以及分价表等数据，更好地判断股票的变化走势。

8.1.1 查看股票的大盘走势

用户可以查看上证50走势、上证180走势、深证100走势等大盘走势图。

步骤 01 在菜单栏中，选择"分析"|"大盘走势"|"上证 50 走势"命令，如图 8-1 所示。

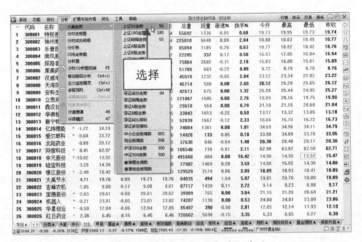

图 8-1 选择"上证 50 走势"命令

步骤 02 打开"上证 50"界面，查看上证 50 当日的大盘走势，如图 8-2 所示。

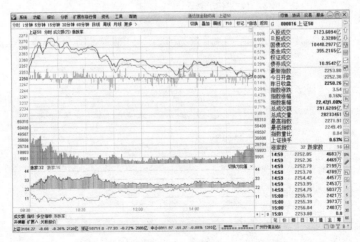

图 8-2 查看上证 50 当日的大盘走势

8.1.2 查看股票分时走势图

分时走势图中显示的是股票实时走势数据，可以让用户及时了解股票的动态。下面介绍查看股票分时走势图的操作方法。

步骤 01 在菜单栏中，选择"分析"|"分时走势图"命令，如图 8-3 所示。

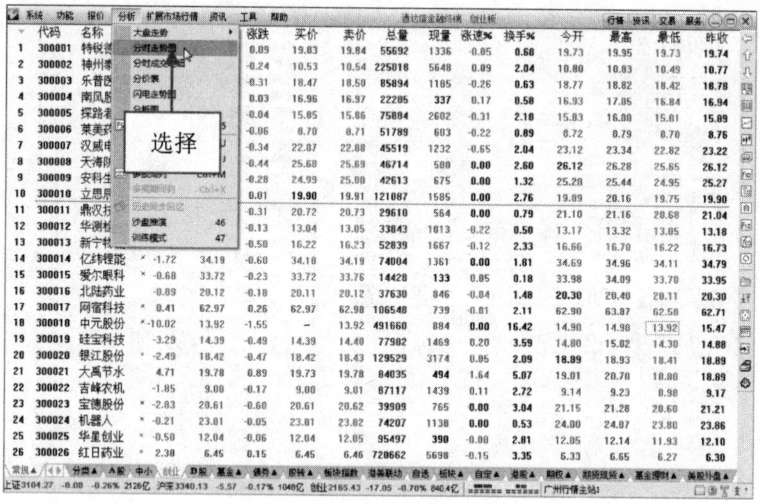

图 8-3 选择"分时走势图"命令

步骤 02 执行操作后，即可打开相应股票的分时走势图，左侧显示的是股票曲线走势，右侧显示的是股票现价、涨跌、涨幅等数据，如图 8-4 所示。

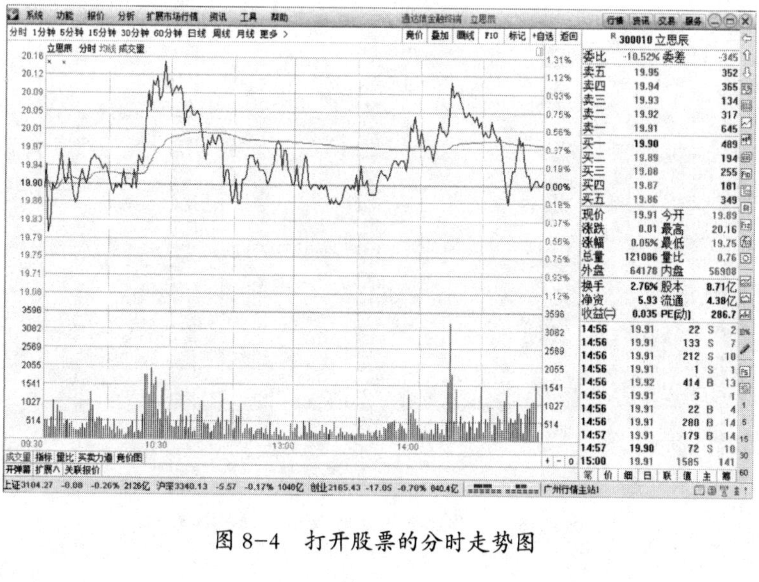

图 8-4 打开股票的分时走势图

8.1.3 查看股票分时成交明细

在通达信软件界面的分时成交明细中，显示的是股票当日按时间顺序进行的每笔交易数据。下面介绍查看分时成交明细数据的操作方法。

步骤 01 在菜单栏中，选择"分析"|"分时成交明细"命令，如图 8-5 所示。

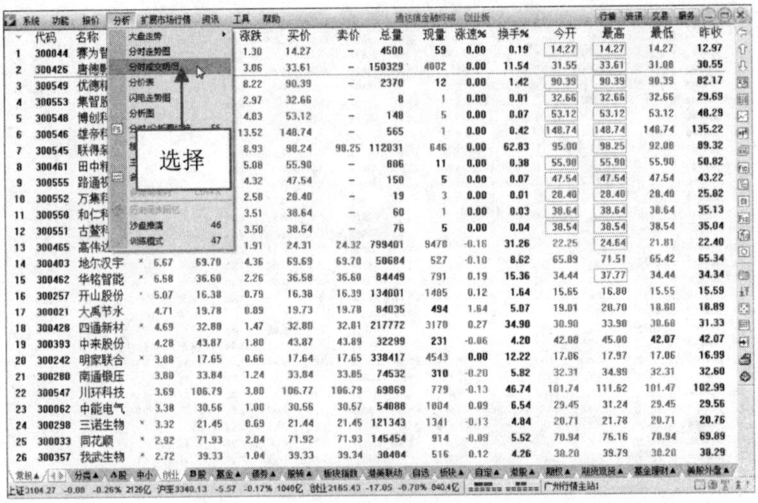

图 8-5 选择"分时成交明细"命令

步骤 02 执行操作后，即可打开股票的分时成交明细数据表，其中显示了股票成交的时间、价格以及成交手数等信息，如图 8-6 所示。

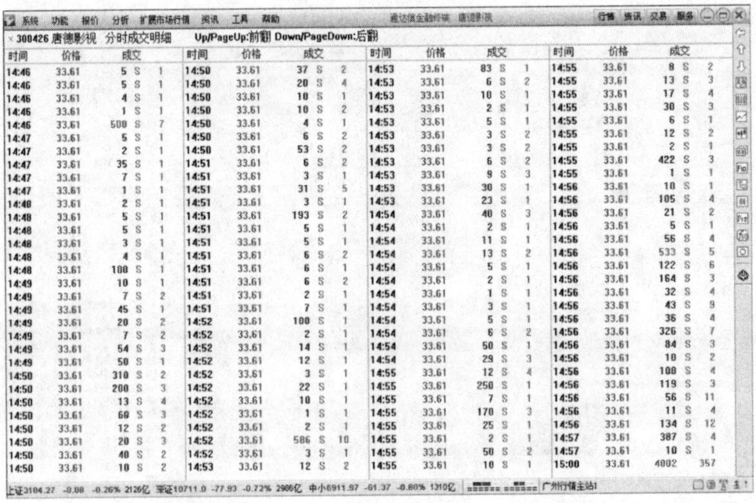

图 8-6 打开股票的分时成交明细数据表

8.1.4 查看股票的实时分价表

在通达信软件的分价表界面中，用户可以查看股票当日的成交价格、成交量以及竞买率等信息。下面介绍查看实时分价表数据的操作方法。

步骤 01 在菜单栏中，选择"分析"|"分价表"命令，如图8-7所示。

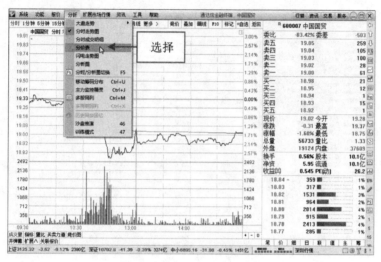

图8-7 选择"分价表"命令

步骤 02 执行操作后，即可打开"分价表"界面，在其中可以查看股票的分价明细信息，如图8-8所示。

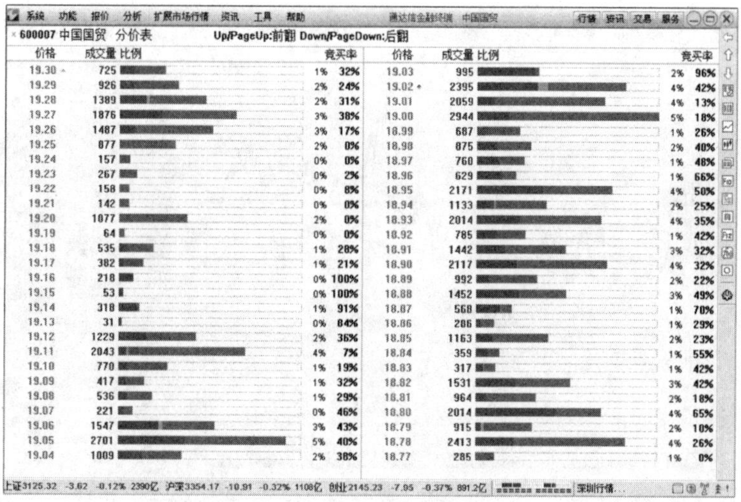

图8-8 打开"分价表"界面

8.1.5 查看股票闪电走势图

在通达信软件界面中,用户通过"闪电走势图"命令可以查看股票每一次高低位置的股价数据,便于用户更清楚地掌握股票数据。

步骤 01 在菜单栏中,选择"分析"|"闪电走势图"命令,如图8-9所示。

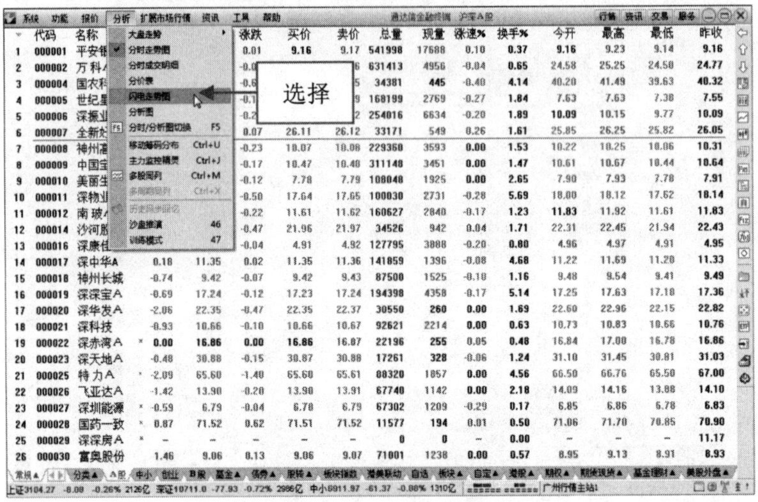

图8-9 选择"闪电走势图"命令

步骤 02 执行操作后,即可打开"闪电图"界面,查看股票的闪电走势,了解庄家的意图,如图8-10所示。

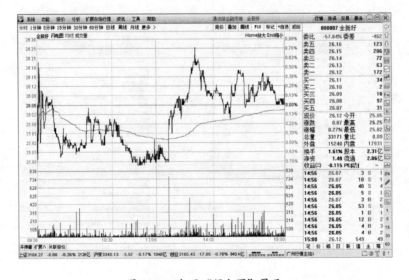

图8-10 打开"闪电图"界面

8.1.6 查看股票分析图

在通达信软件界面中，用户选择"分析"|"分析图"命令，如图8-11所示，即可打开股票的实时分析图，对股票进行走势分析。

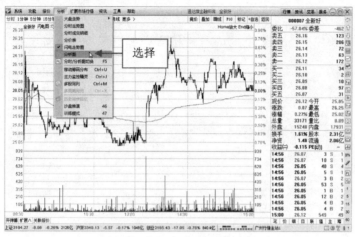

图 8-11 选择"分析图"命令

8.1.7 切换股票分时/分析图

在通达信软件界面中，用户选择"分析"|"分时/分析图切换"命令，如图8-12所示，即可在分时图与分析图之间进行快速切换，方便用户对股票数据进行走势对比。

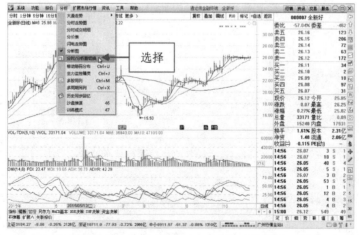

图 8-12 选择"分时/分析图切换"命令

> **专家指点**
>
> 在通达信软件界面中，按F5键，也可以快速在分时图与分析图之间进行快速切换。

8.1.8 显示股票移动筹码分布

在通达信软件界面中，筹码分布能有效地反映在不同价位上投资者的持仓数量，根据界面中鼠标指针位置的不同，筹码分布显示的数据也不相同。下面介绍显示股票移动筹码分布的操作方法。

步骤 01 在菜单栏中，选择"分析"|"移动筹码分布"命令，如图 8-13 所示。

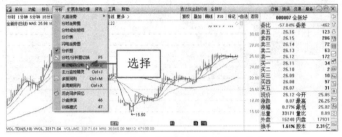

图 8-13 选择"移动筹码分布"命令

步骤 02 执行操作后，即可在界面的右端显示股票的移动筹码分布数据，包括不同周期的数据比率，如图 8-14 所示。

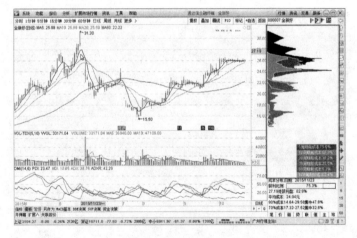

图 8-14 显示股票的移动筹码分布数据

8.1.9 显示主力监控精灵数据

在通达信软件界面中，主力监控精灵除了以小窗口的形式展现外，还可以在界面的右下角位置显示股票的动态数据。

步骤 01 在菜单栏中，选择"分析"|"主力监控精灵"命令，如图 8-15 所示。

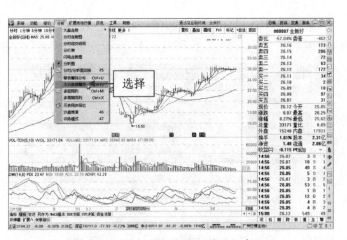

图 8-15 选择"主力监控精灵"命令

步骤 02 执行操作后,即可在界面的右下角显示主力监控精灵所监控的主力买入与卖出实时数据,如图 8-16 所示。

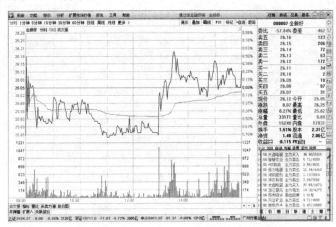

图 8-16 显示主力买入与卖出实时数据

8.2 通过多股分析股票趋势

在通达信软件界面中,用户可以通过多股分析功能在界面中同时显示多只感兴趣的股票,进行实时分析,以有效地判断股票的行情性质和行情趋势。本节主要介绍通过多股分析股票趋势的操作方法。

▶ 8.2.1 通过四股同列分析股票

在通达信软件界面中,用户可以在界面中同时显示4只股票的实时数据,方便用户对股票数据进行趋势的分析。

步骤 01 按 Ctrl + D 组合键,打开"系统设置"对话框,在"设置1"选项卡中设置"多股同列数"为"4图(2行×2列)",如图 8-17 所示,单击"确定"按钮。

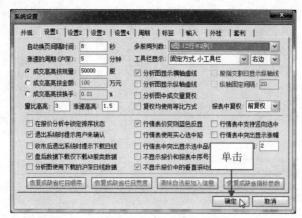

图 8-17 设置多股同列数

步骤 02 在菜单栏中,选择"分析"|"多股同列"命令,如图 8-18 所示。

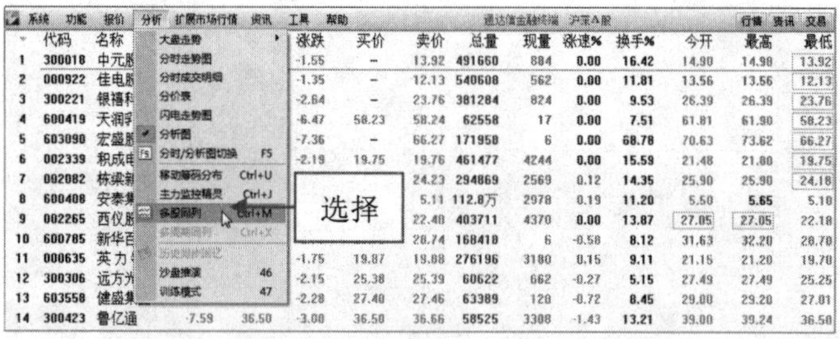

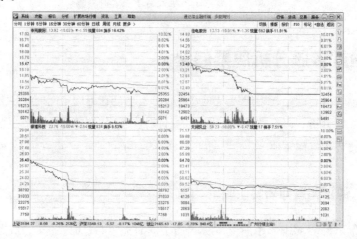

图 8-18 选择"多股同列"命令

步骤 03 执行操作后,即可在"多股同列"界面中显示 4 图的实时股票信息,如图 8-19 所示。

图 8-19 显示 4 图的实时股票信息

8.2.2 通过多周期同列分析股票

在通达信软件界面中，用户可以同时显示某只股票多个时间周期内的股票变化趋势。下面介绍通过多周期同列分析股票走势的操作方法。

步骤 01 进入相应个股 K 线界面，在菜单栏中选择"分析"|"多周期同列"命令，如图 8-20 所示。

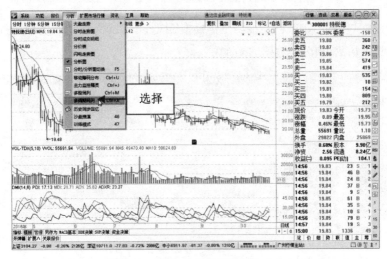

图 8-20 选择"多周期同列"命令

步骤 02 执行操作后，进入相应界面，其中显示了股票在多个时间周期内的变化趋势，如图 8-21 所示，能更加方便用户对股票数据进行分析。

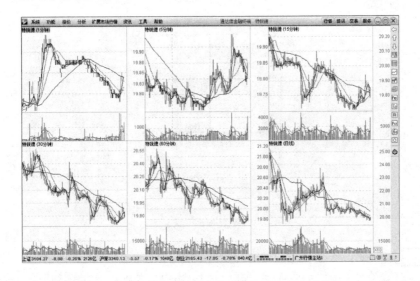

图 8-21 显示多个时间周期内股票的变化趋势

8.3 应用沙盘推演与训练模式

在通达信软件界面中,用户可以使用沙盘推演与训练模式功能,对股票数据进行推演、预测和模拟练习操作,帮助用户更快地掌握炒股的技巧。

8.3.1 使用沙盘推演股票数据

在通达信软件界面中,沙盘推演是指模拟K线,可以预判接下来各种走势的概率。下面介绍使用沙盘推演股票数据的操作方法。

步骤 01 进入个股K线界面,选择"分析"|"沙盘推演"命令,如图8-22所示。

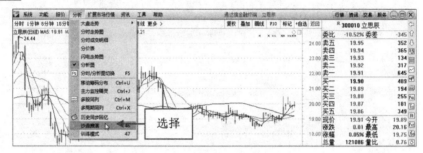

图8-22 选择"沙盘推演"命令

步骤 02 弹出"沙盘推演"对话框,单击"开始播放"按钮,如图8-23所示。

图8-23 单击"开始播放"按钮

步骤 03 执行操作后,开始对股票进行沙盘推演操作,动态显示股票的收盘价、成交量、成交额、开盘价等信息,如图8-24所示。如果用户需要结束沙盘推演操作,在对话框中单击"停止播放"按钮,即可停止沙盘推演操作。

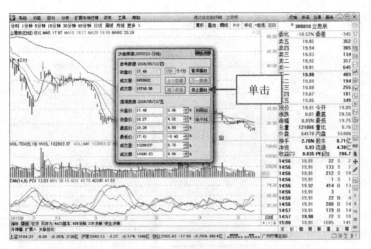

图 8-24 进行沙盘推演操作

> **专家指点**
>
> 在通达信软件界面中,输入 46 后按 Enter 键,也可以打开"沙盘推演"对话框,在其中进行股票的沙盘推演操作。

▶ 8.3.2 使用训练模式模拟炒股

在通达信软件界面中,使用"训练模式"功能可以对股票进行模拟买入、卖出操作,用于训练和提升自己的炒股技术。下面介绍使用训练模式模拟炒股的操作方法。

步骤 01 进入个股K线界面,选择"分析"|"训练模式"命令,弹出"训练模式"对话框,在上方设置初始资金、手续费等参数,单击"买入"按钮,如图 8-25 所示。

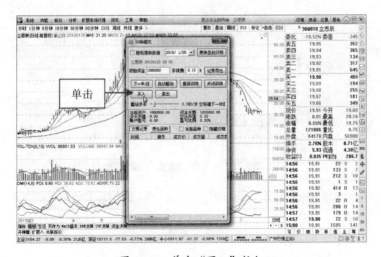

图 8-25 单击"买入"按钮

步骤 02 弹出"买入"对话框,在其中设置"买入数量"为 100,单击"买入"按钮,如图 8-26 所示。

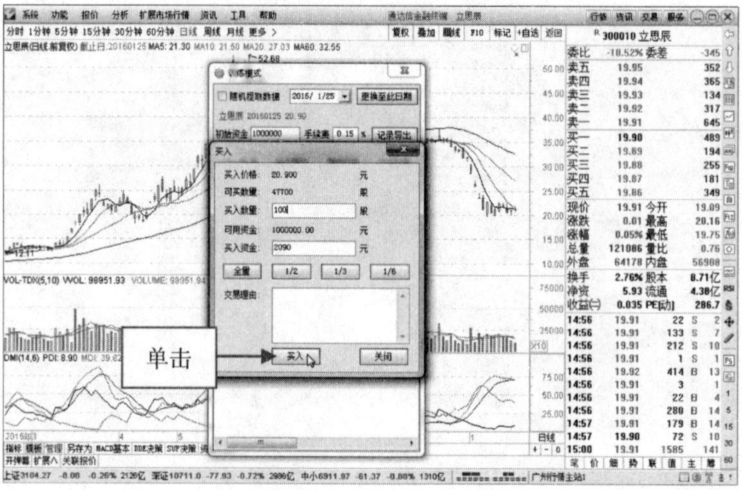

图 8-26 单击"买入"按钮

步骤 03 即可对股票进行买入操作,在"训练模式"对话框的下方显示了买入的时间、成交价以及成交量等信息,单击"播放"按钮,数据随时间滚动。当股票上涨时,单击"停止"按钮,然后单击"卖出"按钮,如图 8-27 所示。

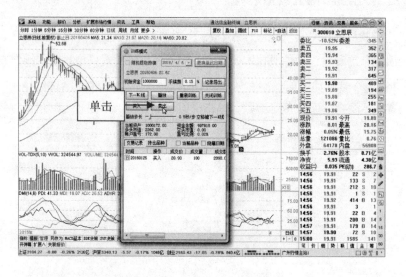

图 8-27 单击"卖出"按钮

步骤 04 弹出"卖出"对话框,在其中设置"卖出数量"为 100,单击"卖出"按钮,如图 8-28 所示。

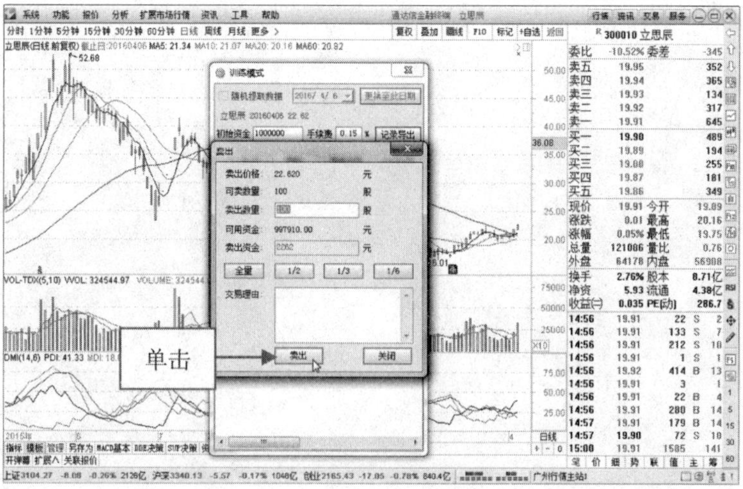

图 8-28　单击"卖出"按钮

> **专家指点**
>
> 在通达信软件界面中，输入 47 后按 Enter 键，也可以打开"训练模式"对话框，在其中进行股票的模拟炒股操作。

步骤 05 返回"训练模式"对话框，下方显示了用户卖出的时间、成交价和成交量等信息，在上方显示了当前的资产信息，如图 8-29 所示。至此，完成模拟炒股的操作。

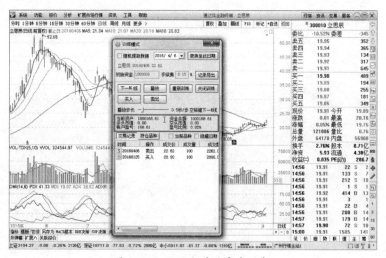

图 8-29　显示当前的资产信息

第9章 扩展菜单——掌握全国股票行情

学前提示　在通达信软件界面的"扩展市场行情"菜单下,通过"连接扩展市场行情"命令,可以连接全国不同地区的股票行情资讯,及时了解股票数据的动态。通过"香港指数""香港主板"以及"香港创业板"等命令,可以查看香港地区的股票资讯。

要点展示
- ▶ 连接与断开市场行情
- ▶ 掌握香港股票市场行情
- ▶ 掌握股票期权市场行情

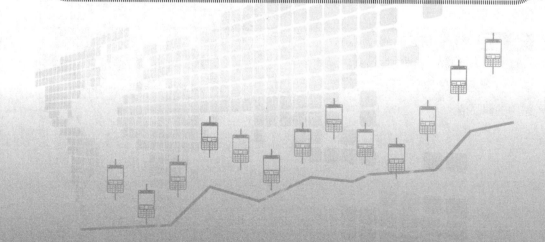

9.1 连接与断开市场行情

在"扩展市场行情"菜单下,包括国内国外多种市场行情板块,如上海商品、期货品种以及美国股票等,如果用户对这些商品的市场行情感兴趣,可以对其进行连接操作,在不需要的时候也可以进行断开。本节主要介绍连接与断开市场行情的方法。

9.1.1 连接扩展市场行情

在通达信软件界面中,用户通过"连接扩展市场行情"子菜单中的相关命令,可以对市场行情中的股票数据进行连接操作,以便实时浏览股票数据。

步骤 01 在菜单栏中,选择"扩展市场行情"|"连接扩展市场行情"|"上海商品"命令,如图 9-1 所示。

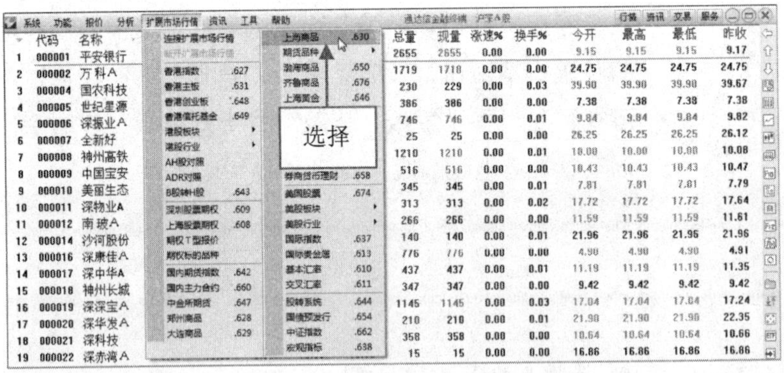

图 9-1 选择"上海商品"命令

步骤 02 弹出"扩展市场行情"对话框,其中显示加载行情信息,如图 9-2 所示。

步骤 03 待行情信息加载完成后,即可打开"上海商品"市场行情界面,如图 9-3 所示,在其中可以查看行情主站中的商品信息。

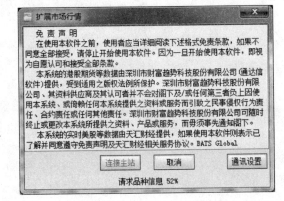

图 9-2 显示加载行情信息

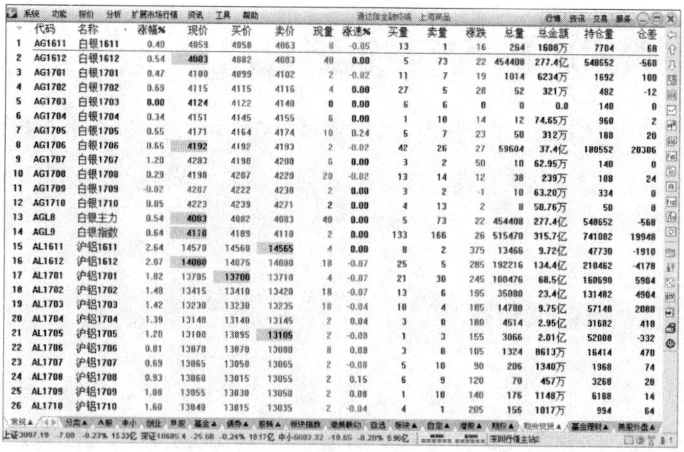

图9-3 打开"上海商品"市场行情界面

> **专家指点**
>
> 如果用户没有购买扩展市场实时行情功能,则股票的数据更新将延后15分钟。

9.1.2 断开扩展市场行情

如果用户不再需要查看某个商品的市场行情信息,此时可以进行断开操作。断开扩展市场行情的方法很简单,用户只需在菜单栏中,选择"扩展市场行情"|"断开扩展市场行情"命令,如图9-4所示,即可对市场行情信息进行断开操作。

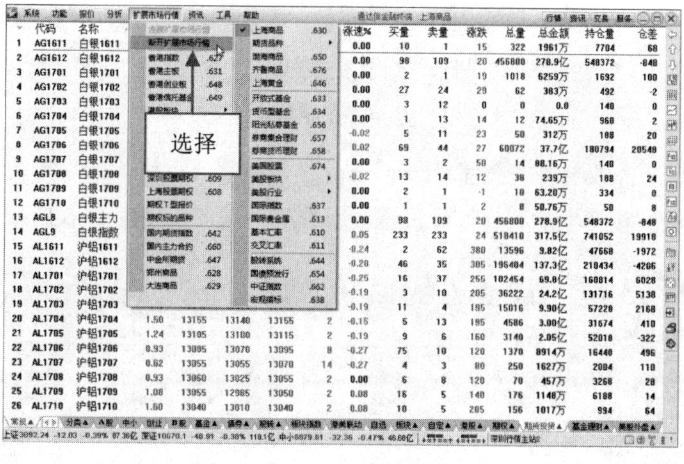

图9-4 选择"断开扩展市场行情"命令

9.2 掌握香港股票市场行情

香港证券市场比较国际化，香港股票增发或发行是不需要证监会审批的，股价上涨过高时，大股东随时可以增发新股。本节主要介绍查看香港股票市场行情报价信息的操作方法。

9.2.1 掌握香港股票指数

在通达信软件界面中，用户通过"香港指数"命令可以查看香港股票的行情指数信息，还可以对股票进行平均值、合计、最大值、最小值以及方差的计算，得出用户需要的数据结果。

步骤 01 在菜单栏中，选择"扩展市场行情"|"香港指数"命令，如图9-5所示。

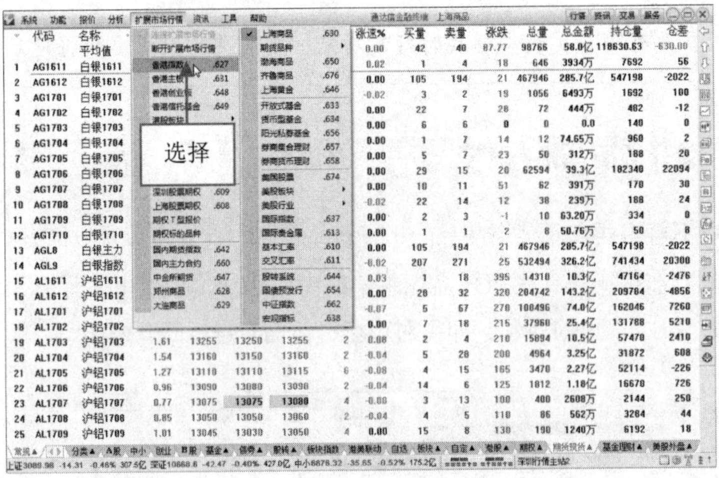

图9-5 选择"香港指数"命令

步骤 02 打开"香港指数"界面，在其中可以查看香港股票行情信息。单击界面左上角的下三角按钮，在弹出的列表框中选择"平均值"选项，如图9-6所示。

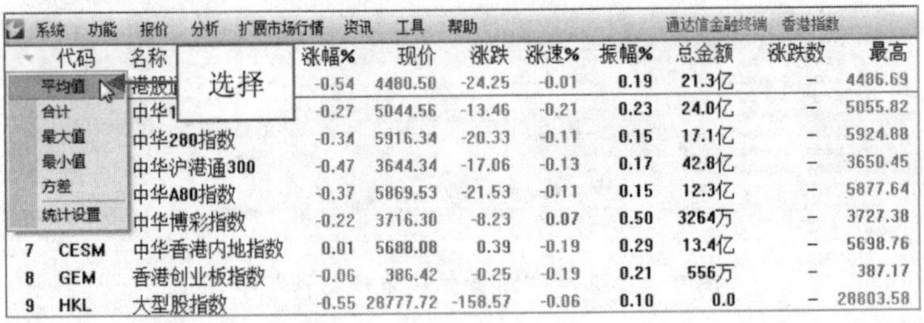

图9-6 选择"平均值"选项

扩展菜单——掌握全国股票行情 **第 9 章**

步骤 03 执行操作后，即可在界面上方统计出香港股票的"平均值"参数，如图9-7所示。

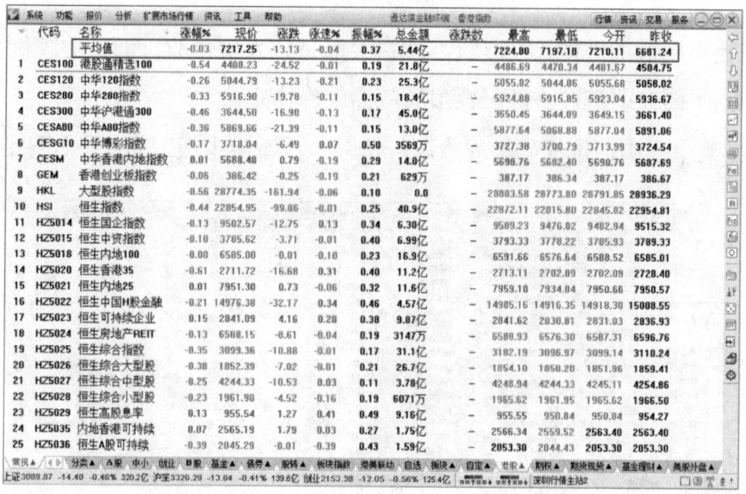

图 9-7 统计出香港股票的"平均值"参数

步骤 04 用同样的方法，在左上角的列表框中依次选择"合计""最大值""最小值"以及"方差"选项，统计出香港股票的参数信息，如图9-8所示。用户根据这些信息可以对股票进行分析和预测。

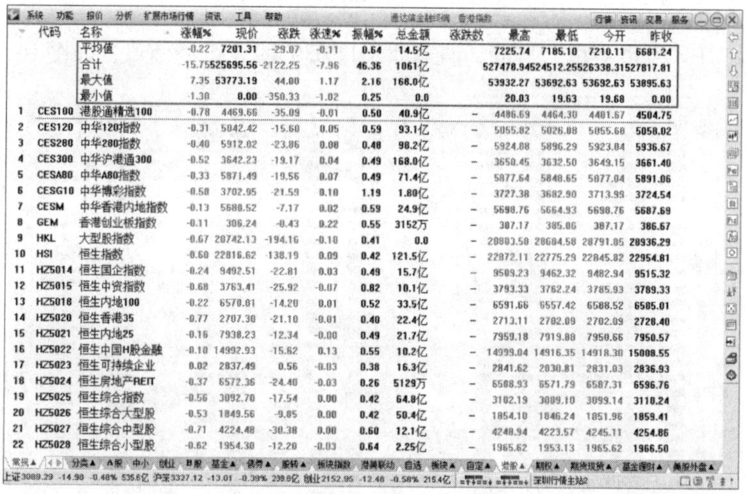

图 9-8 统计出香港股票的参数信息

专家指点

在通达信软件界面中，输入 .627 后按 Enter 键，也可以打开"香港指数"界面，查看香港市场行情指数。

9.2.2 掌握香港主板市场

香港主板市场像内地的A股市场，其中大都是较大型企业，而且业绩优良，投资风险相对较小。下面介绍掌握香港主板市场数据的操作方法。

步骤 01 在菜单栏中，选择"扩展市场行情"|"香港主板"命令，如图9-9所示。

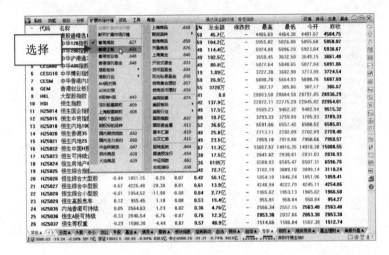

图9-9 选择"香港主板"命令

步骤 02 打开"香港主板"界面，查看香港主板的股票行情信息，如图9-10所示。

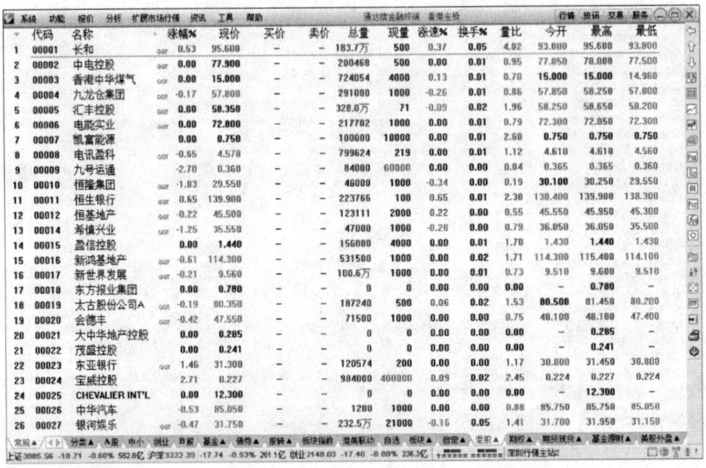

图9-10 查看香港主板的股票行情信息

> **专家指点**
>
> 在通达信软件界面中，输入.631后按Enter键，也可以查看香港主板行情信息。

9.2.3 掌握香港创业板市场

香港创业板市场是主板市场以外的一个完全独立的新股票市场，与主板市场具有同等的地位。下面介绍掌握香港创业板市场行情数据的操作方法。

步骤 01 在菜单栏中，选择"扩展市场行情"|"香港创业板"命令，如图 9-11 所示。

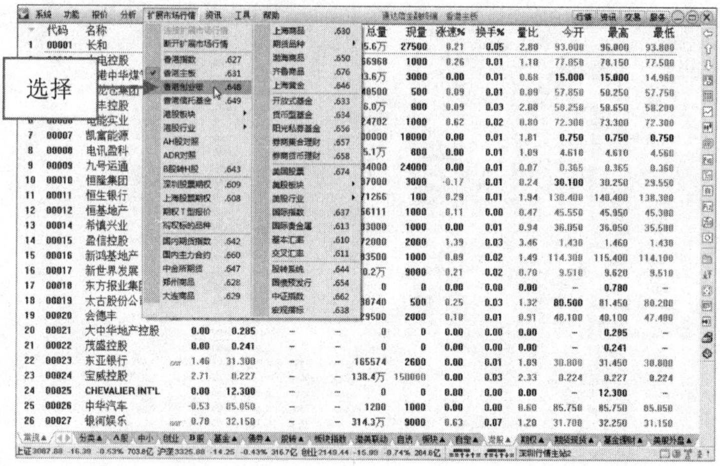

图 9-11 选择"香港创业板"命令

步骤 02 打开"香港创业板"界面，查看香港创业板股票行情信息，如图 9-12 所示。

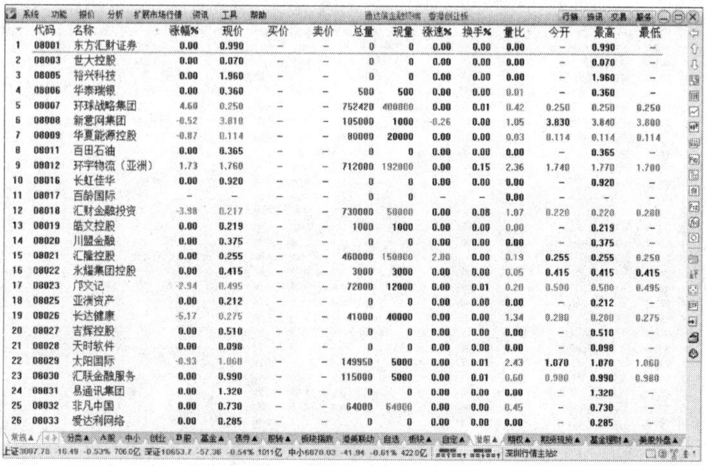

图 9-12 查看香港创业板股票行情信息

> **专家指点**
>
> 在通达信软件界面中，输入 .648 后按 Enter 键，也可以查看香港创业板行情信息。

9.2.4 掌握香港信托基金

信托基金也叫投资基金，是一种"利益共享、风险共担"的集合投资方式，下面介绍掌握香港信托基金市场行情的操作方法。

步骤 01 在菜单栏中，选择"扩展市场行情"|"香港信托基金"命令，如图9-13所示。

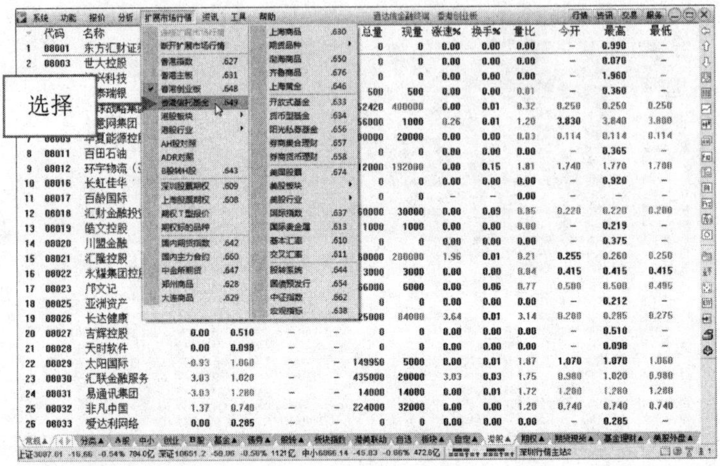

图 9-13 选择"香港信托基金"命令

步骤 02 打开"香港信托基金"界面，查看香港信托基金行情信息，如图9-14所示。

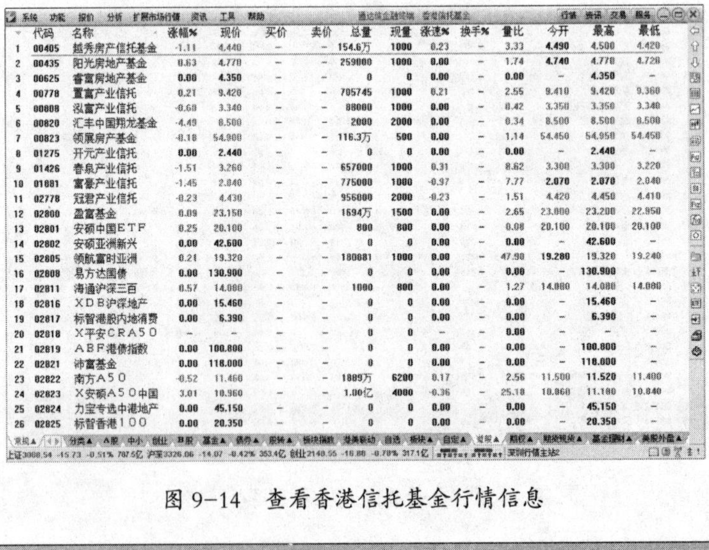

图 9-14 查看香港信托基金行情信息

> **专家指点**
>
> 在通达信软件界面中，输入 .649 后按 Enter 键，也可以查看香港信托基金行情。

9.2.5 掌握港股板块行情

在"港股板块"子菜单中,提供了多个板块的香港股票信息,可以让用户及时了解香港行情资讯。下面介绍掌握港股板块行情数据的操作方法。

步骤 01 在菜单栏中,选择"扩展市场行情" | "港股板块" | "国企股"命令,如图 9-15 所示。

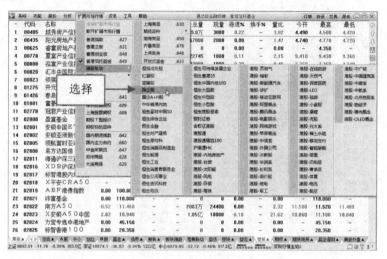

图 9-15 选择"国企股"命令

步骤 02 执行操作后,打开"国企股"界面,如图 9-16 所示,在其中可以查看香港国企股板块的行情数据。

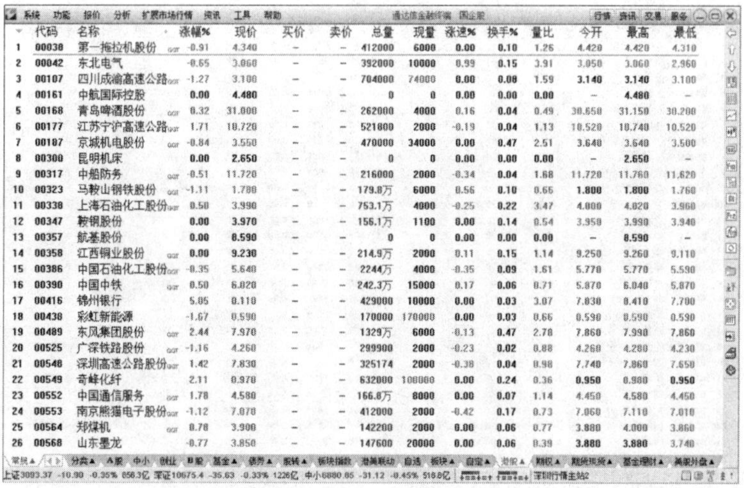

图 9-16 打开"国企股"界面

9.2.6 掌握港股行业数据

在"港股行业"子菜单中，提供了多个不同行业的香港股票信息，可以让用户及时了解香港行业的股票资讯。下面介绍掌握港股行业股票数据的操作方法。

步骤 01 在菜单栏中，选择"扩展市场行情"|"港股行业"|"汽车"命令，如图 9-17 所示。

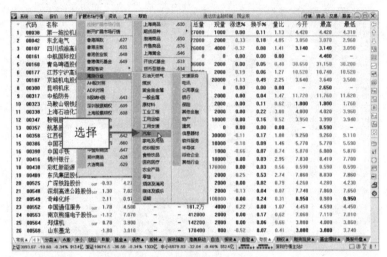

图 9-17 选择"汽车"命令

步骤 02 执行操作后，打开"汽车"界面，如图 9-18 所示，在其中可以查看香港汽车行业的股票行情数据。

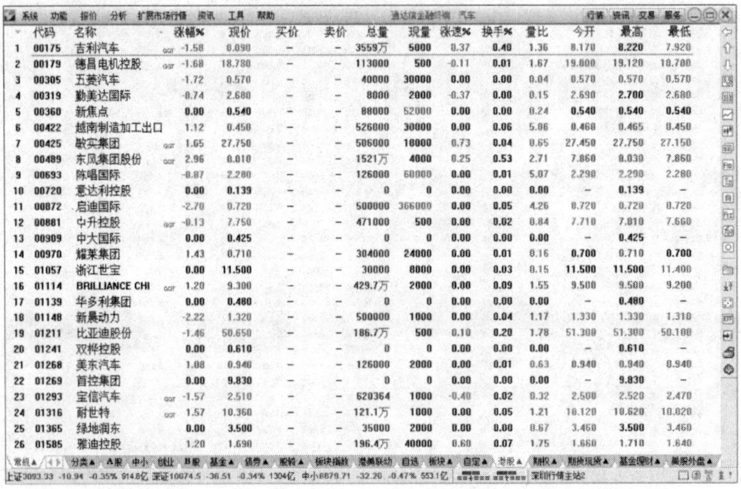

图 9-18 打开"汽车"界面

9.3 掌握股票期权市场行情

股票期权是指买方在交付了期权费后，即取得在合约规定的到期日或到期日以前按协议价买入或卖出一定数量相关股票的权利。本节介绍查看股票期权行情的方法。

9.3.1 掌握上海股票期权行情

在通达信软件界面中，通过"上海股票期权"命令，可以查看上海股票期权的行情信息。

步骤 01 在菜单栏中选择"扩展市场行情"|"上海股票期权"命令，如图9-19所示。

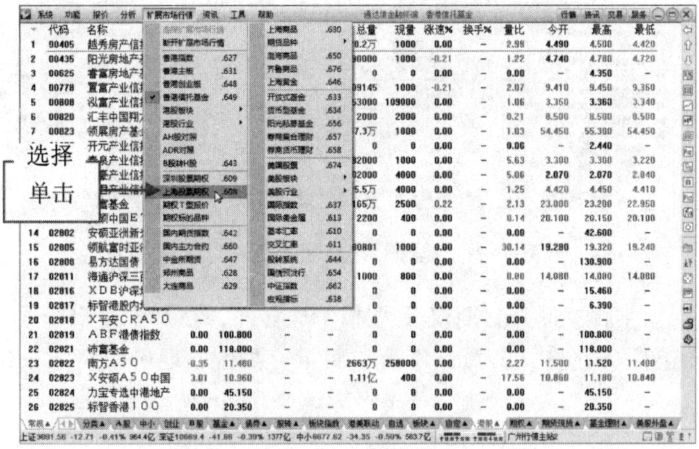

图9-19 选择"上海股票期权"命令

步骤 02 打开"上海股票期权"界面，查看上海股票期权行情数据，如图9-20所示。

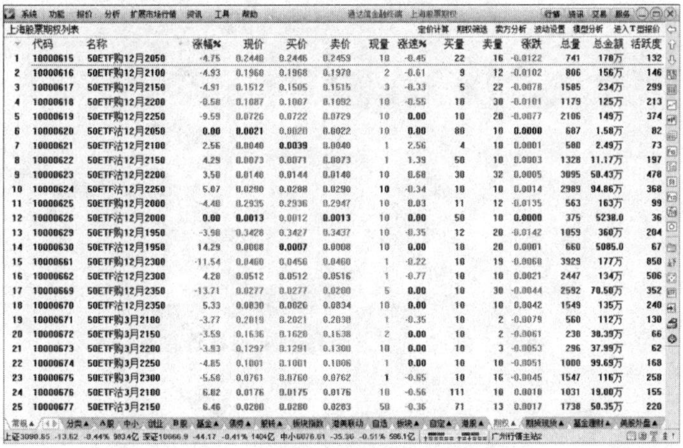

图9-20 查看上海股票期权行情数据

9.3.2 掌握期权 T 型报价数据

在通达信软件界面中，用户通过"期权 T 型报价"命令可以查看期权 T 型的报价数据，让用户快速了解期权的卖价、买价以及行权价等信息。

步骤 01 在菜单栏中，选择"扩展市场行情"|"期权 T 型报价"命令，如图 9-21 所示。

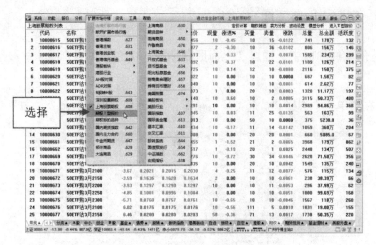

图 9-21 选择"期权 T 型报价"命令

步骤 02 执行操作后，打开"期权 T 型报价"界面，在其中可以查看股票期权的 T 型报价信息，包括持仓量、卖量、卖价、买量、买价、现价以及行权价等信息，如图 9-22 所示。

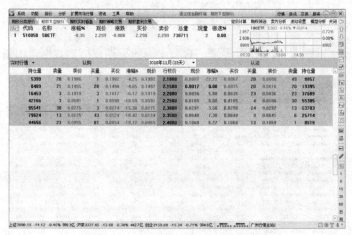

图 9-22 查看股票期权的 T 型报价信息

第 10 章 资讯菜单——查看股市最新资讯

学前提示

在通达信软件界面的"资讯"菜单下,用户可以查看不同类型的股市最新资讯信息,包括财经资讯、上市公司基本资料、权息资料、沪深权息、港股披露易以及股票信息地雷等,通过这么全面的股票资讯,可以帮助投资者更充足地了解股票是否值得投资。

要点展示

▶ 打开财经资讯
▶ 查看股市基本信息

10.1 打开财经资讯

在通达信软件界面中，财经资讯也称为资讯系统，用户可以通过多种方法打开"资讯"系统，查看股票实时的财经资讯信息。本节主要介绍打开财经资讯的操作方法。

10.1.1 通过命令打开财经资讯

在通达信软件界面中，用户通过"财经资讯"命令，可以打开"资讯"界面，查看最新的股票资讯信息。

步骤 01 在菜单栏中，选择"资讯"｜"财经资讯"命令，如图10-1所示。

图10-1 选择"财经资讯"命令

步骤 02 执行操作后，打开"资讯"系统，显示在界面的左侧，如图10-2所示。

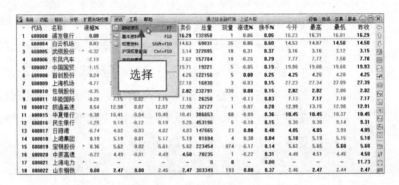

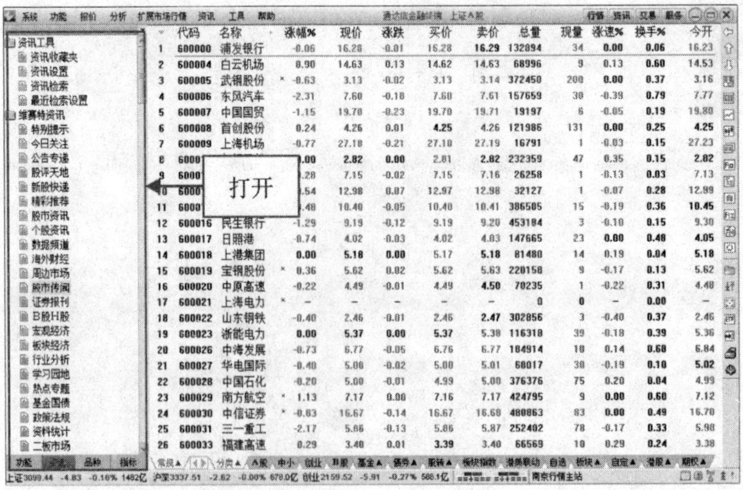

图10-2 打开"资讯"系统

步骤 03 在界面左侧的列表框中，选择"今日关注"选项，在中间窗格中将显示今日股市最新动态信息，如图 10-3 所示。

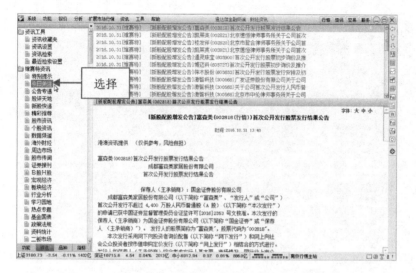

图 10-3 显示今日股市最新动态信息

步骤 04 在界面左侧的列表框中，选择"股市传闻"选项，在中间窗格中将显示今日股市的相关新闻，在界面上方窗格中显示了个股点评和大盘分析资讯，在下方窗格中显示了资讯的具体内容，如图 10-4 所示。

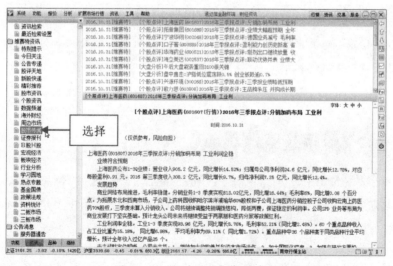

图 10-4 "股市传闻"相关资讯

专家指点

在通达信软件界面中，按 F7 键，也可以快速打开"资讯"系统，查看资讯信息。

10.1.2 通过按钮打开财经资讯

在通达信软件界面的右上角，显示了4个按钮，分别为"行情""资讯""交易""服务"，单击"资讯"按钮，如图10-5所示，即可打开"资讯"系统，显示全套资讯信息。

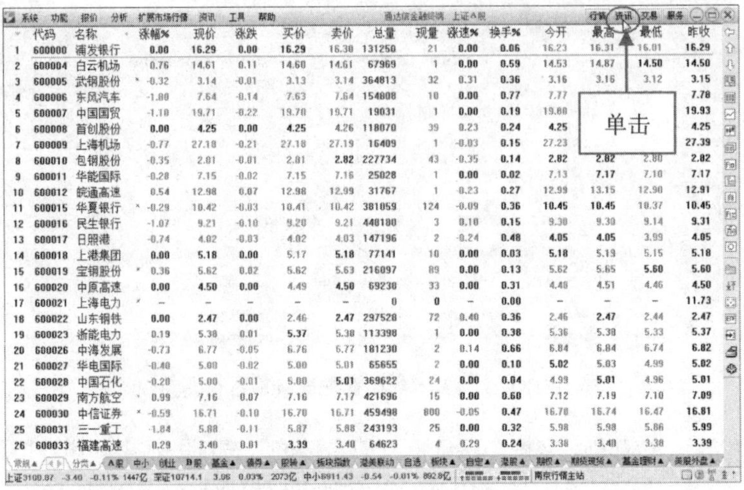

图 10-5 单击"资讯"按钮

> **专家指点**
>
> 在通达信界面的工具栏中，单击"财经资讯"按钮，也可以打开"资讯"系统，查看股票全盘的资讯信息。

10.2 查看股市基本信息

投资者在财经资讯中，可以轻松地了解股票及上市公司的全部信息资料，掌握全面的信息后再对股票进行投资操作，可以将损失降低到最小。本节主要介绍查看股市基本信息的操作方法。

10.2.1 查看上市公司基本资料

下面介绍通过"资讯"｜"基本资料"命令，查看上市公司的基本信息。该命令与"功能"｜"基本资料"命令的作用是一样的。

步骤 01 打开"创业板"行情界面，在其中选择某只股票，如图10-6所示。

资讯菜单——查看股市最新资讯 第10章

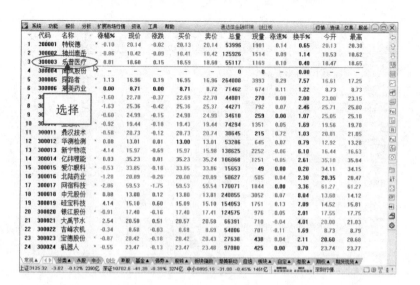

图 10-6 选择某只股票

步骤 02 在菜单栏中，选择"资讯"｜"基本资料"命令，如图10-7所示。

图 10-7 选择"基本资料"命令

步骤 03 执行操作后，即可打开股票的基本资料界面，在其中可以查看上市公司的最新动态信息，如图10-8所示。

专家指点

在通达信软件界面中，按F10键，也可以快速打开某只股票的基本资料界面。

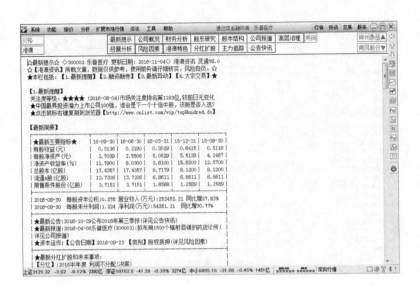

图 10-8　查看上市公司的最新动态信息

步骤 04 在界面的上方，单击"风险因素"标签，如图 10-9 所示，即可在界面下方显示该上市公司的风险情况分析，让投资者及时了解该公司的风险动态。

图 10-9　显示该上市公司的股票风险情况分析

步骤 05 在界面的上方，单击"股东研究"标签，如图 10-10 所示，即可在界面下方显示该上市公司的相关股东研究情况。

步骤 06 在基本信息的右侧空白位置上，单击鼠标右键，在弹出的快捷菜单中选择"贝格"命令，如图 10-11 所示。

步骤 07 执行操作后，即可查看贝格来源的公司资讯，如图 10-12 所示。

资讯菜单——查看股市最新资讯 第10章

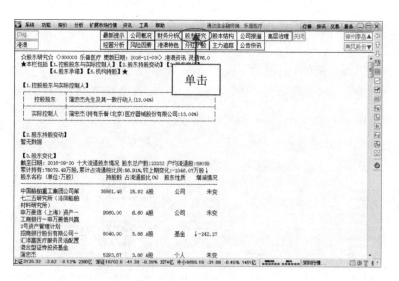

图 10-10 单击"股东研究"标签

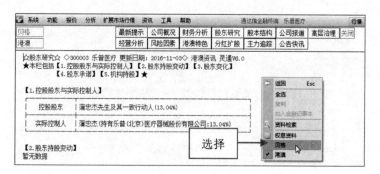

图 10-11 选择"贝格"命令

图 10-12 查看贝格来源的公司资讯

10.2.2 查看股票的权息资料

在"权息资料"界面中，显示了该公司所有的财务信息和权息信息，包括总资产、固定资产、净资产、投资收益、股本变化以及分红等内部数据，让用户对该公司有更深一步的了解和认识。

步骤 01 打开"中小企业板"行情界面，在其中选择某只股票，如图10-13所示。

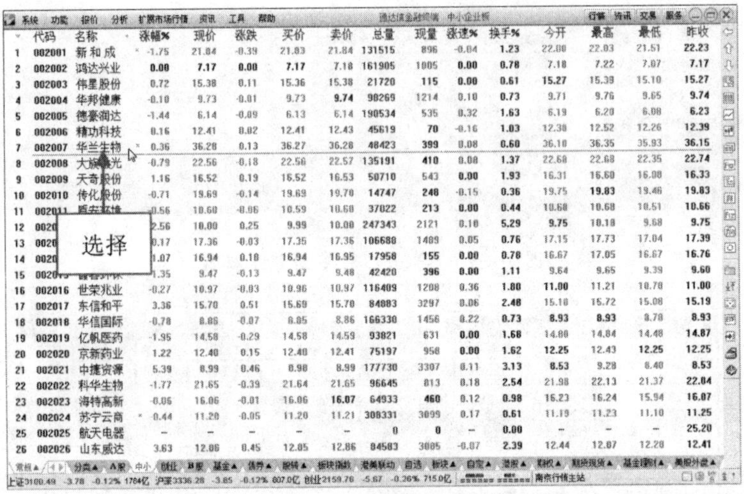

图 10-13 选择某只股票

步骤 02 在菜单栏中，选择"资讯"｜"权息资料"命令，如图10-14所示。

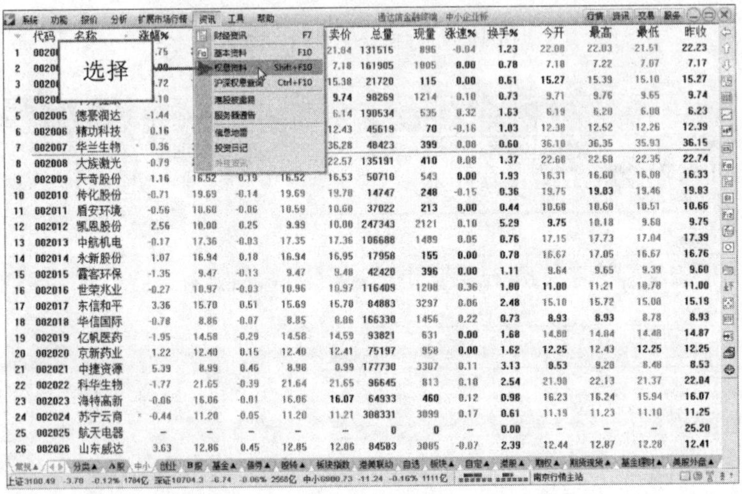

图 10-14 选择"权息资料"命令

> **专家指点**
>
> 在通达信软件界面中，按Shift+F10组合键，也可以快速打开权息资料界面，查看公司的权息数据。

步骤 03 执行操作后，在打开的界面中即可查看公司的权息资料数据，如图10-15所示。

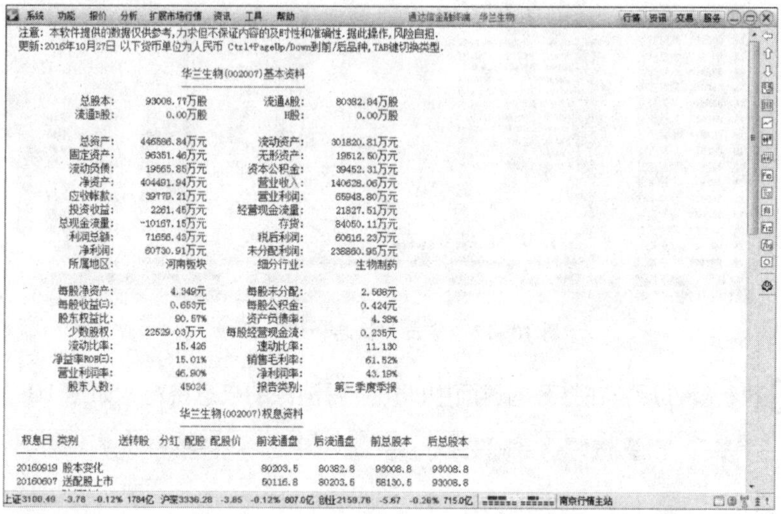

图10-15 查看公司的权息资料数据

10.2.3 查看沪深的权息资料

在通达信软件界面中，用户还可以查看沪深的权息资料，下面介绍查看方法。

步骤 01 在菜单栏中，选择"资讯"|"沪深权息查询"命令，如图10-16所示。

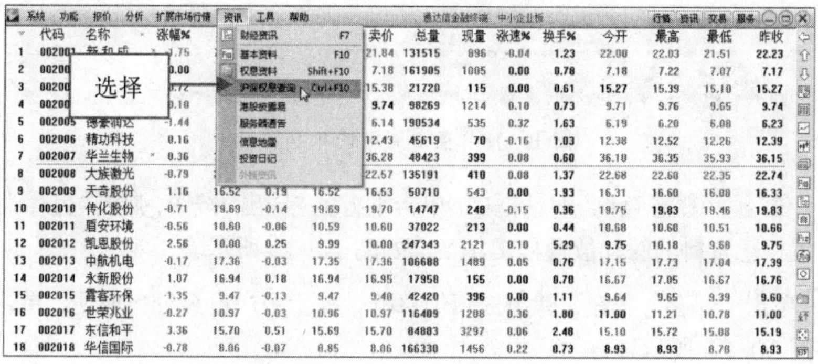

图10-16 选择"沪深权息查询"命令

步骤 02 弹出"沪深权息查询"对话框,在上方单击"未来数天的权息变动"标签,在中间窗格中选择相应的股票品种,单击"权息详情"按钮,如图10-17所示。

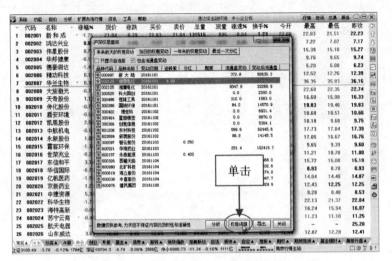

图10-17 单击"权息详情"按钮

步骤 03 执行操作后,在打开的界面中即可查看沪深的权息资料,如图10-18所示。

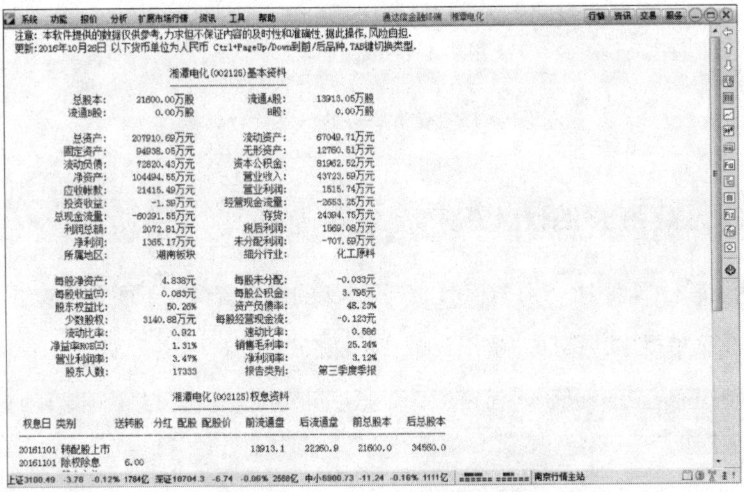

图10-18 查看沪深的权息资料

步骤 04 在"沪深权息查询"对话框中,单击下方的"导出"按钮,弹出"另存为"对话框,在其中设置权息资料的保存位置和文件名,如图10-19所示。

步骤 05 单击"保存"按钮,弹出提示信息框,提示用户已经导出成功,单击"确定"按钮,如图10-20所示。

步骤 06 在打开的记事本窗口中,即可查看导出的沪深权息资料,如图10-21所示。

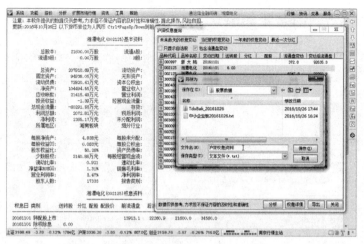

图 10-19　设置权息资料的保存位置和文件名

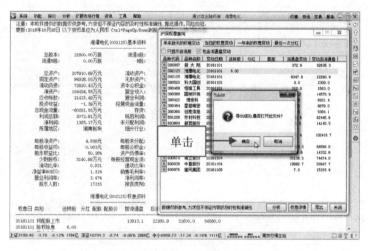

图 10-20　单击"确定"按钮

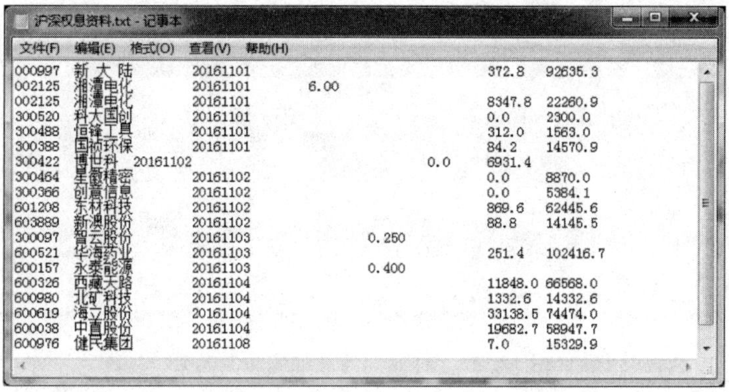

图 10-21　查看导出的沪深权息资料

10.2.4 查看港股披露易资料

在"港股披露易"界面中，用户可以查看上市公司的最新公告、主板新股上市资料以及即将上市认证股信息。

步骤 01 在菜单栏中，选择"资讯"|"港股披露易"命令，如图10-22所示。

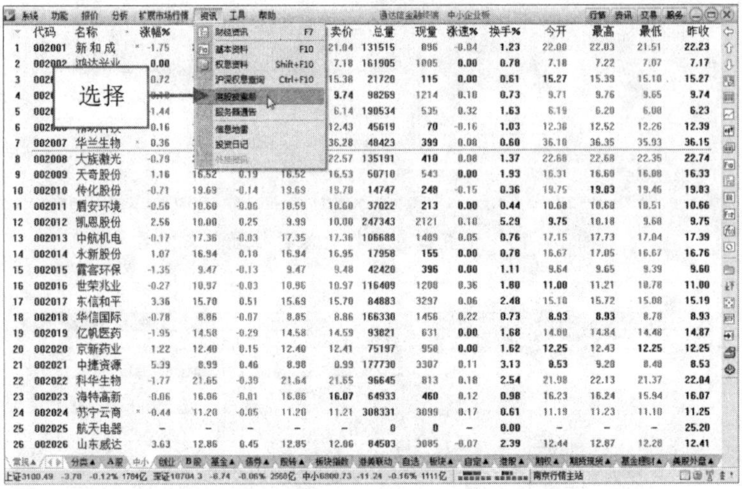

图10-22 选择"港股披露易"命令

步骤 02 打开"港股披露易"网页，其中显示了用户可以查看的港股资讯，如图10-23所示。

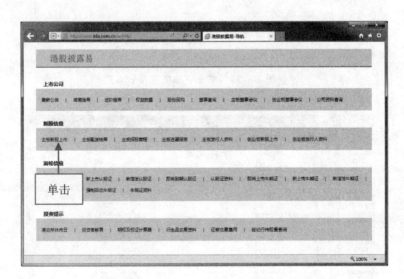

图10-23 打开"港股披露易"网页

步骤 03 在"新股信息"栏目中，单击"主板新股上市"超链接，在打开的网页中可以查看香港主板市场新上市的公司股票信息，如图10-24所示。

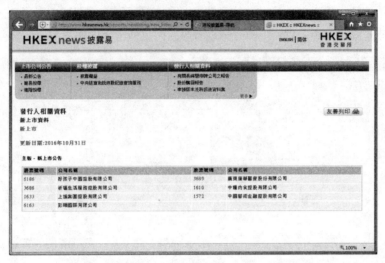

图 10-24　查看香港主板市场新上市的公司股票信息

▶ 10.2.5　查看券商服务器通告

在通达信软件界面中，通过"服务器通告"命令可以查看券商的相关提醒类资讯。在菜单栏中，选择"资讯"|"服务器通告"命令，如图10-25所示。执行操作后，在弹出的窗口中即可显示券商的提醒信息；如果没有提醒内容，页面中将提示暂无公告信息，如图10-26所示。

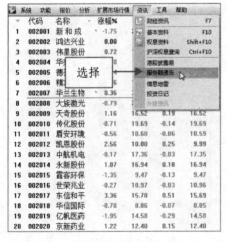

图 10-25　选择"服务器通告"命令

图 10-26　提示暂无公告信息

10.2.6 查看股票的信息地雷

在通达信软件界面中，通过"信息地雷"命令，可以查看股票中出现的大事记、公司动态以及市场点评等内容。下面介绍查看股票信息地雷的操作方法。

步骤 01 打开个股分时走势图界面，在菜单栏中，选择"资讯"|"信息地雷"命令，如图 10-27 所示。

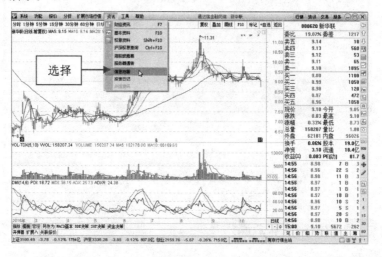

图 10-27 选择"信息地雷"命令

步骤 02 在界面下方的窗格中，将显示历史信息地雷，如图 10-28 所示，用户在其中可以查看该公司出现的重大信息资讯。

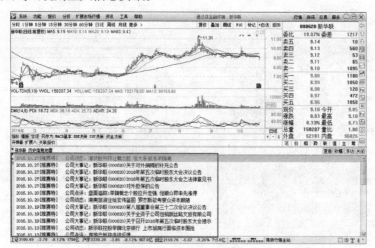

图 10-28 显示历史信息地雷

步骤 03 在下方窗格中，选择需要查看的公司重要信息，单击窗格右上角的"查看"按钮，如图 10-29 所示。

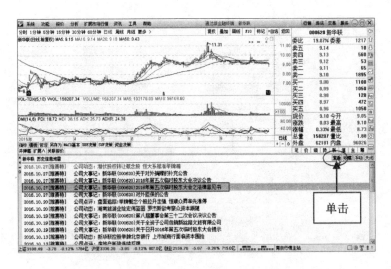

图 10-29 单击右上角的"查看"按钮

步骤 04 即可打开具体的信息内容,通过左侧的"整屏"按钮 ,可以全屏显示资讯内容,如图 10-30 所示。

图 10-30 全屏显示资讯内容

10.2.7 撰写股票的投资日记

在通达信软件界面中,通过"投资日记"命令可以随时记录股票中的重要事项,尤其是用户购买股票的心得体会等。下面介绍撰写股票投资日记的操作方法。

步骤 01 在菜单栏中,选择"资讯"|"投资日记"命令,如图 10-31 所示。

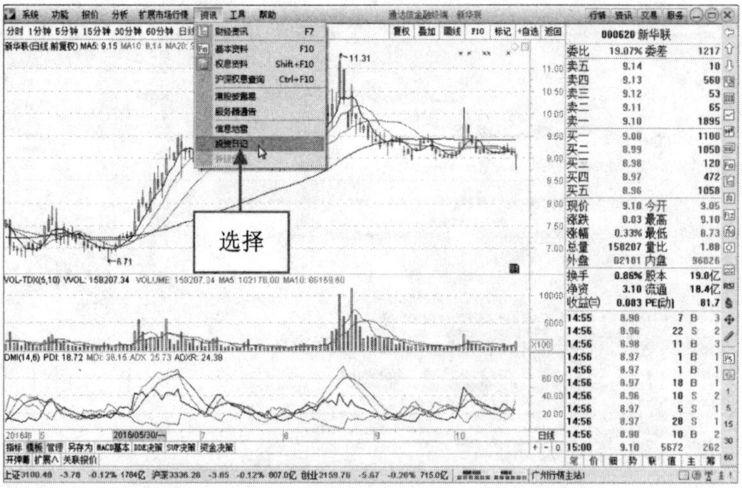

图 10-31 选择"投资日记"命令

步骤 02 在界面下方,将打开"投资日记"窗格,单击右侧的"撰写"按钮,如图 10-32 所示。

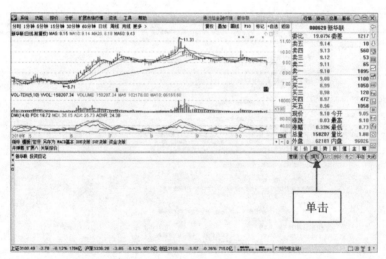

图 10-32 单击"撰写"按钮

步骤 03 弹出"撰写投资日记"对话框,选择一种合适的输入法,在其中撰写日记的标题与正文内容,如图 10-33 所示。

步骤 04 日记撰写完成后,单击"确定"按钮,弹出提示信息框,提示用户撰写日记成功,单击"确定"按钮,如图 10-34 所示。

步骤 05 此时,在界面的下方窗格中,即可显示投资日记信息,如图 10-35 所示,完成投资日记的撰写操作。

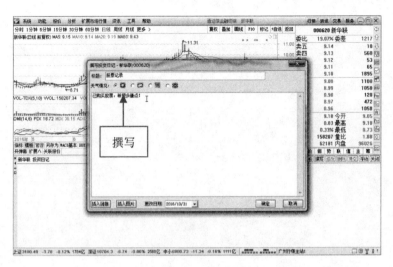

图 10-33 撰写日记的标题与正文内容

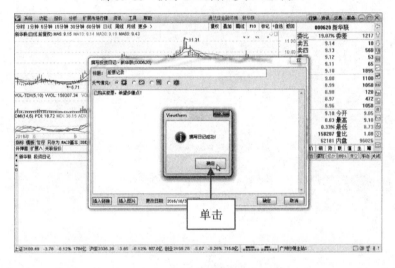

图 10-34 单击"确定"按钮

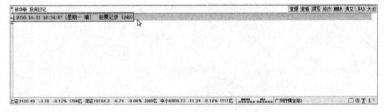

图 10-35 显示投资日记信息

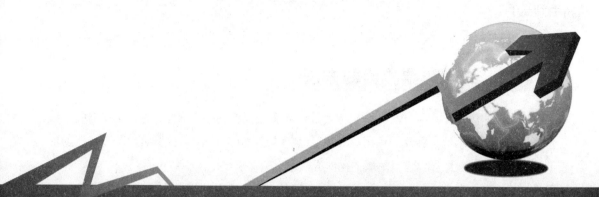

第 11 章　工具菜单——提高炒股的方便性

在通达信软件界面的"工具"菜单下,包括多种实用的炒股工具和命令,用于编辑股票分时图和行情数据,如画线工具、自动换页功能、屏幕截图工具等;还能将自己选中的股票加入到自选股界面中,方便用户对股票进行管理。

▶ 编辑股票界面的方法
▶ 标记股票数据的方法
▶ 个性化设置股票软件

11.1　编辑股票界面的方法

在通达信软件界面中，用户可以对股票界面进行相关编辑操作，方便用户对股票数据进行分析。本节主要介绍运用"画线工具""自动换页""监控剪贴板"以及"屏幕截图"命令对股票界面进行编辑的操作方法。

11.1.1　运用画线工具

在通达信软件界面中，运用画线工具可以在分时图上画出各种线型，用于标示股票的变化趋势。下面介绍运用画线工具绘制箭头的操作方法。

步骤 01　在菜单栏中，选择"工具"|"画线工具"命令，如图 11-1 所示。

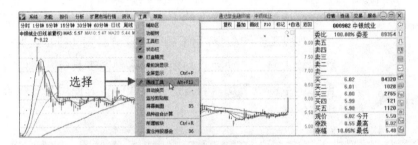

图 11-1　选择"画线工具"命令

步骤 02　打开"画线工具"面板，在其中选取"箭头"工具，如图 11-2 所示。

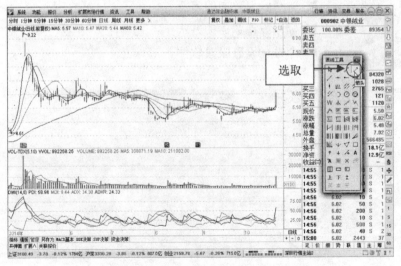

图 11-2　选取"箭头"工具

第 11 章　工具菜单——提高炒股的方便性

> **专家指点**
>
> 在通达信软件界面中，按 Alt+F12 组合键，也可以弹出"画线工具"面板。

步骤 03 将鼠标移至个股分时图上，单击鼠标左键并拖曳，绘制箭头样式。在绘制的箭头上单击鼠标右键，在弹出的快捷菜单中选择"编辑画线"命令，如图 11-3 所示。

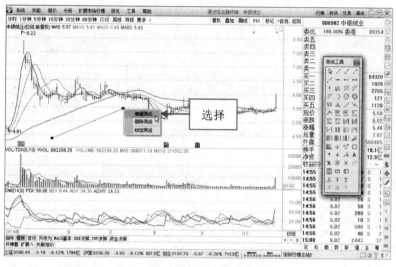

图 11-3　选择"编辑画线"命令

步骤 04 弹出"画线属性(纵坐标数值为分析图定位值)"对话框，在其中单击"自定颜色"右侧的色块，弹出"颜色"对话框，在其中选择红色。单击"确定"按钮，返回相应对话框，即可查看设置的红色，如图 11-4 所示。

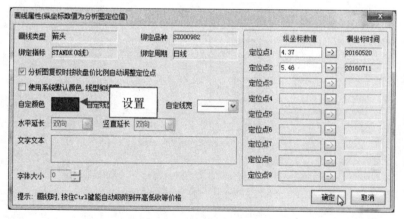

图 11-4　设置颜色为红色

步骤 05 单击"确定"按钮，即可在分时图上看到箭头的颜色已经调整为红色，如图 11-5 所示，完成画线工具的应用。

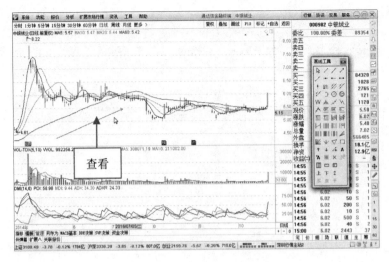

图 11-5 查看箭头的颜色

11.1.2 运用自动换页功能

在通达信软件界面中，运用自动换页功能可以让股票数据自动换页，默认换页时间为8秒，每间隔8秒股票数据将显示下一页的内容。

步骤 01 在菜单栏中，选择"工具"|"自动换页"命令，如图 11-6 所示。

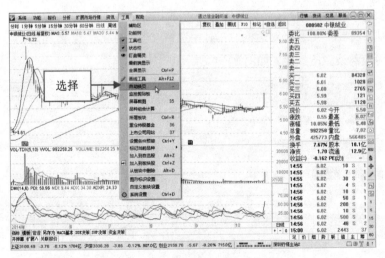

图 11-6 选择"自动换页"命令

步骤 02 执行操作后，弹出提示信息框，提示用户是否确认操作，单击"确定"按钮，如图 11-7 所示。

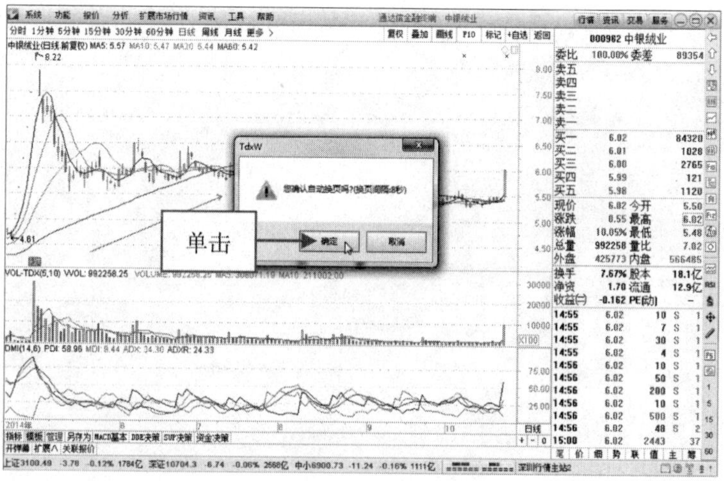

工具菜单——提高炒股的方便性 第11章

图 11-7 提示用户是否确认操作

步骤 03 每间隔8秒，界面中的股票数据将进行换页操作，如图 11-8 所示。

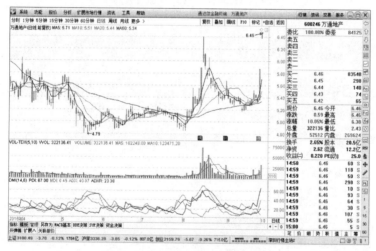

图 11-8 换页后的股票数据界面

专家指点

在通达信软件界面中，按小键盘上的"-"键，也可以开启或停止自动换页功能。

▶ **11.1.3 运用监控剪贴板功能**

在通达信软件界面中，运用监控剪贴板功能可以启动股票数据的剪贴操作，方便用户对多个股票数据进行管理。

用户只需在菜单栏中，选择"工具"|"监控剪贴板"命令，如图11-9所示。执行操作后，即可开启监控剪贴板的功能。

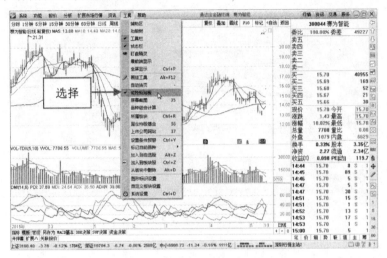

图 11-9　选择"监控剪贴板"命令

11.1.4　运用屏幕截图功能

在通达信软件界面中，运用屏幕截图工具可以截取用户需要的股票分时图画面。下面介绍运用屏幕截图功能的操作方法。

步骤 01　在菜单栏中，选择"工具"|"屏幕截图"命令，如图11-10所示。

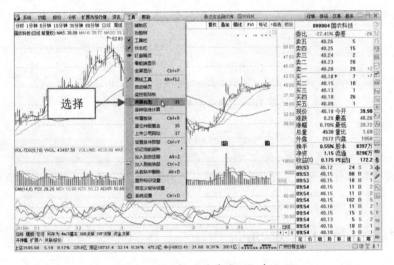

图 11-10　选择"屏幕截图"命令

步骤 02　进入屏幕截取界面，通过拖曳鼠标的方式，选择需要截取的股票数据区域，如图 11-11 所示。

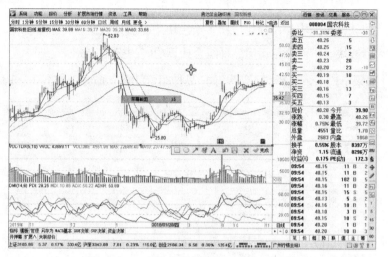

图 11-11　选择需要截取的股票数据区域

步骤 03 按 Ctrl + S 组合键，弹出"另存为"对话框，在其中设置截取画面的存储位置和文件名称，如图 11-12 所示，单击"保存"按钮，即可保存截取的界面。

图 11-12　设置文件存储位置和文件名称

专家指点

在通达信软件界面中，输入 35 后按 Enter 键，也可以对股票界面进行截屏操作，在截取的画面区域内，双击鼠标左键，可以将截取的画面存入剪贴板，方便用户复制、粘贴到其他应用程序中使用。

11.1.5 运用品种组合计算功能

在通达信软件界面中，用户可以将多个板块中的股票数据进行组合操作，得到组合计算后的综合板块。下面介绍运用品种组合计算功能的操作方法。

步骤 01 在菜单栏中，选择"工具"|"品种组合计算"命令，如图 11-13 所示。

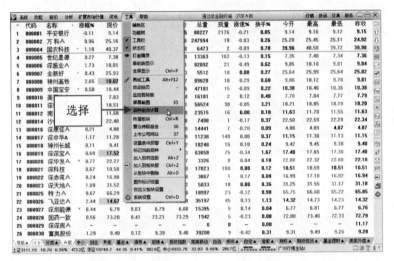

图 11-13 选择"品种组合计算"命令

步骤 02 弹出"品种组合计算"对话框，在其中单击"选择组合一"按钮，如图 11-14 所示。

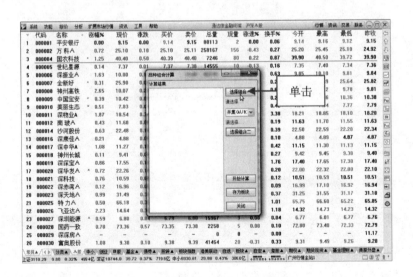

图 11-14 单击"选择组合一"按钮

步骤 03 弹出"选择分类或板块"对话框，在其中选择需要组合的第一个板块数据，这里选择"沪深 A 股"板块，如图 11-15 所示。

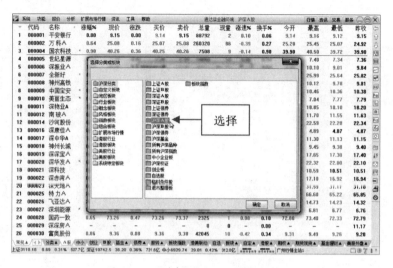

图 11-15　选择"沪深 A 股"板块

步骤 04　单击"确定"按钮，返回"品种组合计算"对话框，单击"选择组合二"按钮，如图 11-16 所示。

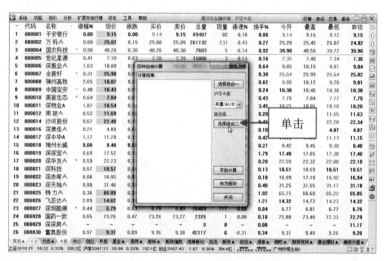

图 11-16　单击"选择组合二"按钮

步骤 05　弹出"选择分类或板块"对话框，在其中选择需要组合的第二个板块数据，这里选择"行业板块"|"石油"板块，如图 11-17 所示。

步骤 06　单击"确定"按钮，返回"品种组合计算"对话框，设置计算类型为"差集（A-B）"，如图 11-18 所示。

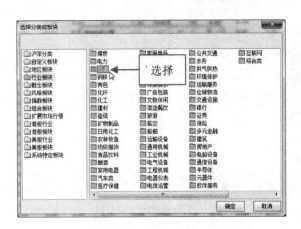
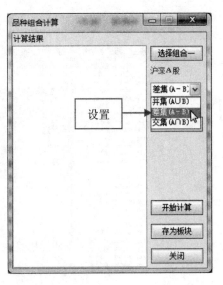

图 11-17　选择"石油"板块　　　图 11-18　设置计算类型为"差集（A-B）"

> **专家指点**
>
> 　　在"品种组合计算"对话框中，包括 3 种股票计算方式，即并集、差集和交集，用户可根据需要选择相应的计算方式，对股票进行计算操作。

步骤 07 单击"开始计算"按钮，在对话框中将显示计算结果，单击"存为板块"按钮，如图 11-19 所示。

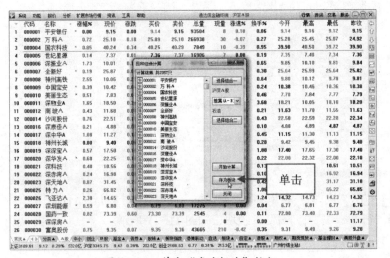

图 11-19　单击"存为板块"按钮

步骤 08 弹出"请选择板块"对话框，在其中选择"自选股"板块，如图 11-20 所示，单击"确定"按钮。

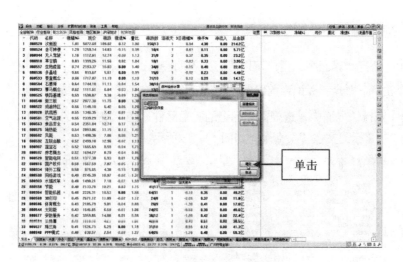

图 11-20 选择"自选股"板块

步骤 09 返回"品种组合计算"对话框,单击"关闭"按钮,系统自动进入"自选股"界面,其中显示了刚才统计的股票数据,如图 11-21 所示。

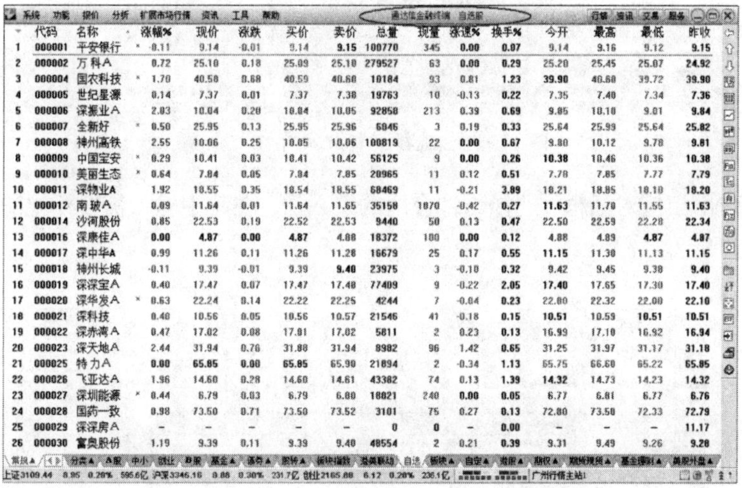

图 11-21 自动进入"自选股"界面

11.2 标记股票数据的方法

在通达信软件界面中,用户可以对股票数据进行单独标记操作,方便用户对股票数据进行管理。本节主要向用户介绍标记股票数据与删除股票标记内容的操作方法,希望用户熟练掌握本节内容。

11.2.1 标记当前股票品种

在通达信行情界面中，用户可以对感兴趣的股票进行标记操作，方便用户对股票数据进行管理。下面介绍标记当前股票品种的操作方法。

步骤 01 在行情界面中，选择需要标记的股票品种，在菜单栏中选择"工具"|"标记当前品种"|"标记文字 T"命令，如图 11-22 所示。

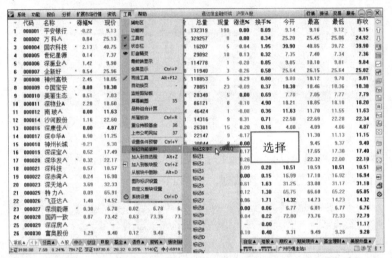

图 11-22 选择"标记文字 T"命令

步骤 02 弹出相应对话框，选择一种合适的输入法，在其中输入需要标记的文字内容，如图 11-23 所示。

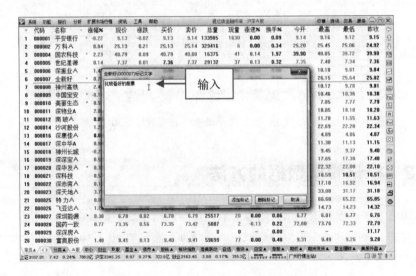

图 11-23 输入需要标记的文字内容

步骤 03 单击"添加标记"按钮，即可在行情界面的股票数据上，添加标记文字，被标记的股票数据右侧将显示 T 符号。将鼠标指针移至股票数据上，即可显示标记的文字内容，如图 11-24 所示。

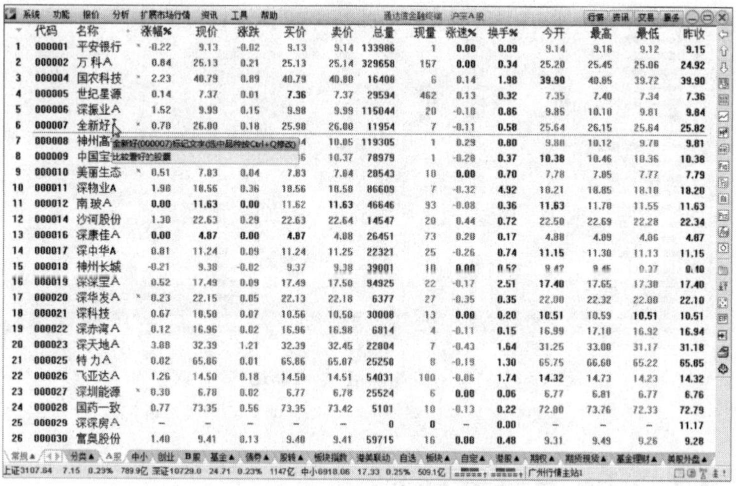

图 11-24 显示标记的文字内容

11.2.2 删除当前标记内容

如果用户不再需要某只股票上的标记内容，可以将标记内容进行删除。

步骤 01 选择需要删除标记的股票，在菜单栏中选择"工具"|"标记当前品种"|"取消标记"命令，如图 11-25 所示。

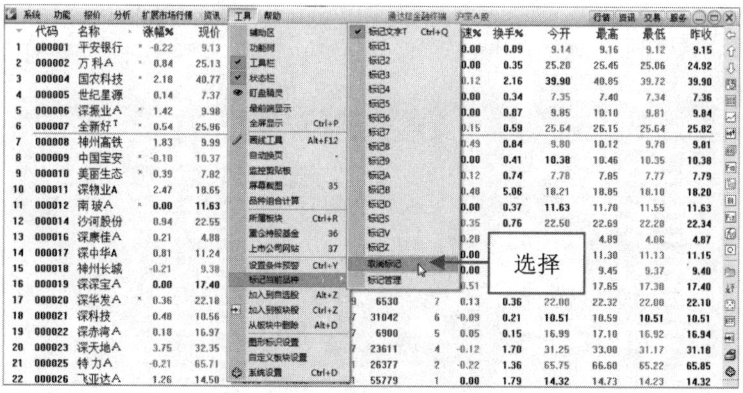

图 11-25 选择"取消标记"命令

步骤 02 执行操作后，即可删除股票的标记内容，被删除的标记右侧将不再显示 T 符号，如图 11-26 所示。

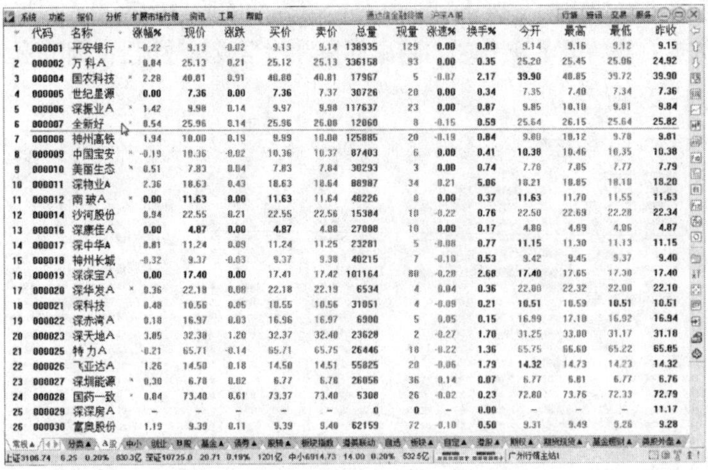

图 11-26 删除股票的标记内容

11.3 个性化设置股票软件

在通达信软件界面中，用户可以对股票界面进行个性化设置，使界面中显示的股票数据更加符合用户的需求。本节主要介绍设置界面图形标识和软件外观颜色的方法。

11.3.1 设置界面图形标识

在通达信软件界面中，用户可以设置界面中是否显示地雷标识、条件预警标识以及交易标识等信息。

步骤 01 在菜单栏中，选择"工具"|"图形标识设置"命令，如图 11-27 所示。

图 11-27 选择"图形标识设置"命令

步骤 02 弹出"图形标识设置"对话框，在其中用户可根据需要选中或取消选中相应复选框，设置完成后，单击"确定"按钮，如图11-28所示，完成图形标识的设置。

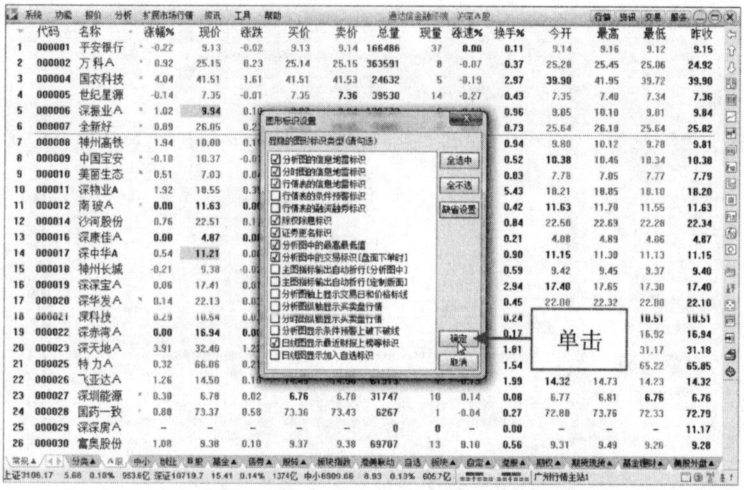

图 11-28 单击"确定"按钮

11.3.2 设置软件外观颜色

在通达信软件界面中，用户还可以对软件的外观颜色进行设置，以符合用户的视觉感受。下面介绍设置软件外观颜色的操作方法。

步骤 01 在菜单栏中，选择"工具"|"系统设置"命令，如图11-29所示。

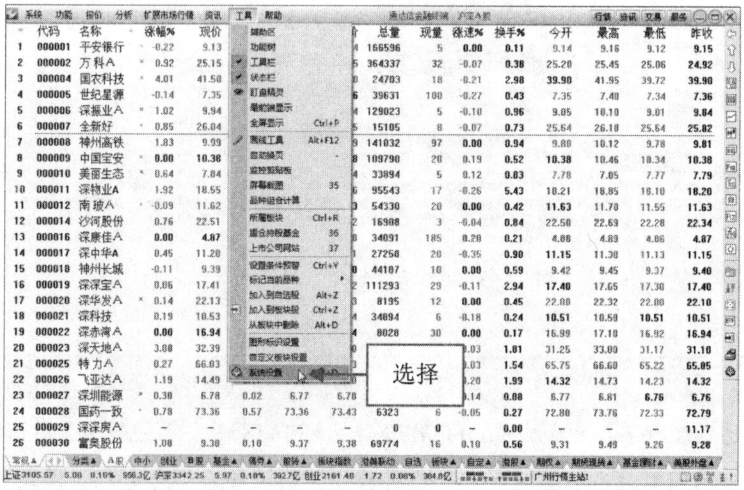

图 11-29 选择"系统设置"命令

步骤 02 弹出"系统设置"对话框，在其中设置"配色方案"为"红黑"，如

▼ 图 11-30 所示。

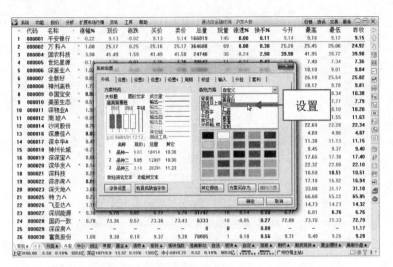

图 11-30 设置"配色方案"为"红黑"

步骤 03 此时，对话框的左侧将显示"红黑"样式的界面，如图 11-31 所示。

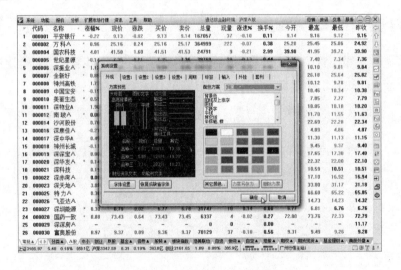

图 11-31 显示"红黑"样式的界面

> **专家指点**
>
> 在通达信软件界面中，按 Ctrl+D 组合键，也可以弹出"系统设置"对话框。另外，考虑到印刷的问题，本书在写作时，已将软件界面调整为"自定义"样式。

步骤 04 单击对话框下方的"确定"按钮,即可更改通达信软件界面的外观颜色,如图 11-32 所示。

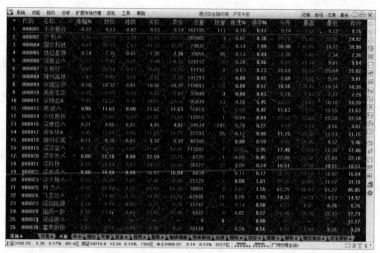

图 11-32　更改软件界面的外观颜色

步骤 05 在行情界面中,双击某只股票,在打开的分时图界面中也可以查看软件的外观颜色,如图 11-33 所示。

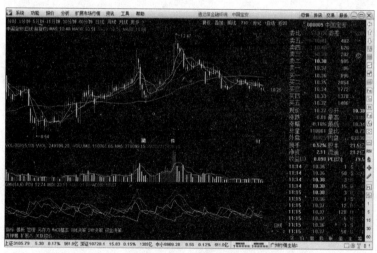

图 11-33　股票的分时图界面颜色

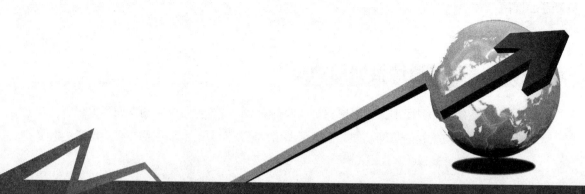

第 12 章 帮助菜单——解决用户炒股疑惑

学前提示

通达信软件的帮助功能非常强大,用户可以在帮助界面中搜索需要的帮助信息。在通达信软件界面的"帮助"菜单下,用户可以查看软件的帮助说明书、软件的快捷键和 FAQ 说明、系统的状态信息以及交易所休市日等,及时帮助用户解决软件操作过程中的疑问。

要点展示

▶ 使用通达信帮助功能
▶ 使用通达信论坛功能

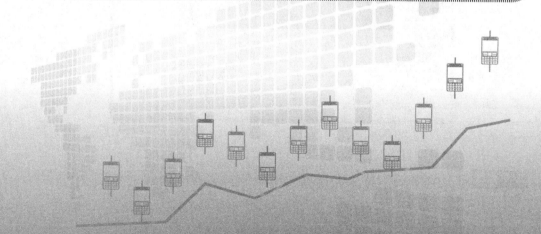

12.1 使用通达信帮助功能

在通达信软件界面中,如果用户对软件有疑惑,或者对软件中的操作不太明白,都可以使用通达信软件的帮助功能,及时帮助用户解决问题。本节主要介绍使用通达信帮助功能的操作方法。

12.1.1 查看软件帮助说明书

在通达信软件界面中,通过"帮助说明书"命令,可以查看通达信软件的帮助说明书,及时了解软件的各项操作和功能,可以帮助用户更快地熟悉软件。下面介绍查看软件帮助说明书的方法。

步骤 01 在菜单栏中,选择"帮助"|"帮助说明书"命令,如图 12-1 所示。

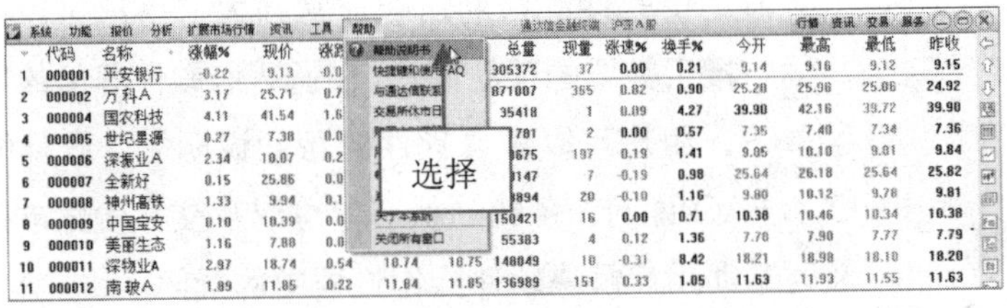

图 12-1 选择"帮助说明书"命令

步骤 02 打开 IE 浏览器,其中显示了在线帮助说明信息,如图 12-2 所示。

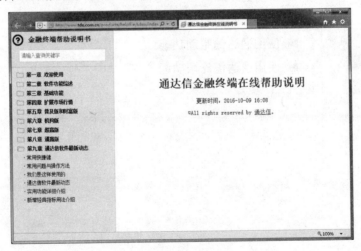

图 12-2 显示了在线帮助说明信息

步骤 03 在左侧窗格中,依次展开相应选项,即可查看通达信软件的帮助信息和使用说明,如图 12-3 所示。

图 12-3 查看通达信软件的帮助信息

12.1.2 使用快捷键和 FAQ 说明

在通达信软件界面中，自带了多种快捷键操作，熟练掌握这些快捷键，可以帮助用户提高炒股的操作速度。下面介绍使用快捷键和 FAQ 的操作方法。

步骤 01 在菜单栏中，选择"帮助"|"快捷键和使用 FAQ"命令，如图 12-4 所示。

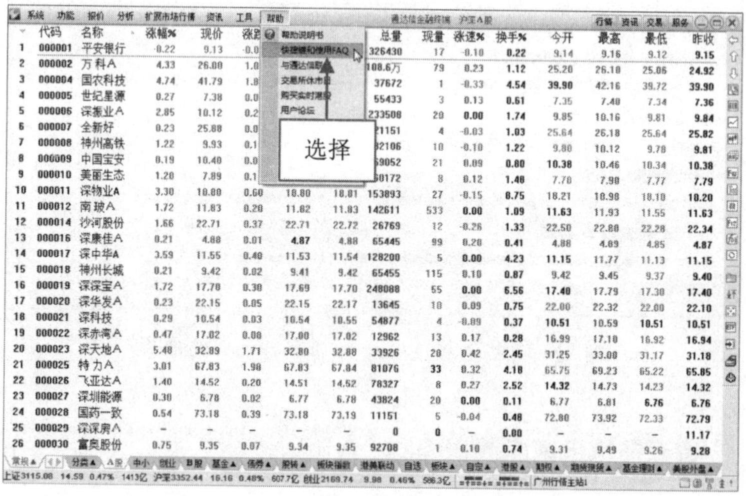

图 12-4 选择"快捷键和使用 FAQ"命令

步骤 02 打开 IE 浏览器，其中显示了软件的各种操作快捷键，如图 12-5 所示。

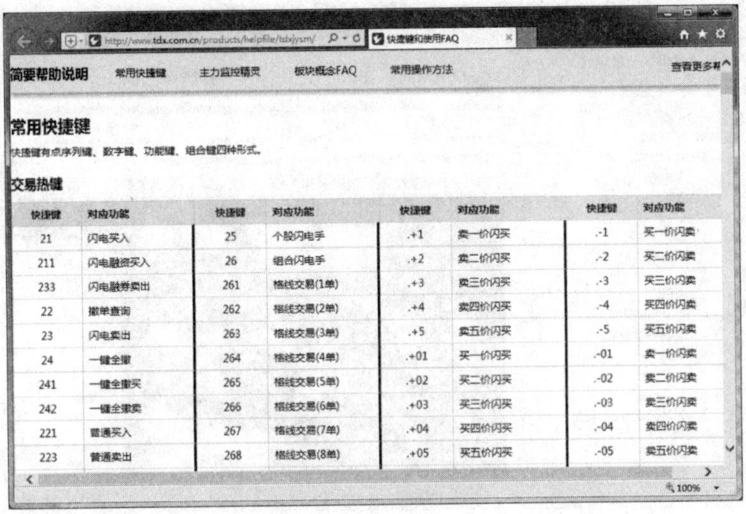

图 12-5 显示了软件的各种操作快捷键

步骤 03 在浏览器的上方，单击"板块概念 FAQ"标签，即可切换至"板块概念 FAQ"页面，查看板块概念 FAQ 的相关帮助信息，如图 12-6 所示。

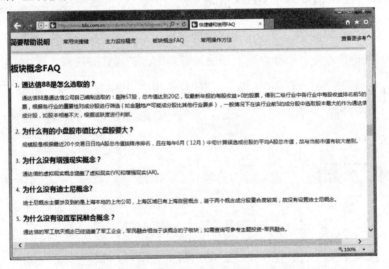

图 12-6 查看板块概念 FAQ 的相关帮助信息

▶ 12.1.3 寻求通达信客服的帮助

在通达信软件界面中，通过"与通达信联系"命令，可以给通达信的客服人员发送电子邮件信息，以获得与软件相关的帮助信息。

在菜单栏中，选择"帮助"|"与通达信联系"命令，如图12-7所示，即可打开相应的邮件窗口，用户可根据页面提示，编辑相应的邮件内容并发送。

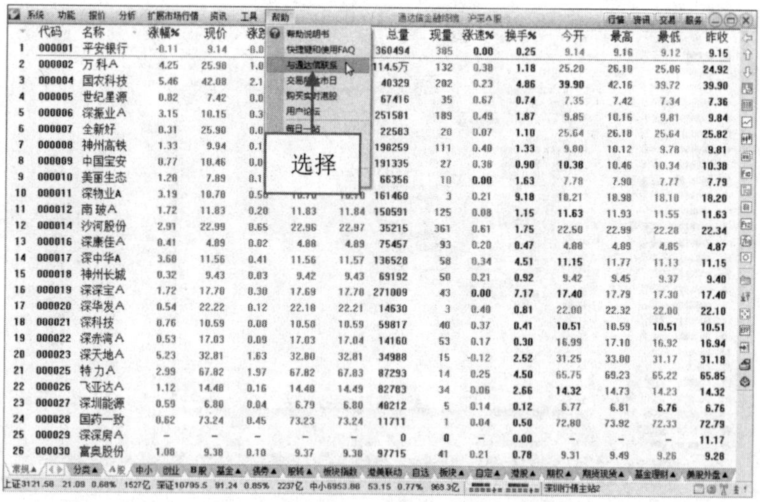

第 12 章 帮助菜单——解决用户炒股疑惑

图 12-7 选择"与通达信联系"命令

12.1.4 查看系统状态信息

通过"系统状态"命令，可以查看系统的程序名、启动时间、启动路径以及系统配置等信息。下面介绍查看系统状态信息的操作方法。

步骤 01 在菜单栏中，选择"帮助"|"系统状态"命令，如图 12-8 所示。

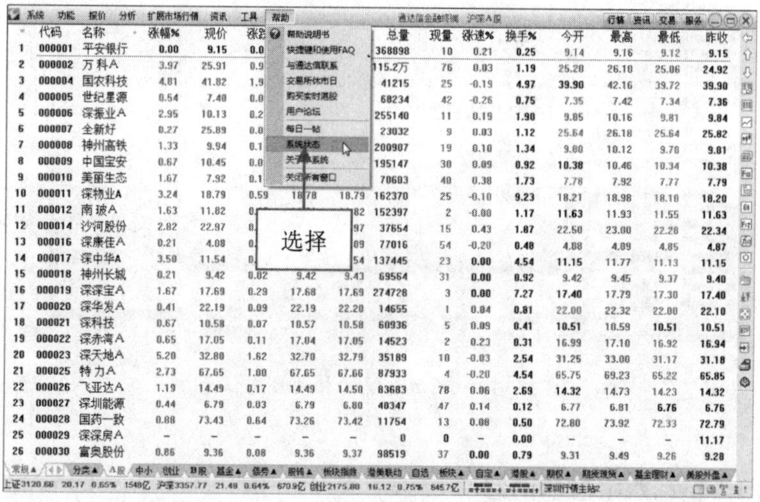

图 12-8 选择"系统状态"命令

步骤 02 弹出"系统状态"对话框，在其中可以查看系统的相关信息，包括窗口位置、行情主站以及资讯系统等，如图 12-9 所示。

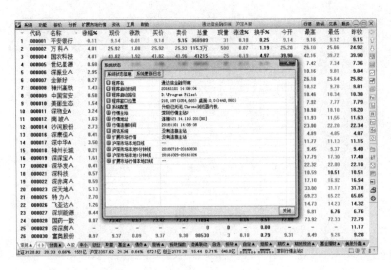

图 12-9　查看系统的相关信息

步骤 03 在对话框的上方，单击"系统更新日志"标签，切换至"系统更新日志"页面，其中显示了系统的相关日志信息，如图 12-10 所示，用户从中可以了解系统的开启时间和关闭时间。

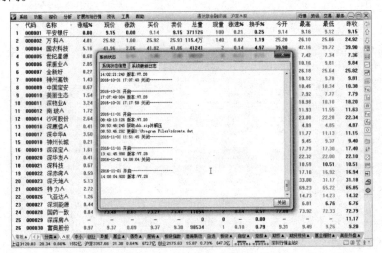

图 12-10　显示系统的相关日志信息

12.1.5　查看系统版权信息

通过"关于本系统"命令，可以在打开的窗口中查看通达信软件的版权信息。

步骤 01 在菜单栏中，选择"帮助"｜"关于本系统"命令，如图 12-11 所示。

图 12-11 选择"关于本系统"命令

步骤 02 打开"关于本系统"对话框,在其中可以查看软件的版权信息,如图 12-12 所示。

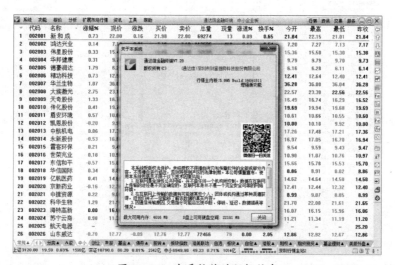

图 12-12 查看软件的版权信息

12.1.6 查看每日一帖资讯

在"每日一帖"界面中,用户可以查看关于股票的名言名句、提醒信息等。

步骤 01 在菜单栏中,选择"帮助"|"每日一帖"命令,如图 12-13 所示。

步骤 02 执行操作后,弹出"每日一帖"对话框,其中显示了股票的提醒信息,如图 12-14 所示。通过"上一帖"按钮和"下一帖"按钮,用户可以查看上一帖和下一帖的相关资讯。

图 12-13 选择"每日一帖"命令

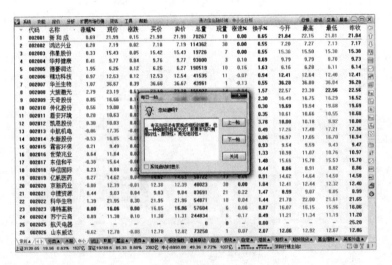

图 12-14 显示股票的提醒信息

12.1.7 查看交易所休市日

通过"交易所休市日"命令，用户可以了解哪些交易所在什么时间是休市的。

步骤 01 在菜单栏中，选择"帮助"|"交易所休市日"命令，如图 12-15 所示。

步骤 02 打开 IE 浏览器，在其中可以查看不同地区、不同时间内，金融假日及交易所休市信息，如图 12-16 所示。

图 12-15 选择"交易所休市日"命令

图 12-16 查看金融假日及交易所休市信息

12.2 使用通达信论坛功能

在通达信的官方论坛中，用户可以寻求其他网友的帮助，或者对股票提出自己的看法。它是一个交互性非常强的平台，而且内容非常丰富。

▶ 12.2.1 进入用户论坛网站

下面介绍进入通达信用户论坛网站的操作方法。

步骤 01 在菜单栏中,选择"帮助"|"用户论坛"命令,如图 12-17 所示。

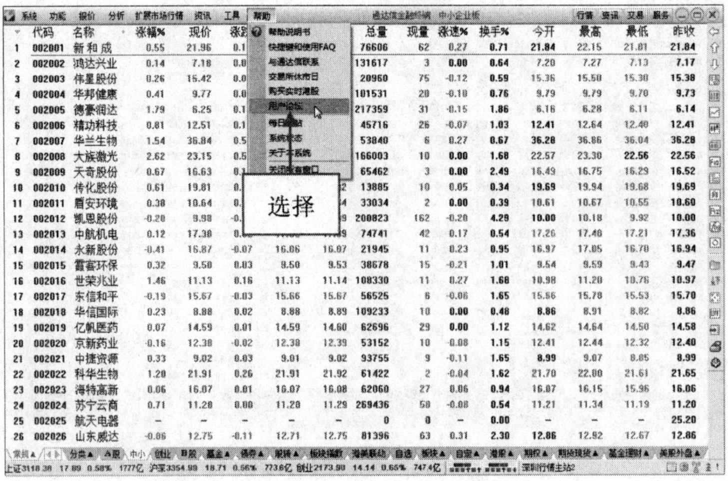

图 12-17 选择"用户论坛"命令

步骤 02 执行操作后,即可打开通达信软件的官方论坛网页,用户在其中可以浏览相应的论坛资讯,如图 12-18 所示。

图 12-18 打开通达信软件的官方论坛网页

> **专家指点**
>
> 用户直接在 IE 浏览器中输入 http://tdx.com.cn 网址,也可以打开通达信论坛网站。

12.2.2 注册论坛账户信息

用户只有注册了论坛账户，才能在论坛中发表信息。下面介绍注册论坛账户信息的操作方法。

步骤 01 打开通达信论坛网页，在右侧单击"用户注册"超链接，如图 12-19 所示。

图 12-19 单击"用户注册"超链接

步骤 02 进入"服务条款和声明"界面，其中显示了相关的条款信息，请用户仔细阅读。如果用户对条款无异议，可单击下方的"我同意"按钮，如图 12-20 所示。

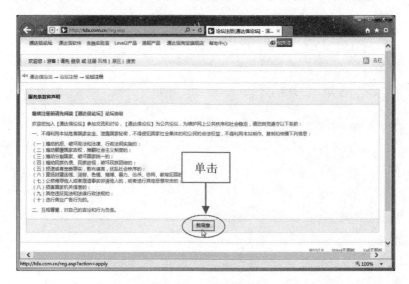

图 12-20 单击下方的"我同意"按钮

步骤 03 进入"用户注册"界面,用户输入注册信息。输入完成后,单击"提交"按钮,如图 12-21 所示,即可完成论坛账户的注册操作。

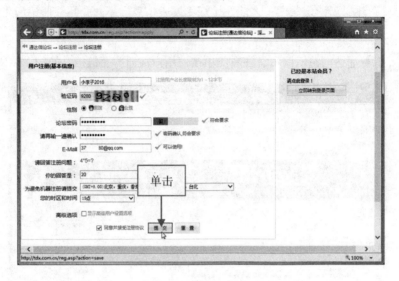

图 12-21 输入注册信息

第 13 章　手机炒股——通达信 App 入门

学前提示

　　通达信手机版是深圳财富趋势科技股份有限公司采用先进技术、全新设计的一款简约易用的移动证券软件。通达信手机版体现了信息全面丰富、运行稳定高效、结构清晰、易上手的特点，是一款适用于广大投资者的移动证券软件。

要点展示

- ▶ 下载与登录通达信 App
- ▶ 使用通达信手机炒股软件
- ▶ 应用通达信的特色功能

13.1 下载与登录通达信 App

通达信软件是多功能的证券信息平台，与其他行情软件相比，有简洁的界面和行情更新速度较快等优点。本节主要介绍通达信手机炒股软件的下载、安装、注册、登录等操作方法。

▶ 13.1.1 下载与安装通达信 App

下面介绍下载与安装通达信App的具体操作方法。

步骤 01 在手机上打开"应用宝"软件，点击手机屏幕右上方的搜索按钮🔍，如图 13-1 所示。

步骤 02 在搜索栏输入欲安装软件（如"通达信"），并点击搜索按钮🔍，如图 13-2 所示。

图 13-1　点击"搜索"按钮

图 13-2　点击"搜索"按钮

步骤 03 执行操作后，显示搜索结果。选择适合的应用程序，点击"下载"按钮，如图 13-3 所示。

步骤 04 执行操作后，即可开始下载该 App，并显示下载进度，如图 13-4 所示。

步骤 05 下载完成后进入通达信安装界面，点击"安装"按钮，如图 13-5 所示。

步骤 06 稍等片刻，即可完成安装操作，系统提示"应用程序已安装"，点击"完成"按钮完成安装或者点击"打开"按钮直接打开 App，如图 13-6 所示。

图 13-3　点击"下载"按钮

图 13-4　下载软件

图 13-5　点击"安装"按钮

图 13-6　完成安装操作

13.1.2　注册与登录通达信 App

下面介绍注册与登录通达信App的具体操作方法。

步骤 01　通过手机浏览器进入通达信官网（http://www.tdx.com.cn/home/），单击"会员中心"超链接，如图 13-7 所示。

步骤 02　进入登录界面，点击"注册"超链接，如图 13-8 所示。

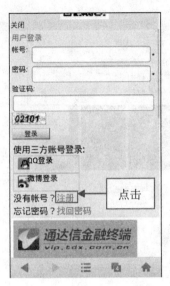

图 13-7 点击"会员中心"超链接　　图 13-8 点击"注册"超链接

步骤 03 设置相应的账号、密码、手机号码、身份证号码、验证码，点击"下一步"按钮，如图 13-9 所示。

步骤 04 设置相应的联系人、联系地址、Email、保密问题和回答，点击"提交"按钮即可，如图 13-10 所示。

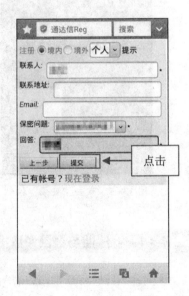

图 13-9 设置相应选项　　图 13-10 点击"提交"按钮

步骤 05 开打通达信 App，点击右下角的"我"按钮，如图 13-11 所示。

步骤 06 进入"我"界面，点击"我的交易账号"选项，如图 13-12 所示。

手机炒股——通达信 App 入门 第 13 章

图 13-11　点击"我"按钮　　　　图 13-12　点击"我的交易账号"选项

步骤 07 进入"账号管理"界面，点击"添加新账号"按钮，如图 13-13 所示。

步骤 08 进入"登录交易"界面，输入相应的客户号和密码，点击"立即登录"按钮即可，如图 13-14 所示。另外，用户也可以使用证券账号进行登录。

 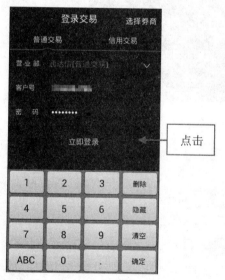

图 13-13　点击"添加新账号"按钮　　　　图 13-14　点击"立即登录"按钮

13.2　使用通达信手机炒股软件

　　通达信炒股软件具有齐全的产品线，其产品覆盖实时数据、基本面资料、资金面分析等功能层面。本节将介绍使用通达信 App 查看行情报价的方法。

13.2.1 分析股票的市场行情

下面介绍使用通达信手机炒股软件分析市场行情的具体操作方法。

步骤 01 打开通达信 App，默认进入"市场"界面，用户可以在此选择相应的股指类型，如沪深、板块、港股、环球等，系统会在该界面中列出领涨板块，以及涨幅榜、跌幅榜、5 分钟速涨榜、5 分钟速跌榜、换手率榜、量比榜等，如图 13-15 所示。

步骤 02 如果这些都不够用，还想同时看到更多的额指数，用户可以点击右上角的 ≡ 按钮进入"市场"界面来添加，如图 13-16 所示。

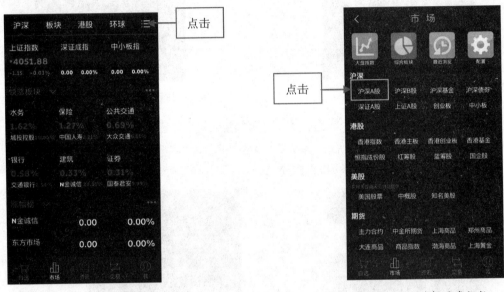

图 13-15 "市场"界面　　　　　　图 13-16 选择更多指数

步骤 03 点击"沪深 A 股"标签进入其界面，可以显示沪深两市的 A 股列表，如图 13-17 所示。

步骤 04 点击"涨幅"标签，即可对沪深两市的 A 股涨幅进行降序排列，如图 13-18 所示。

步骤 05 在"证券名称"标签栏滑动屏幕，用户还可以切换查看总金额、量比、今开、最高、最低、昨收、市盈率、总股本、流通股本、总市值、每股收益、每股净资等数据排行，如图 13-19 所示。

步骤 06 打开感兴趣的股票，点击右下角的"＋自选"按钮，即可将当前选择的股票加入自选股，如图 13-20 所示。

步骤 07 进入"市场"界面，单击"板块"标签，将显示各种板块的涨跌幅情况，如图 13-21 所示。

图 13-17 "沪深 A 股"界面

图 13-18 排列个股顺序

图 13-19 切换查看其他数据排行

图 13-20 点击"+自选"按钮

步骤 08 点击"港股"标签，在这个界面里，显示的是沪港通开通后，投资者可以做的港股，如图 13-22 所示。

步骤 09 "市场"界面下方显示的是期货市场、全球市场、基金等的走势，如图 13-23 所示。

步骤 10 点击其中任何一个按钮，都会显示出按钮所代表的市场，如点击"货币基金"按钮，将显示货币型基金的收益情况，如图 13-24 所示。

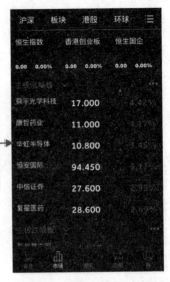

图 13-21 "板块"标签   图 13-22 "港股"标签

图 13-23 "市场"界面   图 13-24 显示货币型基金的收益情况

专家指点

在图 13-24 中，用户可以通过向上滑动的方式，查看下方未显示的多种货币型基金。

13.2.2 分析股票的大盘走势

下面介绍使用通达信手机炒股软件分析大盘指数的具体操作方法。

手机炒股——通达信 App 入门 第 13 章

步骤 01 在"市场"界面的上方,点击"大盘指数"按钮,如图 13-25 所示。
步骤 02 执行操作后,即可进入"大盘指数"界面,此处列出了国内的所有大盘指数,如图 13-26 所示。

图 13-25 点击"大盘指数"按钮　　图 13-26 "大盘指数"界面

专家指点

　　智能手机最方便的地方就在于,一根手指、一个按键即可完成大部分操作。它不同于电脑,有些还需要键盘、鼠标、左键、右键。手机受限于按钮少,显示面积小,所以它的设计都是尽可能地人性化。
　　对于每一位长期涉足股市投资的股民而言,学会如何通过手机看盘、掌握手机看盘的基本方法和各种手机看盘技巧是一门极其重要的必修课。正确地使用手机看盘,可以提高股价运行趋势预测的准确性,从而直接影响投资者投资成功或失败。

步骤 03 选择某种大盘指数后,点击进入其分时走势页面,如图 13-27 所示。
步骤 04 点击"日K"按钮,即可查看大盘K线图,用户也可以结合K线图走势进行分析,以提高预测准确度,如图 13-28 所示。
步骤 05 点击K线图,即可在手机中以全屏的方式查看大盘走势图,效果如图 13-29 所示。
步骤 06 点击"历史"按钮,即可查看大盘的历史分时走势图,使用左右手势可以进行翻页操作,如图 13-30 所示。
步骤 07 在大盘指数详情页面中,单击公告栏中的相应信息标题,进入"资讯信息"界面,即可查看大盘指数近期的资讯信息,如图 13-31 所示。

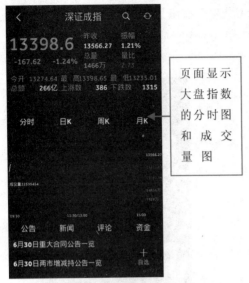
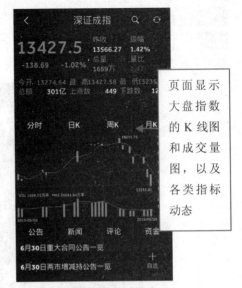

图 13-27　大盘分时页面　　　　　　图 13-28　显示相关信息

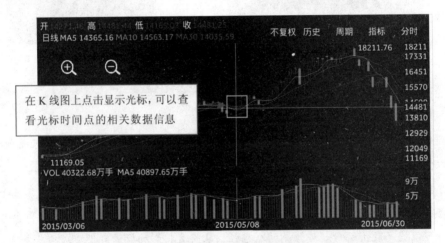

图 13-29　全屏显示

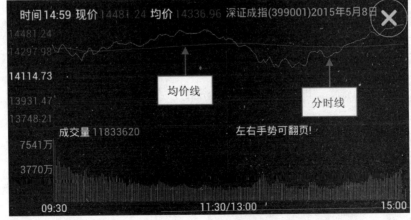

图 13-30　历史分时走势图

步骤 08 在大盘指数详情页面中，点击"资金"标签，即可查看大盘中的主力和散户的资金比例，以及最近5日多空对比数据，如图13-32所示。

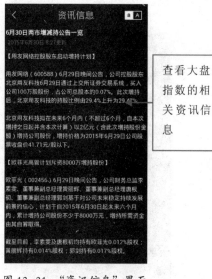

查看大盘指数的相关资讯信息

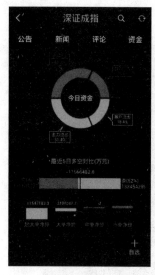

图 13-31 "资讯信息"界面　　　　　图 13-32 "资金"界面

13.2.3 分析股票的个股走势

使用通达信手机炒股票软件分析个股走势的具体操作方法如下。

步骤 01 在"我的自选"界面点击右上角的搜索按钮 🔍，如图13-33所示。

步骤 02 进入"股票搜索"界面，在搜索框中输入相应的股票代码或名称，如中天科技的股票代码600522，点击搜索到的个股名称，如图13-34所示。

点击

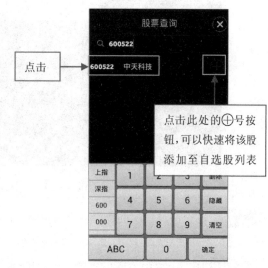

点击

点击此处的⊕号按钮，可以快速将该股添加至自选股列表

图 13-33　点击搜索按钮　　　　　图 13-34　搜索股票

步骤 03 执行操作后，即可进入个股详情界面，如图 13-35 所示。

步骤 04 点击"日 K""月 K"或"周 K"按钮，即可显示个股的 K 线走势、成交量以及五档盘口数据，如图 13-36 所示。

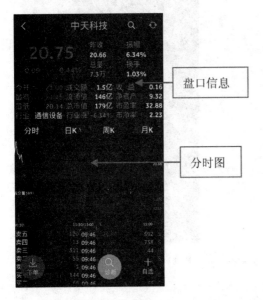
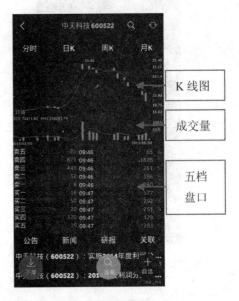

图 13-35　个股详情界面　　　　　　　　图 13-36　K 线走势图页面

步骤 05 点击个股的走势图，即可以全屏显示走势图，如图 13-37 所示。

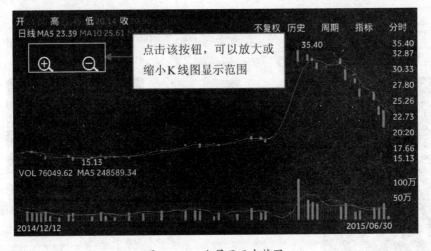

图 13-37　全屏显示走势图

步骤 06 在个股详情界面中，向上滑动屏幕，用户可以在"公告""新闻""研报""关联"列表中选择查看相应的个股信息，如图 13-38 所示。

步骤 07 例如，点击相应的新闻标题，即可进入"资讯信息"界面，查看具体的个股新闻内容，如图 13-39 所示。

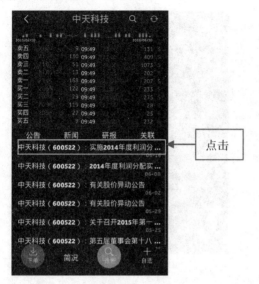

图 13-38　个股资讯列表

图 13-39　查看个股资讯

步骤 08　在个股详情界面中，向上滑动屏幕，用户可以在"资金""简况""股东""财务"列表中选择查看相应的个股基本面信息，如图 13-40 所示。

步骤 09　点击"简况"标签，显示的是个股基本资料，如图 13-41 所示。

图 13-40　个股基本面信息

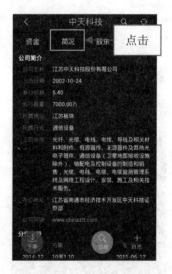

图 13-41　"简况"标签

步骤 10　点击"股东"标签，可以查看个股的股东变动情况，其中包括股东人数、十大流通股东、十大股东等数据，如图 13-42 所示。

步骤 11　点击"财务"标签，可以查看个股的关键财务指标、利润表、资产负债表、

▼ 现金流量表等财务数据，如图 13-43 所示。

图 13-42 "股东"标签

图 13-43 "财务"标签

步骤 12 在个股详情界面中，向上滑动屏幕，用户可以在"重大事项""一致预期""热点题材"列表中选择查看相应的个股信息。例如，在"重大事项"标签中，显示了个股的重大事项、业绩披露、业绩预告、龙虎榜、大宗交易、融资债券等数据，如图 13-44 所示。

步骤 13 点击"一致预期"标签，会显示基于各券商分析师调查（研究报告、电话、Email 等）的上市公司盈利预期数据平均值，如图 13-45 所示。

图 13-44 "重大事项"标签

图 13-45 "一致预期"标签

> **专家指点**
>
> 一致预期数据是以卖方原始预测为基础，从卖方机构影响度、发布时间两个维度进行加权计算，反映市场综合预期水平的数据。一致预期数据的应用极为广泛，除作为综合预期水平的一般应用以外，其作为中国A股的预期基准数据具有极高的数据挖掘意义。

13.3 应用通达信的特色功能

通达信App还具有配置"市场"菜单、DDE决策系统、热点资讯等功能，本节将分别进行介绍。

▶ 13.3.1 掌握市场配置菜单

通达信App可以自由编辑"市场"菜单，具体操作方法如下。

步骤 01 在"市场"界面的上方，点击"配置"按钮，如图13-46所示。
步骤 02 执行操作后，在"单击选择"选项组中，点击要添加的菜单功能，如"创业板"，如图13-47所示。

图13-46 点击"配置"按钮

图13-47 点击要添加的菜单功能

步骤 03 执行操作后，即可添加"创业板"菜单，如图13-48所示。
步骤 04 在下方点击"环球"菜单功能，即可移除该菜单功能，如图13-49所示。

图 13-48 添加"创业板"菜单

图 13-49 移除相应菜单

步骤 05 在上方区域中长按拖动相应的菜单功能,即可将其重新排序,如图 13-50 所示。

步骤 06 点击"确定"按钮,即可保存配置的菜单,如图 13-51 所示。

图 13-50 重新排序

图 13-51 保存配置的菜单

13.3.2 掌握 DDE 决策系统

DDE(Data Depth Estimate,深度数据估算系统)是对 Level 2 逐笔数据和盘口队列数据进行分析统计得到的指标系列。通达信 App 也具有 DDE 决策功能,使用方法为:进入"我"界面,单击"DDE 决策"按钮,如图 13-52 所示。

执行操作后,即可进入"DDE决策"界面。通达信软件的DDE系统是一套用来进行行情显示、行情分析并同时进行信息即时接收的超级证券信息平台,用户可以使用各类DDE排名数据去选择走势好的股票,如图13-53所示。

图 13-52 点击"DDE 决策"按钮

图 13-53 "DDE 决策"界面

> **专家指点**
>
> 　　资金是影响股价波动的最主要原因。没有资金的参与,无论政策还是国际因素影响,都无法直接推动股市。大资金推动大牛市,个股其实也是一样,有大资金的参与买入,个股才更具备上涨的基础。
>
> 　　过去,投资者只能对传统成交明细数据进行分析,模糊而又滞后。现在,通达信在对最先进的 Level 2 逐笔成交数据进行统计的基础上观察大资金的流向,能够深度探寻股价涨跌的内在动因并提高对未来趋势的把握度。利用通达信DDE决策系统,就可以发现大资金的变化,从而把握个股趋势。
>
> 　　就通达信的DDE决策系统而言,它是一个可以看资金流向的操作系统。进入"DDE 决策"界面后,可对个股进行现价、涨幅、净流入、增仓比等进行排序,然后排序中找出资金连续介入的热点股票。

13.3.3　掌握股票的热点资讯

步骤 01 点击底部的"资讯"按钮,进入其界面,如图13-54所示。

步骤 02 点击相应的资讯标题，即可查看其具体内容，如图 13-55 所示。

图 13-54 点击"资讯"按钮

图 13-55 资讯信息

步骤 03 在"资讯"界面单击右上角的 ≡ 按钮，弹出相应菜单，用户可以选择查看更多的资讯类目，如图 13-56 所示。

步骤 04 例如，单击"海外"按钮，即可查看海外的资讯列表，如图 13-57 所示。

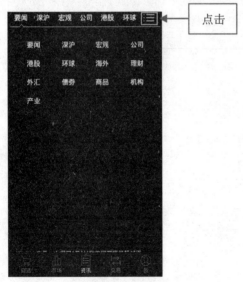

图 13-56 更多的资讯类目

图 13-57 切换为"海外"界面

高手秘籍篇

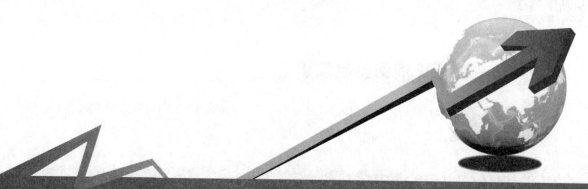

第14章　K线分析——破解盘面行情走向

学前提示

在技术分析领域中，K线形态与成交量形态无疑是技术分析领域中的重要内容，它们也是技术分析中的核心内容。在技术分析的三大前提假设中，"历史往往会重演"就是对形态分析最好的阐述，本章将详细介绍分析K线形态的方法。

要点展示

▶ 认识K线的基本形态
▶ 掌握K线的计算周期
▶ 熟知K线成交量形态
▶ 掌握K线的信号分析

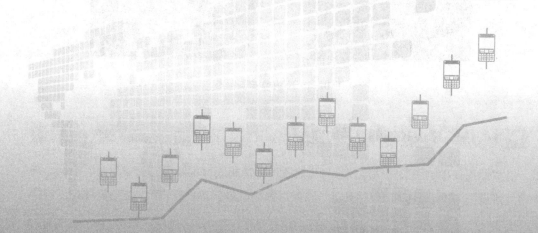

14.1 掌握 K 线的基础知识

K线起源于18世纪日本的米市。当时日本的米商用K线表示米价的变动情况，后被引用到证券市场，成为股票技术分析的一种理论。

14.1.1 认识 K 线的基本形态

K线图是表示单位时间内价格变化情况的技术分析图，就是将各种股票每日、每周、每月的开盘价、收盘价、最高价、最低价等涨跌变化状况，用图形的方式表现出来。因为其绘制出来的图标形状类似于一根根的蜡烛，加上这些蜡烛有黑白之分，因此也称阴阳线图表。

首先找到该日或某一周期的最高和最低价，垂直地连成一条直线，然后找出当日或某一周期的开市价和收市价，把这两个价位连接成一条狭长的长方柱体，即形成了一根K线。图14-1所示为K线的基本形态，中间的矩形称为实体，实体以上细线叫上影线，实体以下细线叫下影线。实体的长短代表了收盘价与开盘价之间的差价。

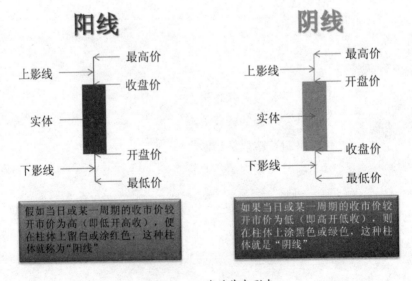

图 14-1　K 线的基本形态

14.1.2 掌握 K 线的计算周期

K线用简单的图形完整地记录每日的股市行情和股市买卖双方的"战斗"情况，并把它们逐日按时间顺序把包括开盘、收盘、最高及最低价位在内的K线图展现在以价格和时间为轴的二维平面图上，使人们能清楚地看到过去几日、一周、一个月、一年和数年的股价历史走势，提供给人们一种判断股市未来走势的一种统计数据的图形表示方法。

根据K线的计算周期，可将其分为分K线、小时K线、日K线、周K线、月K线、年K线。可以调整的K线周期有以下几种情况，如图14-2所示。

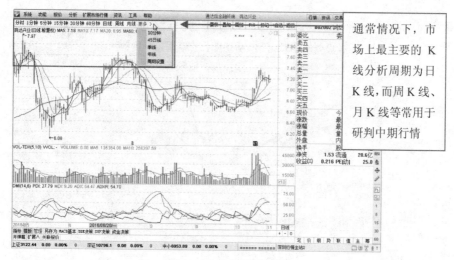

图 14-2　选择 K 线周期

周K线是指以周一的开盘价、周五的收盘价、全周最高价和全周最低价来画的K线图。月K线则以一个月的第一个交易日的开盘价、最后一个交易日的收盘价和全月最高价与全月最低价来画的K线图，同理可以推得年K线定义。

> **专家指点**
>
> 对于短线操作者来说，众多分析软件提供的5分钟K线、15分钟K线、30分钟K线、60分钟K线和120分钟K线等也具有重要的参考价值。

▶ 14.1.3　熟知K线成交量形态

美国著名的投资专家格兰维尔曾经说过："成交量是股票的元气，而股价是成交量的反映罢了，成交量的变化，是股价变化的前兆。"影响股票市场价格变化的因素是多方面的，但决定股价涨跌的主要力量仍然是来自股票市场自身的买卖活动。股票买卖活动规模的大小是通过每日股票的成交量和庄家及跟庄者的持仓量来反映的。因此，对股票市场量价关系的研究实质上是动力和方向的研究，其中成交量和持仓量是动力，价格走势是方向。

透过成交量的形态变化，投资者可以更好地验证价格走势。当价格的发展方向与成交量的变化形态明显背道而驰时，往往意味着原有的趋势即将结束，是投资者应提前做好买卖准备的信号。

例如，如图14-3所示，为鸿达兴业（002002）在2016年9月到2016年10月的走势图。

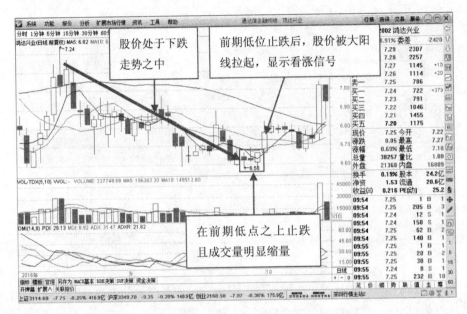

图14-3　鸿达兴业K线图（1）

专家指点

在量价的基本研判上，股价的上涨需要不断出现愿意追逐高价的后续资金，形成成交量、持仓量和股价同时上升的局面；股价的下跌和资金的撤离，则会形成成交量、持仓量和价格持续下跌的局面。

不过，这种"价涨量增，价跌量缩"的同步情况属于正常情况，投资者并不需要特别加以注意。

相反，投资者应该特别注意在"量价背离"的情况下，如何进行买卖股票的操作。通常，出现"量价背离"的情况，说明追高意愿的后续资金不足，随时可能反转。因此，广大中小散户只要能把量价关系研究好了，就可以避免掉进庄家和跟庄者的多头陷阱或空头陷阱，从而保证自己的操作成功。

在随后的走势图中可以清楚地看到，该股整体还是处于下跌走势，股价从7.24元左右跌到了6.58元附近。之后，股价在6.58元处止跌，由此显示出见底信号，同时大阳线拉升股价，显示主力拉升意图，投资者买入机会出现，如图14-4所示。

第14章 K线分析——破解盘面行情走向

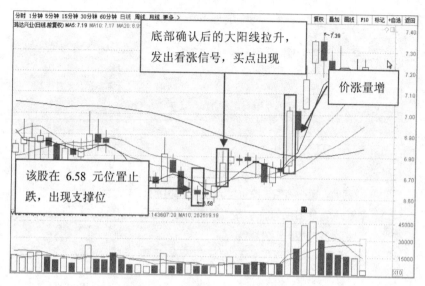

图14-4 鸿达兴业K线图（2）

▶ 14.1.4 调出股票K线图数据

对于以"日"为时间单位的单根K线来说，一根K线记录的仅仅是一天的价格变动情况，只有把每根K线依据时间顺序排列起来，才能清晰地反映出价格的历史走势情况。下面介绍调出股票K线图数据的操作方法。

步骤 01 在某只股票上，单击鼠标右键，在弹出的快捷菜单中选择"打开"命令，如图14-5所示。

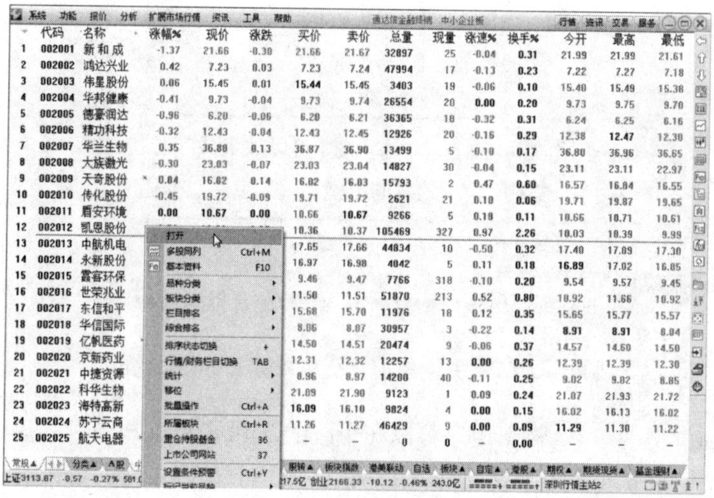

图14-5 选择"打开"命令

步骤 02 执行操作后,即可查看股票的K线图,如图14-6所示。

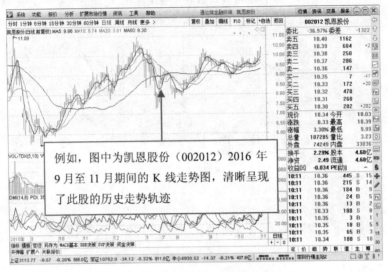

例如,图中为凯恩股份(002012)2016年9月至11月期间的K线走势图,清晰呈现了此股的历史走势轨迹

图14-6 查看股票的K线图

步骤 03 用户可以通过键盘上的↑键和↓键,放大或缩小K线图所显示的时间范围,如图14-7所示。

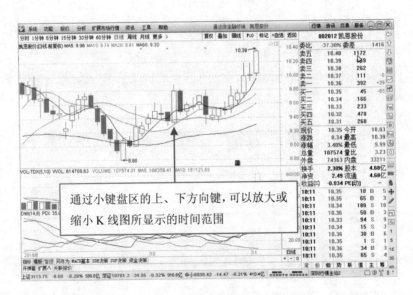

通过小键盘区的上、下方向键,可以放大或缩小K线图所显示的时间范围

图14-7 放大或缩小K线图所显示的时间范围

步骤 04 通过功能键F5键,用户可以在个股的K线走势图与当日的盘中分时图之间来回切换,图14-8所示为某只股票2016年11月5日的盘中分时走势图。

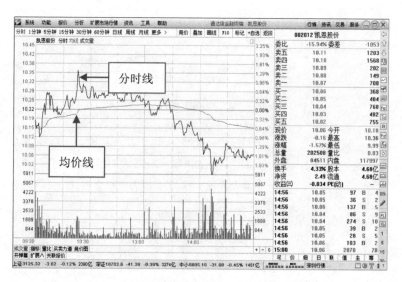

图 14-8　股票的盘中分时走势图

14.2　掌握 K 线的信号分析

在股市实战中，K线技术是分析中最基础的技术。通过K线的不同形态，可以预测股价未来的走势，捕捉涨跌信号，把握买卖时机。本节主要介绍掌握K线信号分析的方法。

▶ 14.2.1　大阳线和小阴线分析

大阳线是K线中的矩形实体较长而上、下影线均较为短小，且当日的最高价与收盘价相同或接近，而最低价则与开盘价相同或接近，它表明个股当日上涨幅度较大，通常指涨幅在5%以上的K线，表示多头战胜空头，获得压倒性优势，后市继续上涨可能性很大，如图14-9所示。

其实，大阳线就是一根具有低开高收格局的阳线，这个名称就有向好的意味。大阳线俗称"大红烛"，象征着股票闪闪发光，照耀着上升的道路。可以说股市中没有人不喜欢大阳线，它也是投资者追进的信号之一。大阳线的基本K线形态是开盘价接近于全日的最低价，随后价格一路上扬至最高价处收盘，表示市场买方踊跃，涨势未尽。通常情况下，大阳线意味着多头势如破竹，后市看涨。

> **专家指点**
>
> 股价刚开始上涨时出现大阳线，表明股票有加速上扬的趋势，投资者可买入；大阳线出现在股价上涨途中，表明股价可能继续上涨，投资者可继续做多。

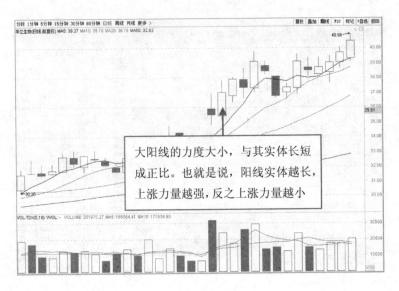

图 14-9 大阳线

小阴线是带有上下影线,阴线实体较短的K线,如图14-10所示。这种K线预示不明,十字线是理论上的标准小阴线。

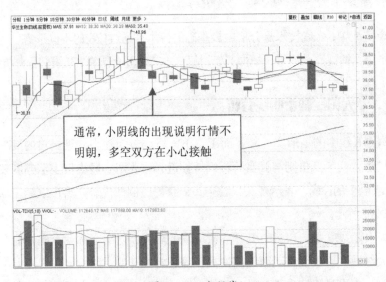

图 14-10 小阴线

> **专家指点**
>
> 通常情况下,单根小阴线的研判意义不大,只是表明在多空的接触中,空方略微占据上风,但力度不大,趋向仍不明朗。对于投资者而言,需要结合其他图形或技术指标来研判后市。

14.2.2 光头光脚阳线分析

光头光脚的K线只有实体，没有上下影线。"光头光脚"意味着在报价变化的过程中多空两边并没有进行挣扎和抵挡，在规定的交易时间内，报价的涨势或许是跌势都出现一边倒的局势。

如图14-11所示为光头光脚阳线的走势图，从图中的报价走势能够看出，股价开盘后整个交易日的时间里，报价都出现单一的上涨走势。

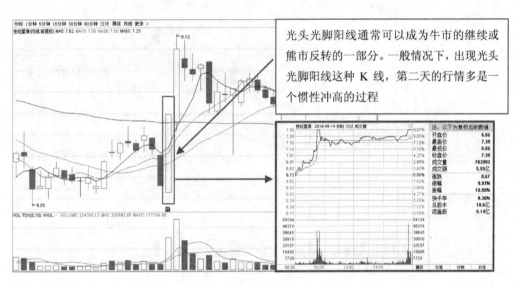

光头光脚阳线通常可以成为牛市的继续或熊市反转的一部分。一般情况下，出现光头光脚阳线这种K线，第二天的行情多是一个惯性冲高的过程

图 14-11　光头光脚阳线走势图

一般来说，实体较小的光头光脚K线所形成的影响比较小，反之则大。若是实体较小的光头光脚K线接连出现在一个顶部或底部区域，则很容易引发接连性的上涨或跌落行情。若是实体较大的光头光脚K线接连出现在顶部或底部区域，表明多空之间的战斗现已十分明显，投资者能够采取相应的行动。

> **专家指点**
>
> 在实际操作中，光头光脚阴线的出现，表明空方在一日交战中最终占据了主导优势，多方已经无力抵抗，股价的跌势强烈，次日低开的可能性较大。如果在股价的高位区出现此图形，投资者最好在最短时间内将手中持有的股票抛光，尽可能地规避风险。

14.2.3 上影和下影阳线分析

上影阳线是带上影线的阳线实体。为了解释上影阳线的典型市场含义，此处只讨论

▼ 上影线较长、下影线相对较短或没有下影线、阳线实体有一定长度的上影阳线。上影阳线在总体上反映了在当日的盘中交易过程中，多方占有一定的优势，而且它还可以进一步反映多空双方的交战情况。

如图14-12所示，为金力泰（300225）2016年9月至10月期间的走势图，此股在连续上涨之后出现了明显的上影阳线形态，这是多方阶段性上攻力量不足且空方抛压加重的表现，多预示着短期回调走势的展开。

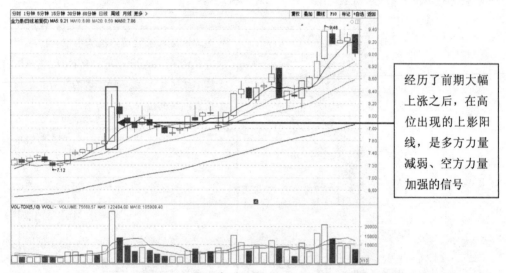

图14-12　金力泰（300225）上影阳线示意图

对于上影阳线而言，可以通过比较影线与实体的长短来判定个股中多空双方的实力对比情况，如表14-1所示。

表14-1　上影阳线在实战中的应用

K线形态	具体含义
上影线比实体长	表明空方的抛压较重，如果个股此前的涨幅较大或近期上涨速度较快，则说明多方已无力再次发动大幅拉升，是个股短期内出现大幅下跌的信号
上影线比实体短	表明虽然多方在高价位时遇到了阻力，遭到了空方的打压，但多方仍是市场的主导力量，后市继续看涨

此外，在比较影线与实体长短的时候，投资者还应结合股价目前的运行趋势以及股价所处的位置来做综合分析，以免得出过于片面的结论。

下影阳线是带下影线的阳线实体。为了解释下影阳线的典型市场含义，此处只讨论下影线较长、上影线相对较短或没有上影线、阳线实体有一定长度的下影阳线。下影阳线在总体上反映了在当日的盘中交易过程中，多方占有一定的优势，而且它还可以进一步反映多空双方的交战情况。

如图14-13所示，为金力泰（300225）2016年9月至10月期间的走势图，此股在一波回调后出现了一个下影阳线的K线形态，由于此股之前处于稳健上升走势中，因而这个下影阳线的出现说明导致股价出现短期回调的空方力量已经接近枯竭，且多方又开始发动反攻，是短期回调结束、个股继续上涨的信号。

图 14-13　金力泰（300225）下影阳线示意图

对于下影阳线而言，可以通过比较影线与实体的长短来判定个股中多空双方的实力对比情况，如表14-2所示。

表 14-2　下影阳线在实战中的应用

K 线形态	具体含义
下影线比实体长	表明空方的抛压较重，也说明了多方的反击力度较大。如果个股前期的跌幅较大，则往往预示着空方力量已经枯竭，是多方力量开始主导市场走势并发动攻击的信号，也是个股近期将要止跌上涨的信号；如果个股此前的涨幅较大或近期上涨速度非常快，则说明空方开始集中抛售，虽然多方在当日抵挡住了空方的进攻，但多方的力量明显不足，是个股短期内将出现大幅下跌的信号
下影线比实体短	表明虽然市场存在着一定的抛压，但多方仍是市场的主导力量，后市继续看涨

14.2.4　十字星信号分析

十字星是一种只有上下影线，没有实体的K线图。具体表现为，开盘价即是收盘价，表示在交易中股价出现高于或低于开盘成交，但收盘价与开盘价相等。

如图14-14所示，为民生控股（000416）2016年8月期间的走势图，此股在一波快速回调之后，出现了一个十字星形态，这一形态的出现预示着个股阶段性下跌即将见底，是空方力量减弱的信号，也往往预示着个股随后即将出现止跌上扬的走势。

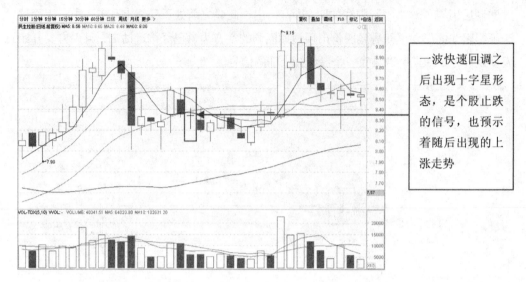

图 14-14 民生控股（000416）十字星示意图

就十字星的表现形态而言，上影线越长，表示卖压越重；下影线越长，表示买盘旺盛。通常在股价高位或低位出现十字星，可称为转机线，意味着出现反转。在实际操作中，"十字星"一般理解为多空双方能量暂时较为平衡，一方未能压倒另一方，所以未做方向选择收阳线或收阴线。

另外，在实际的股市操作中，投资者遇到十字星的概率并不低，但十字星在个股不同的阶段，其意义不同。

（1）**十字星出现在上涨初期**。在涨势的初期，如遭到跳空式的十字星时，投资者应特别注意确认是否将迎来主升段上涨。如果确认是主升段上涨，中小投资者可在后期逢低积极介入。确认时还需注意两个情况：判断跳空缺口是否会被回补；看后期是否是放量上涨、缩量整理。

（2）**十字星出现在上涨中期**。上涨中期的个股，第一天收阳线，第二天收十字星，是主力资金一种震荡洗盘的手法，故意做出上涨无力的样子。实际上，上涨中期出现的十字星都是行情中继，是暂时休整，原有上升趋势未改，后市继续看涨。

（3）**十字星出现在上涨末期**。个股在上涨末期如果收十字星，一般有见顶嫌疑。因为一只股票长期大幅上涨后，参与的资金获利较丰厚。收十字星，就是代表涨不动。涨不动，就意味着下跌的开始，所以不要小视此时期十字星的风险。

（4）**十字星出现在盘中**。个股箱体震荡时，时有十字星出现，此时的意义不大，只是主力资金在震荡洗盘。不过通过洗盘后，如能放量拉升，投资者可以积极参与。

14.2.5 T字线信号分析

T字线的形状像英文字母T,它的开盘价、最高价和收盘价相同,成为"一"字,但最低价与之有相当距离,因而在K线上留下一根下影线,构成T字状图形。

通常情况下,T字线因所处的位置不同,各自的技术含义也不尽相同。在实际操作中,T字线真实地反映了主力的操盘意图,投资者只要认真分析T字线出现的时间、位置,再结合其他技术分析指标,就能识破主力的意图,在与主力争斗中取得胜利。

如图14-15所示,为天马股份(002122)2016年9月至11月期间的走势图,此股在上升途中出现了T字线,后市股价继续看涨。

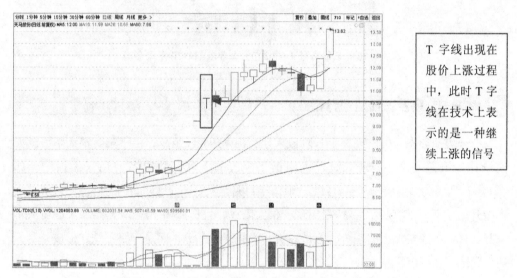

图14-15　天马股份(002122)上升途中的T字线形态

T字线出现在股价上涨过程中,此时T字线在技术上表示的是一种继续上涨的信号

专家指点

在分时图中有一种倒T字线,它是指开盘价、收盘价、最低价粘连在一起,成为"一"字,最高价与之有相当距离,因而在K线上留下一根上影线,构成倒T字形。

如图14-16所示,为安彩高科(600207)2016年1月至2月期间的走势图,此股在上升末期出现了T字线。客观来讲,此时出现的T字线通常是主力为了掩护高位出货释放的一枚"烟雾弹",使投资者觉得这种先抑后扬的T字线走势是股价拉升过程中的一种洗盘行为,这会使一些激进的短线客进场做多。

实践证明,此时出现的T字线是一种转势信号,预示股价将会由上升转为下跌,投资者应及时清仓。

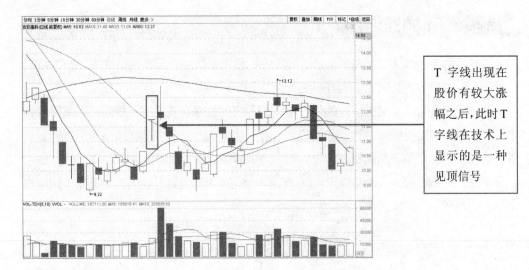

图 14-16　安彩高科（600207）上升末期的 T 字线形态

14.2.6　乌云盖顶信号分析

乌云盖顶形态一般出现在上升阶段末期，由两根K线组成，由于第二根大阴线就如同一片乌云盖住了第一根K线，也阻挡了个股的上涨，故得名"乌云盖顶"。如图14-17所示为金盾股份（300411）2015年11月至2016年1月期间的走势图，该股在大幅拉升的后期于2015年12月17日出现一根大阳线，且日涨幅超过5%，第二天股价大幅高开，显示出还要大涨的态势，但是股价并没有继续上涨，而是一路下跌，形成"乌云盖顶"形态，后市看跌。

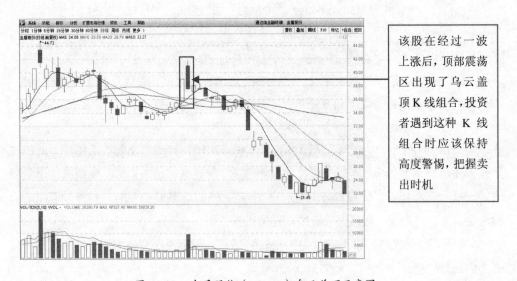

图 14-17　金盾股份（300411）乌云盖顶示意图

14.2.7 黄昏之星信号分析

黄昏之星由3根K线组成，在股价上涨到高位区域后出现一根大阳线，显示买盘强劲，升势将持续；次日，股价向上跳空形成实体部分很小的K线；第三日股价突然向下跳空低开，收盘深入第一根阳线的实体之内，抹去了前两天大部分涨幅的走势。第二日的小阳线或小阴线的实体部分分别高于大阴线和大阳线的实体部分，这种组合形态就是黄昏之星。黄昏之星通常出现在上升行情末期，属于反转信号，用于判断K线头部形态的形成，表示股价回落，是卖出信号，投资者应伺机抛出。

如图14-18所示，为溢多利（300381）2016年7月至9月期间的K线图，股价经历了一波较大涨幅的上升行情，并于8月31日收一根大阳线。9月1日股价收一根小阳线，9月2日，该股在上涨末期出现了一根大阴线，当天的收盘价为27.11元，低于前一天的开盘价29.87元，形成黄昏之星形态，后市看跌。

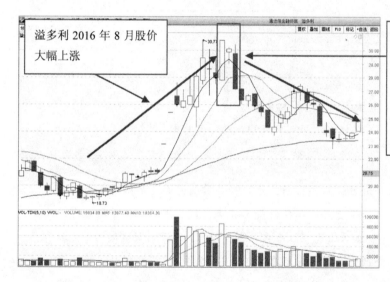

图 14-18 溢多利 K 线图

14.2.8 红三兵信号分析

在股价上涨过程中，连续出现3根阳线，每一根阳线的收盘价都要高于前一根阳线的收盘价，这样的K线组合就是"红三兵"形态，又叫"三个白武士""前进三兵"或"白色三兵"。

红三兵形态是由3根短小的连续上升的阳K线组成，K线收盘价一日比一日高，表示"红兵"勇敢前进，基础扎实，后势涨幅将加大。红三兵形态表明股价已经过充分换手，积累了一定的上升能量，如若成交量能同步放大，继续上涨性极大。

如图14-19所示,为四川双马(000935)2016年7月至11月期间的走势图。此股出现一个明显的连续3根阳线的红三兵形态,且在这3个交易日内成交量也出现了较为明显的放大,这是多方开始反击且多方能量较为充足的表现。由于这一形态出现在个股深幅下跌之后的底部整理期间,因而它是预示股价短期内见底回升的信号,也是投资者短线买入的信号。

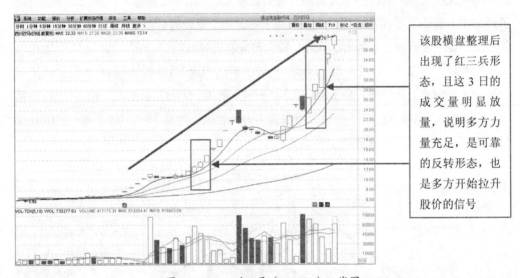

图14-19 四川双马(000935)K线图

专家指点

在下跌行情的底部出现红三兵形态,是一种非常明显的见底回升信号,这种上涨态势,是非常可靠的,投资者可以在股价突破阻力线初期进入,等待短期的丰厚利润;在上涨行情途中,如果出现"红三兵"组合形态,暗示着买方实力逐渐累积,当突破阻力线后,就会产生质变,表现在股价上,就是后市股价飙升,因此该形态是股民介入盈利的机会;如果在股价高位整理,此时如果出现"红三兵"组合形态,投资者最好离场观望,以免后市被严重深套。

▶ 14.2.9 黑三鸦信号分析

黑三鸦形态由3根阴线构成,一般出现在上升阶段末期,是典型的见顶回落K线组合。

如图14-20所示,为豫金刚石(300064)2016年7月至10月期间的K线走势图,此股在一波快速上涨行情后,于阶段性的明显高位出现由3根中小阴线组合而成的黑三鸦形态。投资者遇到黑三鸦形态时必须保持高度警惕,这是非常强烈的反转信号。从图中可以看到，该股在出现黑三鸦后，开始加速下跌。

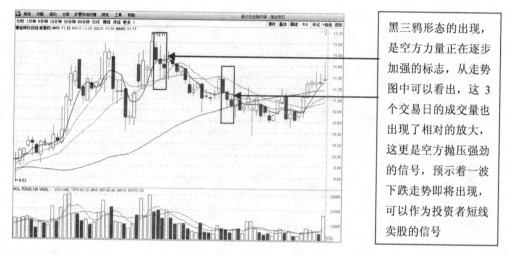

图 14-20 豫金刚石（3000647）K 线图

黑三鸦形态的出现，是空方力量正在逐步加强的标志，从走势图中可以看出，这 3 个交易日的成交量也出现了相对的放大，这更是空方抛压强劲的信号，预示着一波下跌走势即将出现，可以作为投资者短线卖股的信号

在大幅上涨到高价位区域后，如果出现黑三鸦形态，股价见顶的可能性很大，后市下跌的可能性也很大。因此投资者在高位区应特别谨慎对待该形态。一旦遇到这种形态，应立即离场。

第 15 章 形态分析——提高分时图分析技术

学前提示 形态理论是通过研究股价所走过的轨迹,分析和挖掘出曲线,告诉投资者一些多空双方力量的对比结果,进而知道投资者的行动。本章将介绍分析股价运动形态的方法和技巧,让投资者随时随地看清股价的整体运行情况,及时采取正确的应对手法。

要点展示
- ▶ 了解股价形态分析
- ▶ 分析股市反转形态
- ▶ 分析股市整理形态

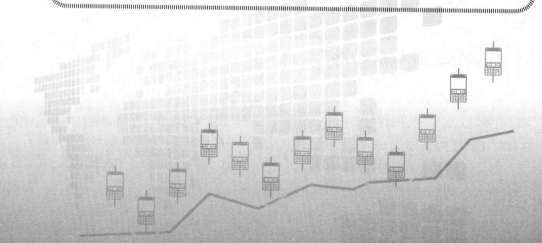

15.1 了解股价形态分析

形态分析是技术分析领域中比较简明实用的分析方法。形态分析可以分为两大类：反转形态和整理形态。反转形态表示趋势有重要的反转现象；整理形态则表示市场正逢盘整，也许在修正短线的超卖或超买之后，仍往原来的趋势前进。

通常情况下，股价移动方向是由多空双方力量对比来决定的：当多方占优势时，股价向上运动；当空方占优势时，股价向下运动；当多空双方的力量均衡时，股价会在当前的位置以调整的形态上下来回波动；当原有的平衡被打破时，股价则会寻找新的平衡位置。总体来说，股价移动的规律如图15-1所示。

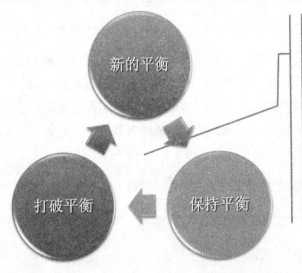

图 15-1　股价移动的规律

上面初步介绍了股价形态分析技术的原理，下面将结合股市图形与实例进行详细介绍，让读者掌握在通达信软件中分析股市形态的方法。

15.2 分析股市反转形态

反转形态的形成起因于多空双方力量对比失去平衡，变化的趋势中一方的能量逐渐被消耗殆尽，而另一方则转为相对优势。反转形态往往预示着趋势方向的逆转，也就是将要改变原先的股价走势方向，股价在多空双方力量的平衡被打破后去探寻新的平衡位。在实战过程中，反转形态为重要的买入或卖出信号，因此投资者必须掌握和学会判断反转形态。本节主要介绍分析反转形态的方法和技巧。

15.2.1 M头反转形态

M头又称双重顶或双顶，是K线图中较为常见的反转形态之一，由两个较为相近的高点构成，其形状类似于英文字母M，因而得名。在连续上升过程中，当股价上涨至某一价格水平时，成交量显著放大，股价开始掉头回落；下跌至某一位置时，股价再度反弹上行，但成交量较第一高峰时略有收缩，反弹至前高附近之后再第二次下跌，并跌破第一次回落的低点，股价移动轨迹像M字，双重顶形成。

如图15-2所示，为老凤祥（600612）2016年3月至5月期间的走势图。该股在M头反转形态内第一次回跌的低点可绘制一条水平支撑颈线（即颈线），股价在二次回跌至此支撑线并突破时，不需要大的成交量的配合，股价走势也不会在此位置形成徘徊，而是一种义无反顾的直接下跌趋势。而后股价会有回抽，回抽完成后，将引发波段性下跌。

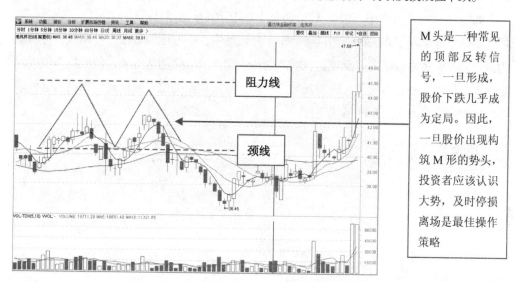

M头是一种常见的顶部反转信号，一旦形成，股价下跌几乎成为定局。因此，一旦股价出现构筑M形的势头，投资者应该认识大势，及时停损离场是最佳操作策略

图 15-2 老凤祥（600612）M头形态示意图

专家指点

M头反转形态是一个中期趋势的顶部形态，所以前期必须经过一轮的中期上升行情。M头反转形态是一个非常重要的转势信号，其形态就像两座山头相连，出现在价位的头部，反映后市偏淡。

要点1：M头形态的高点并不一定在同一水平上，通常第二个顶点比第一个顶点稍高，是高位追涨筹码介入拉高的结果，股价上涨力度不大。

要点2：M头形态的两个顶点就是股价这轮上升行情的最高点，当股价有效跌破形态颈线时行情发生逆转，投资者应果断卖出股票。

15.2.2 W底反转形态

W底也称双重底,是指股票的价格在连续二次下跌的低点大致相同时形成的股价走势图形。其中,两个跌至最低点的连线叫支撑线。

W底的形成原理为:在下跌行情的末期,市场里股票的出售量减少,股价跌到一定程度后,开始不再继续下跌;与此同时,有些投资者见股价较低,开始进入市场建仓,这样,在买盘力量的推动下,股价又慢慢地回升,但这时,投资者仍受下跌风的影响,不敢大胆地买进,因而购买力不强;而卖者觉得价格不理想,在一旁观望,于是股价不断波动,到达一定阶段后,市场的股票供应量在增加,价格再次回落;当回落到前一次下跌的低价位后,市场中的买盘力量增加,股价开始反弹,反弹到前次的高点后,便形成W底形态。

如图15-3所示,为阳光股份(000608)2016年1月至7月期间的走势图,此股在阶段性的低位区出现了W底形态。该股处于下降通道中,空方连续数根中长阴线,打压能力消耗殆尽,多方趁机发起反攻,在前期密集成交区的价位回落受阻,但股价未跌破前期低点。接着,多方再次发起一轮反攻,一举突破前期阻力位,股价逐步走高。这种走势形成W底,为后市上升埋下伏笔。

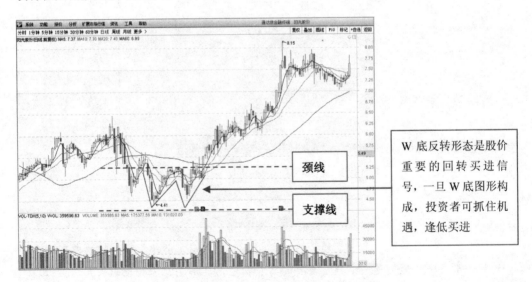

图15-3 阳光股份(000608)W底形态示意图

W底形态一般在股价下跌到低位出现的频率较高,其走势大致形成W形,该形态是一个后市看涨的见底反转形态。W底形态内有两个低点和两次上升,从第一个高点可制作出一条水平颈线压力,股价再次向上打破颈线时,必须伴随活泼的成交量,双重底才算正式建立。

15.2.3 头肩顶反转形态

头肩顶是最为常见的反转形态图表之一。头肩顶是在上涨行情接近尾声时的看跌形态，图形以左肩、头部、右肩及颈线构成。在头肩顶形成过程中，左肩的成交量最大，头部的成交量略小些，右肩的成交量最小，成交量呈递减现象。

如图15-4所示，为*ST烯碳（000511）2015年7月至12月期间的走势图，股价在高位出现了头肩顶反转形态。在头肩顶反转形态中，在股价没有跌破颈线位之前，颈线的位置对股价形成强力的支撑，而一旦股价跌破头肩顶形态的颈线以后，往往意味着多空平衡被打破，空方开始占据优势，单边市下跌即将开始，投资者就可以在颈线位被跌破的时候及时卖出。

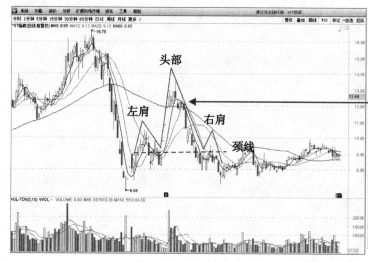

头肩顶形态在构筑的过程中，并不需要太多的时间，而且股价在跌破颈线时，并不需要成交量的配合。如果股价跌破颈线是放量下跌，则后期下跌的速度会加快。如果股价在跌破颈线时，成交量出现明显的萎缩，则往往后期会有一个价格反抽的过程

图15-4 *ST烯碳（000511）头肩顶形态示意图

头肩顶反转形态由左肩、头部、右肩3部分组合而成，此时，颈线所在位置充当了整个头肩顶形态的支撑位，头部的出现是源于持续上涨后多方力量的最后一次集中释放，而右肩的出现则因为多方在高位区承接力度不够。头肩顶反转形态一般出现在股价上涨的高位，出现该形态后，可视为行情见顶反转信号，后市股价可能回落。

> **专家指点**
>
> 头肩顶反转形态在构筑的过程中，并不需要太多的时间，而且股价在跌破颈线时，并不需要成交量的配合。如果股价跌破颈线时放量下跌，则后期下跌的速度会加快。如果股价在跌破颈线时成交量出现了明显的萎缩，则往往后期会有一个价格反抽的过程。

15.2.4 头肩底反转形态

头肩底是一种典型的趋势反转形态，是在行情下跌尾声中出现的看涨形态，图形以左肩、底、右肩及颈线形成。3个波谷成交量逐步放大，有效突破颈线阻力后，形态形成，股价反转高度一般都大于颈线与最低点之间的垂直高度。

如图15-5所示，为荣安地产（000517）2015年8月至12月期间的走势图，股价在阶段性底部出现了头肩底形态。股价在下跌到低位后反弹形成"左肩"，随后股价反弹受阻回落创新低后再次形成"头部"，当股价上涨到上次反弹高位附近受阻回落并在第一次股价下跌低位附近止跌企稳，后市股价上涨突破阻力线（颈线）形成头肩底形态。"头部"的出现是源于深幅下跌后又一股做空力量的集中涌出，而"右肩"的出现是因为空方力量已经明显趋于枯竭。出现该形态后，后市股价将回落，可视为行情见底反转信号。

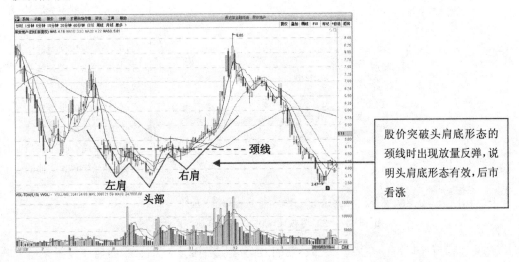

图15-5 荣安地产（000517）头肩底形态示意图

头肩底形态的主要特征如下。

● 头肩底形态的形成时间较长且形态较为平缓，而头肩顶形态的形成过程则通常是剧烈而急促的。

● 头肩底形态的总成交量比头肩顶形态的总成交量要少，这是由于底部供货不足而顶部恐慌抛售所致。

● 头肩底形态突破颈线时必须要有量的剧增才能算有效，而头肩顶形态突破颈线时则可以是无量下跌。

● 头肩底形态的价格在突破颈线后习惯于反抽，原因是落袋为安的交易者较多。

● 头肩底形态的颈线常常向右方下倾，如果向右方上倾则意味着市场更加坚挺。

15.2.5 圆弧顶反转形态

当复杂的头肩形状不是在两条水平线中进行类似于箱形整理的形态时，参差的凹凸则有可能是围绕着一段弧线进行的，这常被称为圆回转，也称为圆弧顶。这种形状较为罕见，它代表趋势在缓慢而渐进地改变。

当出现圆弧顶反转形态后，由于圆弧顶没有像其他图形一样有着明显的卖出点，但其一般形态耗时较长，有足够的时间让投资者依照趋势线、重要均线及均线系统卖出逃命。

如图15-6所示，为鸿达兴业（002002）在2016年6月至7月期间的走势图，此股在持续上涨后的高位区出现了一个圆弧顶形态。投资者要注意及时出击，把握好圆弧顶走势中的卖点，一般来说，如果价格前期累计涨幅较大，且在高位区的一波走势后有明显的滞涨倾向，股价重心开始缓缓下跌时，即可减仓出局。

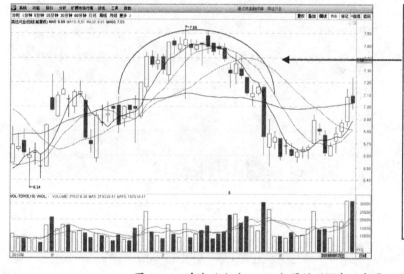

此股的前期累计涨幅较大，且高位区的圆弧顶走势处于明显的高位滞涨形态，是空方抛压开始转强，多方推升力量不足的体现，是投资者应选择高位离场的警示性信号

图15-6　鸿达兴业（002002）圆弧顶形态示意图

圆弧顶反转形态形似圆弧，这种形态较为清晰地勾勒出了多空双方力量的转化过程，是投资者识别趋势反转的重要形态之一，其形成机理如下。

● 股价在经过一段买方力量强于卖方力量的升势之后，买方趋弱或仅能维持原来的购买力量，使涨势缓和，而卖方力量不断加强，最后双方力量均衡，此时股价会保持没有下跌的静止状态。

● 当卖方力量超过买方力量时，股价就开始回落，开始只是慢慢改变趋势，跌势并不明显，但后期则由卖方完全控制市场，跌势便告转急，说明一个大跌趋势将来临，未来下跌之势将转急变大。

15.2.6 圆弧底反转形态

圆弧底形状归于一种盘整形状，其形状宛如锅底状。圆弧底形态往往出现在中长期跌落行情的晚期，跌落起伏越大，盘底的时间越长，股价回转就越牢靠，上升的力度就越大，即"横有多长，竖有多高"。

如图15-7所示，为紫光国芯（002049）在2016年5月至6月期间的走势图，此股在底部继续跌落，进入了长时间构筑圆弧底的进程，之后慢慢上涨，完结了大圆弧底的结构。整个进程成交量呈现缩量的形状，可是在圆弧底构成的晚期，该股呈现了跌落缩量回调的消化压力。

图15-7 紫光国芯（002049）圆弧底形态示意图

> **专家指点**
>
> 投资者需要注意的是，圆弧底形态通常耗时较长，所以不要过早介入。投资者最佳的买入机遇为：在完结底部形状后向上打破的第一天为短线的最佳买入机遇，中长线的投资者可在成交量开始放量、股价不再创新低时进场。

15.2.7 V形底反转形态

V形底反转形态是指股价先一路下跌，随后一路攀升，底部为尖底，在图形上就像英文字母V一样。V形反转在投资品种的K线组合里是很多见的，它是一种强烈的上涨信号，它的出现一般都是K线趋势经过较长时间的下跌（下跌按某个角度下行），一般是在利空并极度发泄后,突发较大的利好消息,这时K线拐头向上而且有相当一段的持续性,因此在K线图形上形成了一个V字。

如图15-8所示,为丽江旅游(002033)在2016年6月至9月期间的走势图。从图中能够看到,该股经过长时间的跌落后,在底部区域缓慢地下行,抵达一个低点之后股价开端大幅上升,构成一个尖尖的V形底,股价开始反转向上。稳健型投资者可以在V形底构成后进行小幅回调时入场。

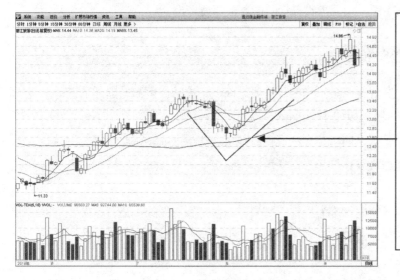

图 15-8 丽江旅游（002033）V形底形态示意图

V形形态是一种改变极快、力度极强的反转形状。V形反转一般出现在中长时间趋势的结尾,通常没有突发资讯的影响不可能走出这种形状。V形底构成时刻最短,是研判最艰难、最大的一种形态。可是这种形态的爆发力最强,投资者如果掌握得好,则能够在短期内赢取暴利。

V形底不易在图形完结前被承认,因此投资者在遇到疑似V形底的场合时,若已买进股票,则要随时注意股价的走势。保守型的投资者则可以等成交量放量,股价打破左肩高点,完结V形反转形态时,再买进股票。

V形底反转形态的分析要点如下。

要点1：当股价经过长时间的深幅下跌后在底部见底回升,如果两次向上放量突破20日均线,则形态确立,后市看涨。

要点2：在实战的操作中,当V形反转形态形成之后,股价有可能会横向波动一段时间,然后继续上升。

要点3：当V形反转形态形成后,如果股价在高于当前高点的位置横盘整理,预示主力有极强的控盘能力,向上动力强；如在前期高点附近上下波动,则向上动力相对较弱。此外，横盘整理的时间越长，向上力度也就越小。

15.3 分析股市整理形态

在股价向某个方向经过一段时间的快速运行后，不再继续原趋势，而是在一定区域内上下窄幅波动，等待时机成熟后再继续前进。这种不改变股价运动基本走势的形态，称为整理形态。本节主要介绍分析整理形态的方法和技巧。

15.3.1 矩形整理形态

矩形又叫箱形，股价在两条平行的趋势线之间上下波动，做横向延伸的运动。股价在上升到上平行线时遇到阻力，掉头回落，但很快便获得支撑而回升。不过，在回升到上次同一高度时再次受阻，回落至上次低点时则再次获得支撑。如此反复，将这些短期的高点和低点分别通过直线连接起来，便可以得到矩形的两条水平趋势线，它显示多空力量对比相当。

通常情况下，矩形整理形态为投资者带来了一些短线操作的机会，投资者可以在股价回落至支撑线时买入，股价上升到压力线时卖出，矩形的宽度越大，则差价越大，投资者的收益也会越高。

如图15-9所示，为宝鹰股份（002047）在2015年4月至2016年11月期间的走势图。从图中可以看到，该股股价经过一波拉升和下跌后，构成的矩形震荡态势是一种整理形态，当股价突破矩形上边线时，投资者应该把握买入机会。该股在突破矩形上边线后，走出了大幅上涨行情。

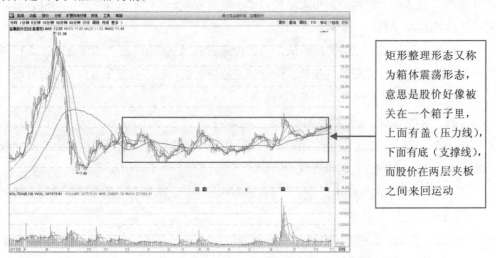

图 15-9　宝鹰股份（002047）矩形整理形态示意图

15.3.2 旗形整理形态

旗形整理形态是指涨或跌的起点开端比如一根旗杆，旗杆后边的整理形态就好像一面迎风招展的旗帜。旗形整理形态大多发生在市场极度活跃、股价运动近乎直线上升或下降的情况下，且出现在第四浪的概率较大，随后的趋势虽然将继续，但距离趋势结束可能也将不远了，此时操作要注意防范风险。

旗形的上下两条平行线起着压力和支撑作用，这一点有些像轨道线。旗形也有测算功能，旗形的形态高度是平行四边形左右两条边的长度。旗形被突破后，股价将至少要走到形态高度的距离，大多数情况是走到旗杆高度的距离，上涨的幅度一般不会少于旗形之前紧邻旗形的那波行情的空间。

如图15-10所示，为三花股份（002050）在2015年1月至11月期间的走势图，此股在上升途中出现了一波快速下跌走势，随后出现了一个旗形的回调走势，从而构成一个完整的旗形整理形态，通过一段时间的旗形整理后股价持续上升。

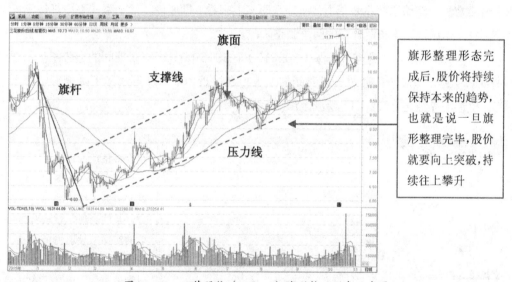

图15-10 三花股份（002050）旗形整理形态示意图

> **专家指点**
>
> 旗形整理形态可分为上升旗形和下降旗形两种走势。
>
> （1）上升旗形：股价经过陡峭的飙升后，接着形成一个紧密、狭窄和稍微向下倾斜的价格密集区域，把这个密集区域的高点和低点分别连接起来，就可以画出两条平行而又下倾的直线，这就是上升旗形。
>
> （2）下降旗形：当股价出现急速或垂直的下跌后，接着形成一个波动狭窄而又紧密，稍微上倾的价格密集区域，像是一条上升通道，这就是下降旗形。

15.3.3 楔形整理形态

如果将旗形两根平行线中的压力线或支撑线向中间倾斜，变成上倾或下倾的三角形，就会得到楔形。楔形是一个趋势的中途休整过程，休整之后，仍将保持原来的趋势方向。楔形整理形态一般是由两条同向倾斜、相互收敛的直线组成，分别构成股价变动的上限和下限，其中上限与下限的交点称为端点。楔形整理形态可分为上升楔形和下降楔形两种走势。

（1）上升楔形：上升楔形是指股价经过一次下跌后产生强烈技术性反弹，价格升至一定水平后又掉头下落，但回落点比前次高，然后又上升至新高点，再回落，在总体上形成一浪高于一浪的势头。如果把短期高点相连，则形成一条向上倾斜直线，且两者呈收敛之势。上升楔形表示一个技术性反弹渐次减弱的市况，常在跌市中的回升阶段出现，显示股价尚未见底，只是一次跌后技术性的反弹。

（2）下降楔形：下降楔形则正好与上升楔形相反，股价的高点和低点形成一浪低于一浪之势，波动幅度逐渐减小，从外观形态上来看，即股价变动上限和下限都逐渐向下倾斜，常出现于中长期升市的回落调整阶段。

如图15-11所示，为霞客环保（002015）在2016年5月至11月期间的走势图。从图中可以看到，该股股价通过一段时间的上涨，在挨近顶部区域形成了下降楔形整理形态，该形态完结之后股价向上继续上涨。

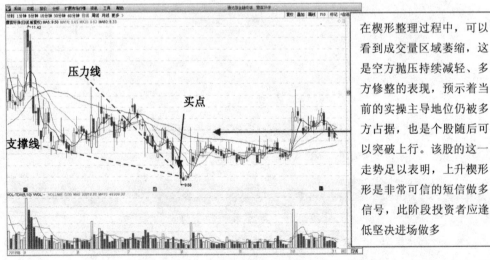

图 15-11　霞客环保（002015）楔形整理形态示意图

同旗形一样，楔形也有保持原有趋势方向的功能。另外，楔形的三角形上下两条边都是朝着同一方向倾斜，具有明显的倾向。

15.3.4 三角形整理形态

三角形整理形态是一种最为常见的整理形态，一般以直角的形态出现，因而也可以称之为直角三角形，主要包括上升三角形和下降三角形两种类别。

当股价在某水平呈现强大的卖压时，价格从低点回升到水平便告回落，但市场的购买力十分强，股价未回至上次低点即告弹升，这种情形持续使股价随着一条阻力水平线波动日渐收窄。若把每一个短期波动高点连接起来，可画出一条水平阻力线；而每一个短期波动低点则可相连出另一条向上倾斜的线，这就是上升三角形。下降三角形的形状的上升三角形恰好相反。

如图15-12所示，为凯瑞德（002072）在2015年6月至2016年11月期间的走势图，此股在上升途中出现了一个上升三角形形态。上升三角形显示买卖双方在该范围内的较量，但买方的力量在争持中已稍占上风。另外，也可能是有计划的市场行为，部分人士有意把股价暂时压低，以达到逢低大量吸纳的目的。

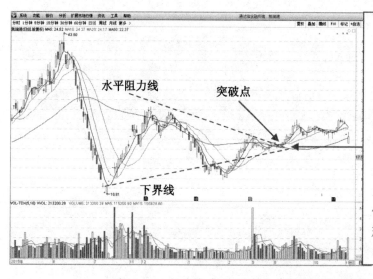

卖方在其特定的股价水平不断沽售，不急于出手，但不看好后市，于是股价每升到理想的沽售水平便沽出，这样在同一价格的沽售形成了一条水平的供给线。不过，市场的购买力量很强，他们不待股价回落到上次的低点，便急不可待地购进，因此形成一条向右上方倾斜的需求线

图 15-12　凯瑞德（002072）上升三角形整理形态示意图

专家指点

上升三角形向上突破的时候会出现两种情况，一种是突破上边线之后就一直往上上涨，形成第一买点；另一种是股价突破上边线之后，经过回抽后再往上涨，形成第二买点。如果上升三角形突破失败的话，顶多会承接形态内的强势整理而出现矩形整理，形成头部形态的概率不会太大。

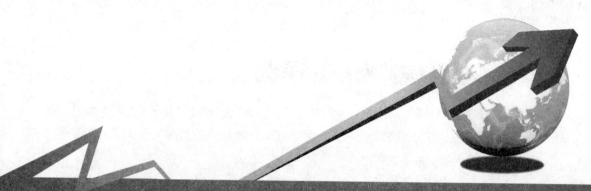

第16章　趋势分析——预测股价变化趋势

学前提示

股价有按趋势运行的规律，任何一种股票在不同时期都会沿着一定的趋势持续运行。因此，趋势分析在预测和判断股价未来的走势时起到重要的作用。本章将介绍分析股价运行趋势的方法和技巧，帮助投资者牢牢抓住"顺势而为"的操作策略。

要点展示

▶ 掌握股票趋势分析的要点
▶ 分析股票支撑线和压力线
▶ 分析股票常见趋势线变化

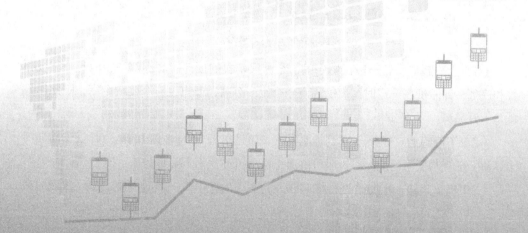

16.1 掌握股票趋势分析的要点

股价在一段时间内，总会保持一定的总体运行方向，而这个方向就是通常所说的趋势。趋势理论是研究股价趋势方向的一种方法；判断趋势的方向是趋势理论的最终目的，也是投资是否能成功的关键。

16.1.1 掌握趋势变化的方向

趋势中的"势"是指股价未来运行变化的方向和线路；而股价运行轨迹是在总体上进行观察而得出来的，但并不是精确到每一天，每1个小时，它只是一个大致的方向，所以叫"趋"。

股价趋势从运动的方向上来看，可以分为上升趋势、下降趋势和水平横盘趋势3种类型。例如，在通达信软件界面中，打开东旭蓝天（000040）2016年6月至7月期间的走势图，即可看到这3种趋势，如图16-1所示。

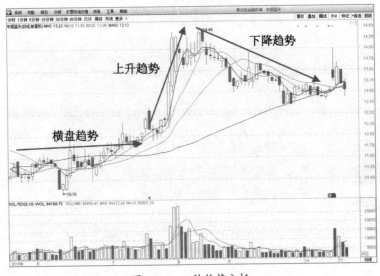

图 16-1　3种趋势分析

（1）**上升趋势**：若一段行情中的一个波段包含的顶部和底部都高于前一个波段顶部和底部，即股价在一定时间内的高点一个比一个高，低点也一个比一个高，则此趋势就是上升趋势。

（2）**下降趋势**：如果股价不断地下跌，而且在每一时间段里的高点都低于前期高点，每一低点都低于前期低点，股价逐级下滑，可称此为下降趋势。

（3）**横盘趋势**：指股价进行横向整理，表现为在很长一段时间里，下一波段的高点和低点与前期波段基本持平，股价在一定价格区间内窄幅震荡。

如图16-2所示，为深天马A（000050）2016年3月至7月期间的K线走势图。从图中可以看出，该股从2016年3月开始了一轮以上升趋势为主的上涨行情，期间股价窄幅波动，每一波段顶都高于前顶，每一波段底部都高于前底，使股价总体保持了上升的趋势。

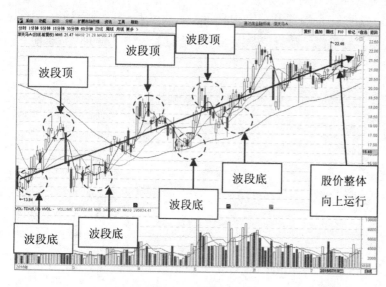

若一段行情中的一个波段包含的顶部和底部都高于前一个波段顶部和底部，即股价在一定时间内的高点一个比一个高，低点也一个比一个高，则此趋势就是上升趋势

图 16-2　深天马 A（000050）上升趋势分析

专家指点

股市中的技术分析的三大假设之一就是，市场中的股价按一定的趋势运行，在没有外界因素的作用下，股价会延续前期的趋势继续运行。由此可见，趋势在股价分析中具有重要地位。

▶ 16.1.2　掌握趋势的时间周期

股价趋势从移动时间和规模看，可以分为长期趋势、中期趋势和短期趋势3种类型。其中，每个长期趋势包含着若干个中期趋势，每个中期趋势包含着若干个短期趋势。趋势理论是指一旦市场形成了上升（或下降）的趋势后，股价就将沿着上升（或下降）的方向运行。

1. 长期趋势

长期趋势是指股价广泛或全面性上升或下降的变动情形，是在技术分析中讨论最多的趋势，是股价的主要趋势或大趋势，在股价分析中占有重要地位。

长期趋势的变动持续时间通常为一年或一年以上，股价总升（降）的幅度超过20%。对投资者来说，长期趋势持续上升就形成了多头市场，持续下降就形成了空头市场。长期趋势比较适合长期投资者，可以帮助他们尽可能地在多头市场上买入股票，而在空头市场形成前及时地卖出股票。

如图16-3所示，为软控股份（002073）2015年7月至2016年11月期间的K线走势图。从图中可以看出，该股从2015年7月开盘价20.63元后，开启了一轮下降趋势，股价逐级下降。到2016年11月，股价已经跌至12.04元低点。在此阶段中，股价保持长期下降趋势，虽然有短暂反弹，但大势不变。

长期趋势可以很直观地显示股价的总体运行态势，经常为长线投资者所关注。如果股价此时处于长期下降趋势中，那么长线投资者应出局观望，待股价反转向上后再进场

图 16-3　软控股份（002073）长期趋势分析

由于证券分析行情软件界面大小的限制，时间越长的行情，在软件上的K线就会越来越小，股价短期的波动就不容易看出，而股价长期的趋势就会显示得越直观。

2. 中期趋势

中期趋势在道氏理论中又称为次级趋势，因为中期趋势经常与长期趋势的运动方向相反，并对其产生一定的牵制作用，因而也称为股价的修正趋势。这种趋势持续的时间从3周至数月不等，其股价上升或下降的幅度一般为股价基本趋势的1/3或2/3。中期趋势比较适合想从股市中获取短期利润的投机者。

如图16-4所示，为汇源通信（000586）2016年3月至11月期间的K线走势图。从图中可以看出，该股股价从2016年3月以15.07元处开始上涨，股价震荡上行。到了2016年5月，股价上涨至24.50元高位。随后股价有所回落，跌至19.00元后进行短暂整理，随后股价继续上冲。与这段上升趋势的底部相比，中期趋势的顶部上涨了57%左右，中期趋势的底部上涨了22%左右，因此中期趋势的回调幅度大概为35%。

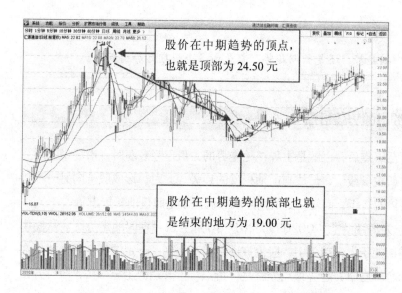

图 16-4　汇源通信（000586）中期趋势分析

3. 短期趋势

短期趋势是指股价在短时间内的变化趋势，时间范围大概在数天至3个星期。短期趋势体现了股价在每天或者每个星期的变动情况，是股价上下波动的最直观体现。

如图16-5所示，为东方海洋（002086）2016年6月至10月期间的走势图，股价从8.01元的低点一路上涨，中途出现多个短期趋势，有上升的也有下降的，但大部分短期趋势都保持了上升的态势，带动了整个趋势的上升。股价从8.01元一路飙升至10.35元，涨幅近29%。

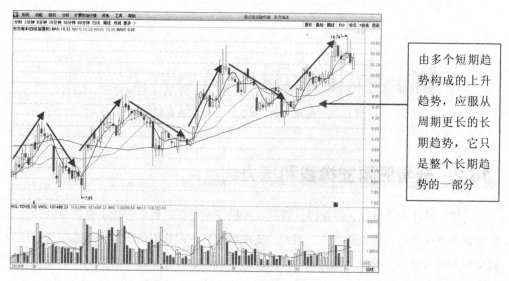

图 16-5　东方海洋（002086）短期趋势分析

> **专家指点**
>
> 通常，无论是中期趋势，还是长期趋势，都是由多个短期趋势构成的。

16.1.3 掌握股价趋势转折点

当一个趋势运行至终点后，也就是主导该轮走势的力量已经衰弱时，市场中的对立方就会反戈一击，重新主导股价，形成与前期相反的趋势。此时，形成股价向另一种趋势转变的过程就是趋势的转折，而转折处的高点或者低点就是股价的转折点。

如图16-6所示，为海翔药业（002099）2016年7月至11月期间的走势图。从图中可以看出，该股在前期处于上升趋势中，股价被逐级抬高；到了一定的高度后，股价在高位短暂震荡后开始急转直下，趋势顶点处就是转折点。上升趋势走至尽头，股价开始进入下降趋势，股价快速回落，跌幅较大，且超过前期低点。

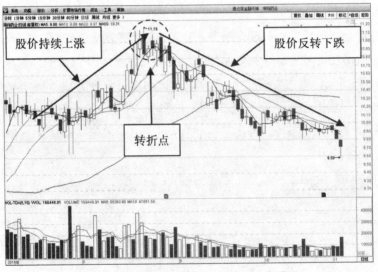

图 16-6　海翔药业（002099）转折点走势图

16.2　分析股票支撑线和压力线

支撑线又称为抵抗线，是指股价跌到某个价位附近时，股价停止下跌甚至回升，这是因为多方在此位置买入造成的。因此，支撑线起到了阻止股价继续下跌的作用。压力线又称为阻力线，当股价上涨到某价位附近时，股价会停止上涨，甚至回落，这是由空方在此抛出造成的。因此，压力线起到阻止股价继续上升的作用。

支撑线和压力线的作用是阻止或暂时阻止股价向一个方向继续运动。股价的变动是有趋势的，要维持这种趋势，保持原来的变动方向，就必须冲破阻止其继续向前的障碍。本节将介绍分析支撑线和压力线的技巧。

▶ 16.2.1　分析短期支撑线与压力线

短期支撑线的形成原理为：当股价跌到这个位置后，就会产生一股神奇的力量防止股价下跌，这股力量就是资金。假如主力在一只股票10元的价格位置大量买入股票，如果股价跌到10元以下，主力就会产生损失。主力为了保护自己的利润，此时就会用资金设一道"防护墙"，防止股价跌到这个位置之下，所以10元附近就形成了一个支撑位。

短期压力的形成原理为：同理，主力吸货时需要控制成本，如果价格太高就会消耗自己更多的成本去获得筹码，对主力来说当然是很不划算的。所以到了一定的位置，主力就会压低股价，利于自己吸货（获取筹码）。

如图16-7所示，为威海广泰（002111）2016年6月至11月期间的走势图，首先找到近期放阳量较大的红色日K线，在该红色日K线的开盘价和收盘价各画一条水平的横线，这两条横线分别可默认为短期的支撑线和压力线。

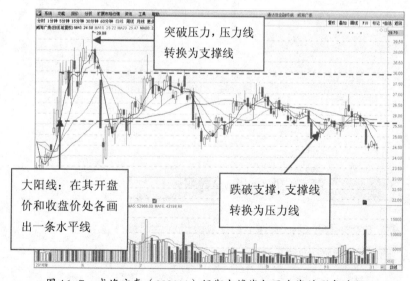

图 16-7　威海广泰（002111）短期支撑线与压力线的形成过程

▶ 16.2.2　分析长期支撑线与压力线

长期支撑线与压力线的形成同短期支撑线与压力线的原理基本相似，但应将日积月累的交易、主力的接手等诸多原因结合起来，且比短期支撑线与压力线的形成复杂。

长期支撑的形成原理为：主力为了保护自己的利益，不会让股价下跌到其吸货的成本价格之下。

长期压力的形成原理为：可以理解为前段时间股价在顶部的时候有投资者买入而被套，当股价达到前期有人被套的高度时，前期被套的投资者急着解套，因此他们纷纷把自己手里的股票卖出，形成抛压，也就是压力。

如图16-8所示，为智光电气（002169）2016年3月至11月期间的走势图。从图中可以看到，长期压力与支撑是可以互相转换的，当股价向下跌穿支撑线时，则支撑线转换为压力线；当股价向上突破压力线时，则压力线转换为支撑线。

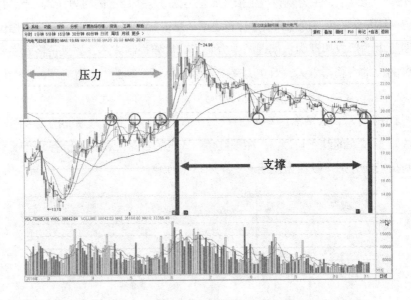

图16-8 智光电气（002169）长期支撑线与压力线的形成过程

16.3 分析股票常见趋势线变化

从"势"看盘主要是指根据分析和预测股价的后期运行趋势，从而判断股票的买卖时机。本节将介绍分析股票中常见多种趋势线的相关技巧。

16.3.1 分析趋势线的变化

趋势线是用来描述一段时间内股价运行方向的直线。在股价变化过程中，将逐步上涨的低点或者下跌的高点用直线连接起来就形成了趋势线。

趋势线被有效突破是股价发生逆转的信号。在上涨行情中，股价向下跌破上涨趋势线后，继续走弱，此时视为一个卖出点；在下跌行情中，股价向上突破下跌趋势线后，继续走强，此时视为一个买入点。

如图16-9所示，为九洲电气（300040）2015年12月至2016年11月期间的走势图。从图中可以看到，股价顺着下跌趋势线的方向大幅下跌后在2016年3月底运行到一个低位。4月5日，股价报收大阳线；随后不久，短期日均线分别拐头向上运行，突破长期日均线形成金叉，后市看涨。

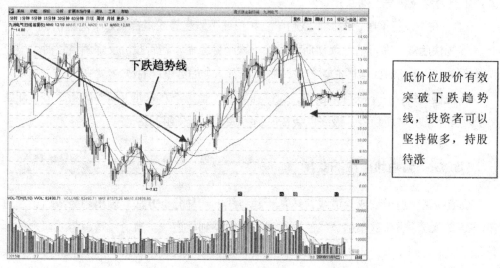

图 16-9 九洲电气（300040）趋势线分析

不管趋势线维持时间的长短，最终都会在某个位置反转，尤其是在股价运行到顶部或底部的时候，投资者更要谨慎使用趋势线。为了提高趋势预测的准确性，投资者可以结合成交量来进行综合分析，预测股票K线图的走势。

（1）**上涨趋势末期**：在上涨趋势末期，追涨盘和跟风盘盲目介入拉抬股价，主力则在高位顺势出货，因此成交量呈现放量形态，此时说明上涨趋势即将结束，后市看跌，投资者一定要及时止损出局。

（2）**下跌趋势末期**：在下跌涨趋势末期，套牢盘失去持股信心，见价就卖拉低股价，主力则在底部大量吸筹，因此成交量逐步放大，此时说明下跌趋势即将结束，后市看涨。

对于趋势是否达到末期，投资者还可以通过高点或者低点与趋势线的偏离情况来进行判断。通常，在趋势末期，股价都会出现加速上涨或下跌的现象，其高点或低点大都远离趋势线。

在炒股实际操作过程中，凭借单根趋势线不能准确判断股市行情的发展趋势，而且股价突破趋势线是暂时的，因此需要靠多根趋势线来进行组合分析，以此来提高趋势分析的准确性和可靠性。

趋势线的组合使用主要是缓慢趋势线和快速趋势线的组合使用。

（1）在上涨行情中，缓慢上涨趋势线和快速上涨趋势线的组合有如下两种情况。

① **先快后慢**：在上涨初期，股价急速上涨，随后股价回落调整暂时跌破上涨趋势线，创新低后反弹形成新趋势，后市沿着这个趋势继续上涨。

② **先慢后快**：在上涨行情途中，股价在原上涨趋势上方急速上涨形成新趋势，最终也会在原趋势线获得支撑回升。

（2）在下跌行情中，缓慢下跌趋势线和快速下跌趋势线组合有如下两种情况。

① **先快后慢**：在行情下跌初期，股价下跌趋势急速，随后股价反弹调整暂时突破下跌趋势线，创新高后回落形成新趋势，后市沿着这个趋势继续看跌。

② **先慢后快**：在下跌行情途中，股价在原下跌趋势下方急速下跌形成新趋势，即使股价反弹上涨突破新趋势，最终也会在原趋势线处上涨受阻回落。

16.3.2 分析轨道线的变化

轨道线又称通道线或管道线，是基于趋势线的一种分析方法。画出趋势线后，通过第一个波峰或波谷做这条趋势线的平行线，即可得到轨道线。轨道线是趋势线概念的延伸，对股价起到支撑或阻力的作用，使投资者更快找出股价波动的高点、低点价位，股价就好像是在轨道线和趋势线构成的一个通道中运行一样。

如图16-10所示，为东方财富（300059）2016年3月至11月期间的走势图。从图中可以看到，股价在2016年4月15日见顶后大幅回落，于2016年6月7日和7月12日反弹上涨受阻，随后股价进入下跌行情，在股价下跌前期的趋势线附近是投资者止损的最后机会。

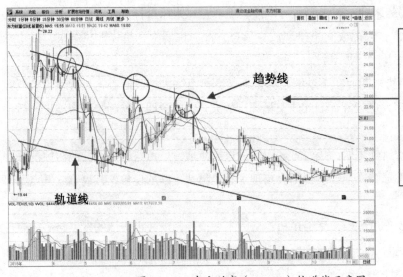

图 16-10　东方财富（300059）轨道线示意图

16.3.3 分析扇形线的变化

扇形线因其形状类似扇子而得名。扇形线利用一个重要的高点位或低点位作为原点，将该点与其后的各个明显高点或低点相连形成多条直线，不断地对趋势线进行修正，从而得到越来越平缓的趋势线。

如图16-11所示，为水域改革（880903）2016年4月至11月期间的走势图。依据扇形线的原理画出3条趋势线，在扇形线的修正中，如果第3条趋势线被突破，则表明趋势将反转，投资者应及时出局。

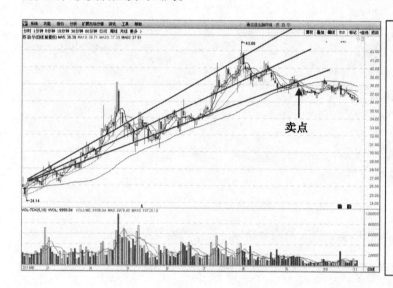

图 16-11　水域改革（880903）扇形线分析

扇形线与趋势线有很紧密的联系，初看起来像趋势线的调整。扇形线丰富了趋势线的内容，明确给出了趋势反转（不是局部短暂的反弹）的信号。趋势要反转，必须突破层层阻止突破的阻力。要反转向上，必须突破很多条压在头上的压力线；要反转向下，必须突破多条横在下面的支撑线。稍微的突破或短暂的突破都不能被认为是反转的开始，必须消除所有的阻止反转的力量，才能最终确认反转的来临。

投资者需要注意的是，技术分析的各种方法中，有很多关于如何判断反转的方法，扇形原理只是从一个特殊的角度来考虑反转的问题。实际应用时，应结合多种方法来判断反转是否来临，单纯用一种方法肯定是不行的。

16.3.4 分析速度线的变化

速度线又称速度阻挡线，是一种趋势分析理论，它是将每个上升或下降的幅度分成三等份进行处理，所以有时又把速度线称为三分法。找到一个上升或下降过程的最高点和最低点，然后将高点和低点的垂直距离三等分；连接高点（在下降趋势中）与1/3分界点和2/3分界点，或低点（在上升趋势中）与1/3和2/3分界点，得到两条直线，这两条直线就是速度线，如图16-12所示。速度线最为重要的功能是判断一个趋势是被暂时突破还是长久突破（转势）。

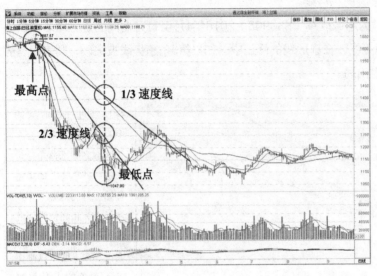

两条速度线具有支撑和阻力的作用，当一条速度线被突破时，其作用就会发生转换；当股价突破两条速度线时，则表示趋势将发生反转

图 16-12 速度线分析

需要注意的是，若后市股价出现新高或者新低，速度线需要重新修正。

> **专家指点**
>
> 　　与别的切线不同，速度线有可能随时变动，一旦有了新高或新低，则速度线将随之发生变化，尤其是新高和新低离原来的高点低点相距很近时，更是如此，原来的速度线可以说一点用也没有。速度线一经被突破，其原来的支撑线和压力线的作用将相互变换位置，这也是符合支撑线和压力线的一般规律的。

▶ 16.3.5 分析黄金分割线的变化

　　如今，黄金分割线已经成为股市中最受欢迎的趋势技术之一，它运用黄金分割比例的原理揭示股价的支撑点位和压力点位，并依此给出相应的切线位置。黄金分割线的最基本公式，是将1分割为0.618和0.382，将此应用到股市行情分析中，可以理解为在上述的比例所对应的价位上，容易产生较强的支撑与压力。

　　在股价预测中，有两种黄金分割分析方法。

　　（1）以股价近期走势中重要的峰位或底位，即重要的高点或低点为计算测量未来走势的基础，当股价上涨时，以底位股价为基数，跌幅在达到某一黄金比时较可能受到支撑。当行情接近尾声，股价发生急升或急跌后，其涨跌幅达到某一重要黄金比时，则可能发生转势。

（2）行情发生转势后，无论是止跌转升的反转抑或是止升转跌的反转，以近期走势中重要的峰位和底位之间的涨额作为计量的基数，将原涨跌幅按0.191、0.382、0.5、0.618、0.809分割为5个黄金点。股价在反转后的走势将有可能在这些黄金点上遇到暂时的阻力或支撑。

如图16-13所示，为招商银行（600036）2016年3月至11月期间的走势图。从图中可以看到，招商银行（600036）在底部15元左右的价位开始回升，那么，股价上涨时，投资者可以预先计算出各种不同的压力价位。例如，15×（1+0.191）=17.8，然后，再依照实际股价变动情形做斟酌。

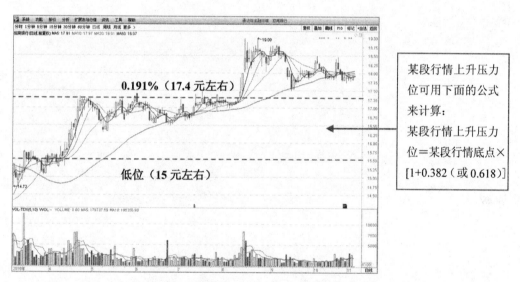

图16-13　招商银行（600036）黄金分割线分析

需要注意的是，黄金分割线没有考虑到时间变化对股价的影响，所揭示出来的支撑位与压力位较为固定，投资者不知道什么时候会到达支撑位与压力位。因此，如果指数或股价在顶部或底部横盘运行的时间过长，则其参考作用会降低。

第 17 章 技术分析——深层解构盘中动向

学前提示

技术指标是分析股价变动和显示买卖点的最有效工具,尤其在显示参考股票买卖点的功能,这技术指标位列行情分析软件显示主界面的三大窗口之一。本章主要介绍进行技术分析的相关技巧,帮助读者掌握技术指标的分析和应用方法。

要点展示

▶ 掌握指标的概念和法则
▶ 分析常用技术指标的方法

17.1 掌握指标的概念和法则

技术指标是指利用一定的数学公式对原始数据进行处理，得出指标值后将其绘制成图表，从定量的角度对股市进行预测的方法。通常，原始数据包括开盘价、最高价、最低价、收盘价、成交量和成交金额等，有时还包括成交笔数。

17.1.1 什么是指标背离

指标背离通常分为顶背离和底背离，用于预示市场走势即将见顶或者见底。几乎所有的技术指标都有提示背离作用的功能，其中技术指标有MACD、RSI和CCI等，它们使投资者可以用这些指标的背离功能来预测头部的风险和底部的买入机会，但在选择的时间参数上应适当延长。

（1）顶背离：顶背离是指当股价K线图上的股票走势一峰比一峰高，股价一直在向上涨，而指标图形上的走势是一峰比一峰低，即当股价的高点比前一次的高点高、而指标的高点比指标的前一次高点低，这叫顶背离现象，如图17-1所示。表示该股价的上涨是外强中干，暗示股价很快就会反转下跌，是比较强烈的卖出信号。

（2）底背离：当股价指数逐波下行时，指标走势不是同步下降，而是逐波上升，与股价走势形成底背离，预示着股价即将上涨，如图17-2所示。例如，在使用MACD指标时，当出现DIF两次由下向上穿过MACD，形成两次黄金交叉，则股价即将大幅度上涨。

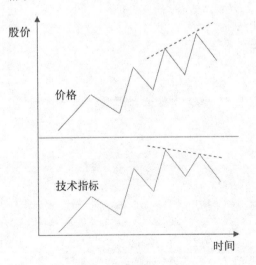

图 17-1　顶背离示意图

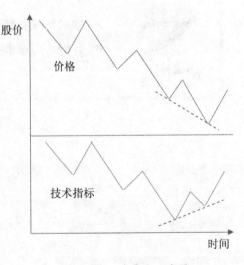

图 17-2　底背离示意图

17.1.2 什么是指标交叉

交叉是指技术指标图形中的两条曲线发生了相交现象，交叉表明多空双方力量对比发生变化。它的类型有黄金交叉、死亡交叉和与0轴的交叉3种，如图17-3所示。

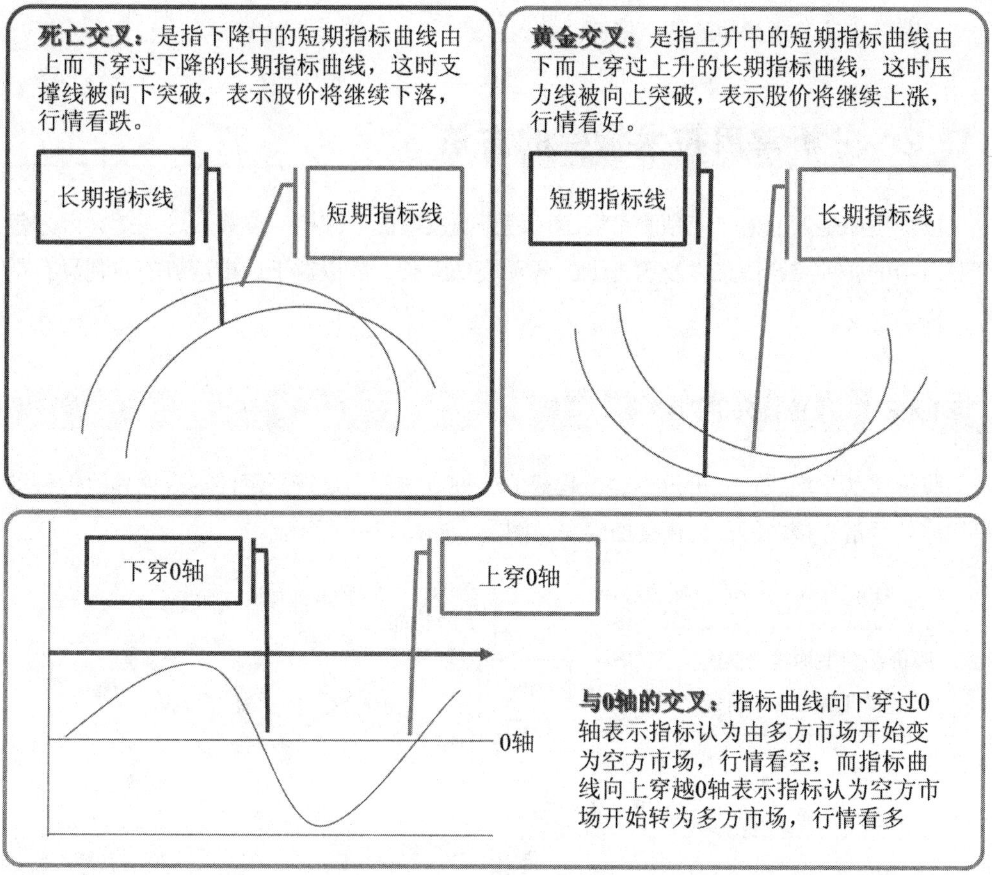
死亡交叉：是指下降中的短期指标曲线由上而下穿过下降的长期指标曲线，这时支撑线被向下突破，表示股价将继续下落，行情看跌。
长期指标线
短期指标线
黄金交叉：是指上升中的短期指标曲线由下而上穿过上升的长期指标曲线，这时压力线被向上突破，表示股价将继续上涨，行情看好。
短期指标线
长期指标线
下穿0轴
上穿0轴
0轴
与0轴的交叉：指标曲线向下穿过0轴表示指标认为由多方市场开始变为空方市场，行情看空；而指标曲线向上穿越0轴表示指标认为空方市场开始转为多方市场，行情看多

图 17-3 指标交叉的 3 种类型

17.1.3 掌握其他应用法则

技术分析的应用法则除了指标背离和指标交叉外，还包括指标的高位和低位、指标的徘徊、指标的转折、指标的盲点。

（1）**指标的高位和低位**：当指标进入高位或低位时，说明该指标认为市场已经步入了超买区或超卖区。

（2）**指标的徘徊**：技术指标的徘徊是指指标处在进退不明状态，对未来走势方向不能做出明确的判断。

（3）**指标的转折**：指标的转折指曲线在高位或低位发生了掉头，表明前面超卖或

者超买状态将要得到平衡。有时技术指标掉头表明一个趋势将要结束,另一个趋势将要开始,其典型代表就是DMI方向指标。

(4)指标的盲点:指标的盲点是指大部分的时间里,技术指标都是失灵的,不能发出买入和卖出信息,处于"盲"的状态。当投资者遇到某种技术指标出现盲点和失效的情况时,应该考虑其他的技术指标。

17.2 分析常用技术指标的方法

技术指标是人们为研究预测市场运行趋势而发明的一种指标参数。这些指标因为包含股市中的各种综合信息以及历史上的各种成功经验,所以对于后市走势的研判具有重要的指导意义。

17.2.1 分析移动平均线

股价移动平均线是分析价格运行趋势的一种方法,它是按固定样本数计算股价移动平均值的平滑连接曲线,其直接加载在主图上,如图17-4所示。

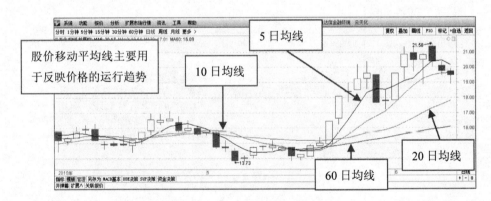

图17-4 默认显示的股价移动平均线

> **专家指点**
>
> 移动平均线是以道·琼斯的平均成本概念为基础的理论,采用统计学中的"移动平均"原理,将一段时间内的股价价格加以平均,从而显示股价在一定时期内的变动趋势,同时,投资者可以通过平均线当前的走势来预演股价后期的变动。根据移动平均线的周期,可将其分为短期移动平均线(SMA)、中期移动平均线(MMA)和长期移动平均线(LMA)。

17.2.2 分析平滑异同平均线

平滑异同移动平均线（Moving Average Convergence / Divergence，简称MACD）是移动平均线派生的技术指标，它对股票买卖时机具有研判意义，适合初涉股市的投资者进行技术分析。

MACD是从双移动平均线得来的，由快的移动平均线减去慢的移动平均线计算而来。MACD比单纯分析双移动平均线的差更加方便快捷。图17-5所示为MACD指标在盘面中的表现形式。

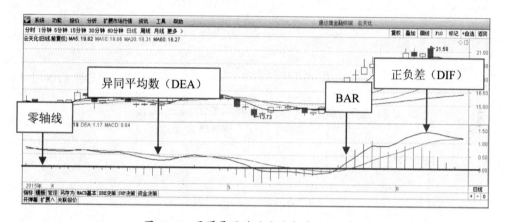

图17-5 平滑异同移动平均线（MACD）

MACD由正负差（DIF）和异同平均数（DEA）两部分组成。

（1）**正负差（DIF）**。DIF是快速平滑移动平均线与慢速平滑移动平均线的差，快速和慢速的区别是进行指数平滑时采用的参数的大小不同，短期的移动平均线是快速的，长期的移动平均线是慢速的。

（2）**异同平均数（DEA）**。DEA作为辅助，是DIF的移动平均，也就是连续的DIF的算术平均。

（3）**柱状线（BAR）**。BAR是DIF与DEA线的差，在指标走势区呈现为彩色的柱状线。红色表示BAR值为正，绿色表示BAR值为负。由于BAR值是由DIF减去DEA再乘以2所得，因此投资者经常把BAR由绿变红（即由负变正）时视为买入时机，将BAR由红变绿（由正变负）时视为卖出时机。

17.2.3 分析趋向指标

趋向指标（DMI）又叫移动方向指数、动向指标，其全称为Directional Movement Index，是由美国技术分析大师威尔斯·威尔德（J.Welles Wilder）所创造的，是一种中长期股市技术分析方法。DMI指标可辨别任何股票在任何时间段所处行情的位置,即不管是上涨行情,还是下跌行情,DMI都能够准确地判断每一只股票处在行情的初期、中期还是末期。DMI指标还能够指示出股票行情的状态,反弹行情和反转行情,中级行情还是大行情,这些都能够由DMI指标表现出来。

DMI指标中有4个参数值:+DI、-DI、ADX和ADXR,这在其他指标中是没有的,如图17-6所示。

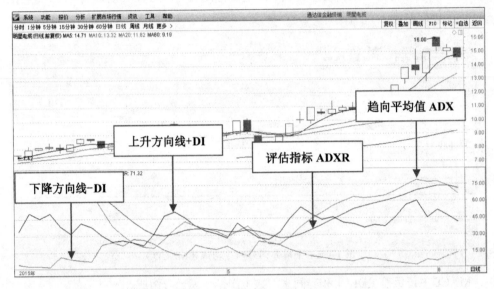

图17-6 DMI指标

(1)+DI和-DI(多空指标):+DI代表多方,-DI代表空方,当+DI从下向上,上穿-DI形成交叉点,定为金叉。这种情况说明多方力量大于空方,市场将以上涨为主;当-DI从下向上,上穿+DI形成交叉点,定为死叉。当死叉形成时,市场将以下跌为主。

(2)ADX和ADXR(趋向指标):ADX和ADXR是判断行情的趋势指标,又是+DI和-DI的引导指标。

● 当ADX从下向上上穿ADXR时,所形成的交叉点叫作ADX金叉ADXR;当ADX与ADXR发生金叉时,将是一轮行情的启动信号,ADX的ADXR运行至50以上时,将可能产生一轮中级以上的行情。

● 当ADX从上向下下穿ADXR时,所形成的交叉点叫作死叉;当ADX与ADXR形成死叉时,那么行情将有可能结束,如果ADX和ADXR下行至20左右并交织波动时,说明市场近期没有行情。

● ADX和ADXR的趋势能够准确地判断行情的初始阶段、行进阶段和完成阶段,

ADX和ADXR从20以下的低位形成金叉上行至50以上时,是一个中级以上的行情；ADX和ADXR上行至80以上时,那么市场将很有可能是翻倍以上的大行情。

17.2.4 分析威廉指标

威廉指标（WR）又称威廉超买超卖指标,是通过分析一段时间内股价最高价、最低价和收盘价之间的关系,利用振荡点来判断股价的超买超卖。该指标反映的是一种短期走势,如图17-7所示。

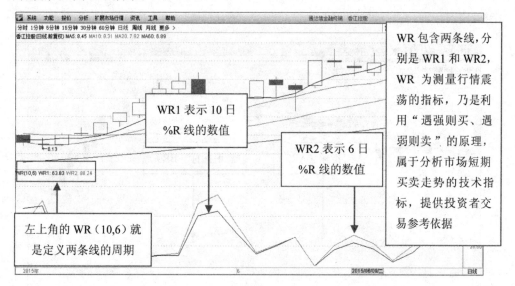

图17-7 威廉指标（WR）

● 当WR指标线高于85时,表示市场处于超卖状态,行情即将见底。
● 当WR指标线低于15时,表示市场处于超买状态,行情即将见顶。

使用WR指标作为测市工具,既不容易错过大行情,也不容易在高价区套牢。但由于该指标太敏感,在操作过程中,最好能结合相对强弱指数等较为平缓的指标一起判断。例如,WR指标与动力指标配合使用,在同一时期的股市周期循环内,可以确认股价的高峰与低谷。

WR指标的曲线形状分析如下。
● 在WR指标线进入高位后,一般要回调,如果这时股价还继续上升,这就产生背离,是卖出的信号。
● 在WR指标线进入低位后,一般要反弹,如果这时股价还继续下降,这就产生背离,是买进的信号。
● WR指标线连续几次撞顶（底）,局部形成双重或多重顶（底）,则是卖出（买进)的信号。

● 当WR指标线下穿50为强势区域,上穿50为弱势区域,所以50为WR指标的强弱势的分水岭。

▶ 17.2.5 分析情绪指标

情绪指标(BRAR)也称为人气意愿指标,由人气指标(AR)和意愿指标(BR)两个指标构成,如图17-8所示。AR指标和BR指标都是以分析历史股价为手段的技术指标。

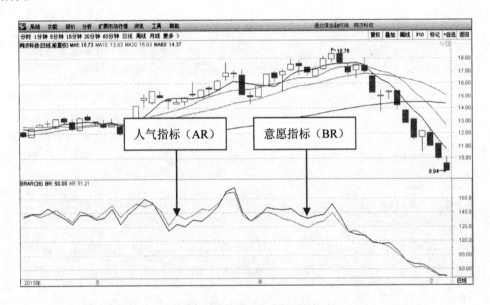

图 17-8 情绪指标(BRAR)

1. 人气指标(AR)

人气指标(AR)人气指标是以当天开市价为基础,即以当天市价分别比较当天最高、最低价,通过一定时期内开市价在股价中的地位,反映市场的买卖人气。人气指标的计算公式为:AR=n日内(H-O)之和/n日内(O-L)之和。其中H是指当日最高价,L指当日最低价,O指当日开市价,n为公式中的设定参数,一般设定为26日。

2. 意愿指标(BR)

意愿指标(BR)是以昨日收市价为基础,分别与当日最高、最低价相比,通过一定时期收市价在股价中的地位,反映市场买卖意愿的程度。

意愿指标的计算公式为:BR=n日内(H-CY)之和/n日内(CY-L)之和。其中CY指昨日收市价,n为公式中的设定参数,一般设定值同AR一致。

意愿指标值的波动比人气指标值敏感,BR值高于400以上时,股价随时可能回档下跌，应选择时机卖出；BR值低于50以下时，股价随时可能反弹上升，应选择时机买入。

一般情况下，AR可以单独使用，BR则需要与AR并用，才能发挥效用，因此，在同时计算AR和BR时，AR和BR曲线应绘于同一图内，AR和BR合并后，其相应的应用原则如下。

- 当AR和BR同时急速上升时，意味着股价峰位已接近，应获利了结。
- BR比AR低，且指标处于低于100以下时，可考虑逢低买进。
- BR急速上升，AR盘整或小幅回调时，应逢高卖出，及时了结。

17.2.6 分析随机指标

随机指标也称KDJ指标，由乔治·莱恩（George Lane）首创，最早起源于期货市场，后被广泛用于股市的中短期趋势分析，是期货和股票市场上最常用的技术分析工具。如图17-9所示，用户可以直接在炒股软件中调出KDJ指标。KDJ是一个超买超卖指标，其重要价值在于对股价高位低位的研判。

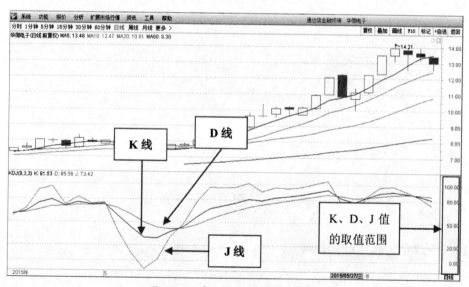

图17-9 在软件中调出KDJ指标

KDJ指标有3条曲线，分别是K线、D线和J线。其中，K、D和J值的取值范围都是0～100。当K、D、J的值在20线以下为超卖区，视为买入信号；K、D、J的值在80线以上为超买区，视为卖出信号；K、D、J的值在20～80线之间为徘徊区，投资者应观望。

K线和D线同样会出现死亡交叉和黄金交叉，金叉提示投资者可以买入股票，死叉提示投资者应及时卖出股票。

（1）KDJ金叉：在股价整理期间，KDJ指标需要运行在50以下，当K线自下而上突破D线形成交叉时，即为KDJ金叉，表明此时行情正处于或即将进入强势上涨中。

（2）KDJ死叉：当股价大幅上涨运行到高位，如果K线自上而下在50线附近穿破D线时即形成死叉，同时股价向下跌破中短期均线，说明上涨行情即将结束，此时形成高位死叉，投资者应逢高卖出。

下面举例分析KDJ金叉的应用。

如图17-10所示，为五矿发展（600058）2015年1月至4月期间的走势图中。从图中可以看出，此股进入盘整期后，KDJ在20线附近形成金叉，随后向上突破20线，此时可能是一个买入机会，后市看涨。

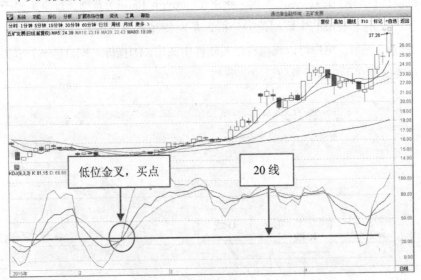

图 17-10　KDJ 指标低位金叉

17.2.7　分析累计能量线

累计能量线（OBV）也叫成交量净额指标、能量潮指标，它是通过统计成交量变动的趋势来推测股价趋势的一种技术指标，如图17-11所示。

OBV指标与股价之间的关系主要包括价升OBV升、价升OBV跌或平、价跌OBV升或平、价跌OBV跌或平等。OBV指标包含OBV线和MAOBV线，其中，OBV线是某段时间内OBV值的连接线［OBV（30）表示该OBV指标以30个交易日为周期进行计算］；MAOBV线是某段时间内OBV平均值的曲线连接。

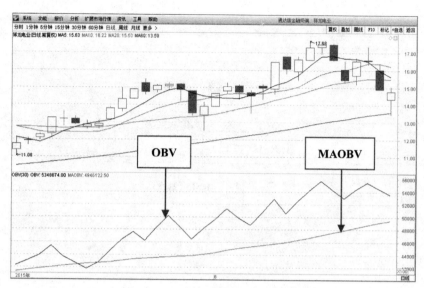

图 17-11 累计能量指标（OBV）

累计能量线（OBV）的应用方法如下。

（1）**价升OBV升**：股价在上涨初期或途中，OBV线同步缓慢向上运行，形成价涨量增形态，后市看好。若股价和OBV线在短时间内暴升，说明能量即将耗尽，股价将反转。

（2）**价升OBV跌或平**：股价大幅上涨后期，OBV线却向下或水平运行形成背离现象，说明股价上涨动能不足，继续向上趋势难以维系，后市看空，投资者可及时出货，获利了结。

（3）**价跌OBV升或平**：股价大幅下跌后，OBV线却向上或水平运行形成背离现象，说明买方旺盛，股价有望止跌回升，后市看好，投资者可逢低吸纳抄底。

（4）**价跌OBV跌或平**：股价下跌初期或途中，OBV线同步向下或水平运行，是下跌动能增加的信号。尤其OBV线水平运行，意味着股价将持续缩量下跌，投资者此时最好设置止损位，及早预防风险。

▶ 17.2.8 分析相对强弱指标

相对强弱指标（Relative Strength Index，RSI）也称相对强弱指数、相对力度指数，是通过比较一段时期内的平均收盘涨数和平均收盘跌数来分析市场买沽盘的意向和实力，从而预测未来市场的走势。RSI指标的3条曲线一般以6日、12日、24日为分析周期，如图17-12所示。RSI指标的优点在于能比较清楚地指示市场的强弱，识别超买超卖状态，给出合适的买卖信号。

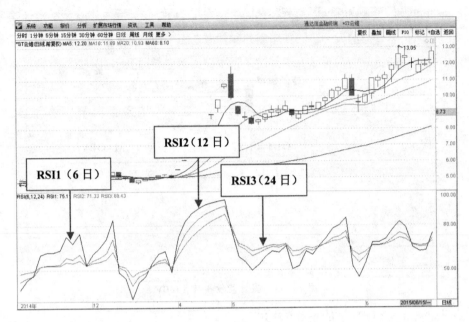

图 17-12 相对强弱指标（RSI）

RSI指标反映了价格变动的4个因素：上涨的天数、下跌的天数、上涨的幅度和下跌的幅度。由于它对价格的4个要素都加以考虑，因此在市场走势预测方面的准确度较为可信。同时，投资者可以通过RSI指标较清楚地看出市场何时处于超买状态和超卖状态，从而较好地把握买卖时机。

▶ 17.2.9 分析布林线

布林线（BOLL）由约翰·布林（John Bollingcr）创造，是利用统计学原理，求出股价的标准差及其信赖区间，从而确定股价的波动范围以及未来走势。图17-13所示为布林线在盘面中的表现。

在BOLL指标中，美国线的主要作用是显示当前股价在BOLL指标图形上所处的位置，以BOLL指标判断股价未来的走势。股价通道的上下轨是股价安全运行的最高价位和最低价位。上轨线、中轨线和下轨线都可以对股价的运行起到支撑作用，而上轨线和中轨线有时则会对股价的运行起到压力作用。当布林线的上、中、下轨线几乎同时处于水平方向横向运行时，则要看股价目前的走势处于什么样的情况进行判断。

BOLL指标中的上、中、下轨线所形成的股价通道的移动范围是不确定的，通道的上下限随着股价的上下波动而变化。在正常情况下，股价应始终处于股价通道内运行。如果股价脱离股价通道运行，则意味着行情处于极端的状态下。

布林线指标是利用波带显示股价的安全高低价位，因此称为布林带，其上限范围不固定，随着股价的滚动而变化。当股价涨跌幅度加大时，带状区变宽；当涨跌幅度减小时，带状区变窄。因其灵活、直观和趋势性的特点，BOLL指标已成为市场上广泛应用的热门指标。

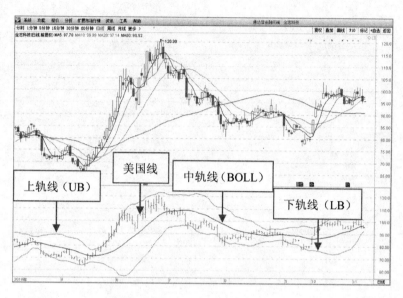

图17-13 布林线（BOLL）指标

第18章 安全炒股——炒股误区与风险防范

学前提示

　　如果用户对炒股的误区和风险知识没有掌握好，很容易造成个人股票财产的损害。同时，一些不法分子针对炒股投资者，设置了大量的陷阱。因此，每个投资者都要做好炒股的误区和风险的防范工作，希望用户熟练掌握本章介绍的内容。

要点展示

▶ 熟知炒股五大误区
▶ 防范炒股七大风险

18.1 熟知炒股五大误区

炒股是一种大众的理财方式，一些新手炒股可能对此还有许多误区。本节主要介绍炒股中常见的误区，用户在这些误区中找到自己影子的同时，最重要的还是拨乱反正，早日走出误区。

18.1.1 不能及时控制止损

止损和止盈的设置是非常重要的，很多投资者总是幻想在最低点买进，在最高点卖出，认识不清股场如战场，当破位时一定要止损。投资者可以通过通达信炒股软件中的预警功能来设置相应的止损和止盈位置，牢牢握住盈利的头寸，让盈利的头寸放开去盈，对错误的头寸要及时止损。

在菜单栏中，选择"工具"|"设置条件预警"命令，弹出"修改价量条件预警"对话框，在其中可以设置股票的"上破价"和"下破价"参数，如图18-1所示，当股票上涨或下跌到条件区域时，系统会发出预警信息，提示用户止损和止盈。

在"修改价量条件预警"对话框中，单击左下角的"所有设置"按钮，弹出"条件预警设置"对话框，切换至"其它设置"选项卡，在其中可以选中"系统扬声器声音"单选按钮，如图18-2所示，此时系统的预警信息将通过扬声器发出。

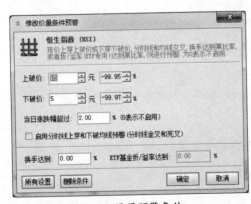

图18-1 设置预警条件

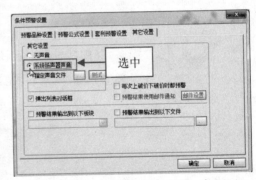

图18-2 选中"系统扬声器声音"单选按钮

投资者都必须要有一套交易和资金管理计划，在制订计划的时候，应该有入市价位和盈利目标。当投资者顺势交易时，只要是盈利的头寸，就应该持有，趋势不变，头寸不变。当市场价格走到重要的支撑位和阻力位的时候，要密切注意市场的动向，运用各种方法来分析研究市场是否有转势的征兆。若认为市场转势了，就应该止盈。

18.1.2 倾向于买低价股票

股价的低价格只是相较前期而言，如果上档套牢盘过重，股票上升动能不足以冲过阻力区；股价也很难上涨；盲目地只根据价格便宜而购买这类股票会给投资者带来很大的损失。

因此，投资者可以利用通达信炒股软件的筛选功能，除了现价外，还要利用涨幅、跌幅、换手率、振幅等因素来选择优质股，如图18-3所示。

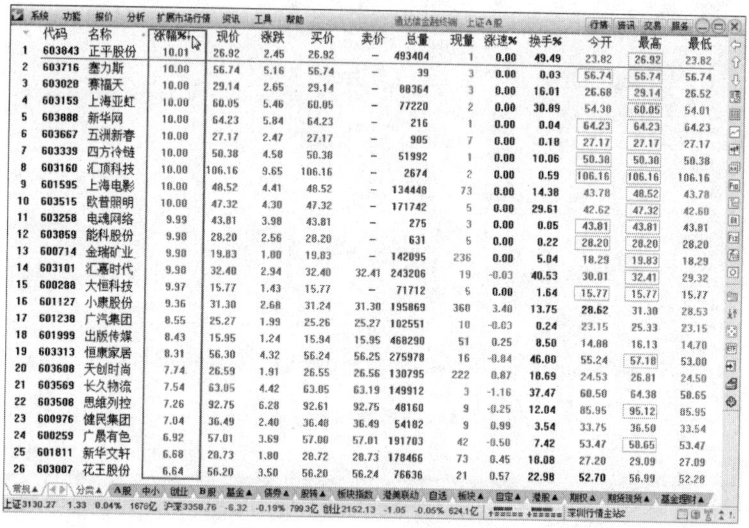

	代码	名称	涨幅%	现价	涨跌	买价	卖价	总量	现量	涨速%	换手%	今开	最高	最低
1	603843	正平股份	10.01	26.92	2.45	26.92	–	493404	1	0.00	49.49	23.82	26.92	23.82
2	603716	塞力斯	10.00	56.74	5.16	56.74	–	39	3	0.00	0.03	56.74	56.74	56.74
3	603028	赛福天	10.00	29.14	2.65	29.14	–	88364	3	0.00	16.01	26.68	29.14	26.52
4	603159	上海亚虹	10.00	60.05	5.46	60.05	–	77220	2	0.00	30.89	54.30	60.05	54.01
5	603888	新华网	10.00	64.23	5.84	64.23	–	216	1	0.00	0.04	64.23	64.23	64.23
6	603667	五洲新春	10.00	27.17	2.47	27.17	–	905	7	0.00	0.18	27.17	27.17	27.17
7	603339	四方冷链	10.00	50.38	4.58	50.38	–	51992	1	0.00	10.06	50.38	50.38	50.38
8	603160	汇顶科技	10.00	106.16	9.65	106.16	–	2674	2	0.00	0.59	106.16	106.16	106.16
9	601595	上海电影	10.00	48.52	4.41	48.52	–	134448	73	0.00	14.38	43.78	48.52	43.78
10	603515	欧普照明	10.00	47.32	4.30	47.32	–	171742	5	0.00	29.61	42.62	47.32	42.60
11	603258	电魂网络	9.99	43.81	3.98	43.81	–	275	3	0.00	0.05	43.81	43.81	43.81
12	603859	能科股份	9.98	28.20	2.56	28.20	–	631	5	0.00	0.22	28.20	28.20	28.20
13	600714	金瑞矿业	9.98	19.83	1.80	19.83	–	142095	236	0.00	5.04	18.29	19.83	18.29
14	603101	汇嘉时代	9.98	32.40	2.94	32.40	32.41	243206	19	-0.03	40.53	30.01	32.41	29.32
15	600288	大恒科技	9.97	15.77	1.43	15.77	–	71712	5	0.00	1.64	15.77	15.77	15.77
16	601127	小康股份	9.36	31.30	2.68	31.24	31.30	195869	360	3.40	13.75	28.62	31.30	28.53
17	601238	广汽集团	8.55	25.27	1.99	25.26	25.27	102551	10	-0.03	0.24	23.15	25.33	23.15
18	601999	出版传媒	8.43	15.95	1.24	15.94	15.95	468290	51	0.25	8.50	14.88	16.13	14.70
19	603313	恒康家居	8.31	56.30	4.32	56.24	56.25	275978	16	-0.84	46.00	55.24	57.18	53.00
20	603608	天创时尚	7.74	26.59	1.91	26.55	26.56	130795	222	0.87	18.69	24.53	26.81	24.50
21	603569	长久物流	7.54	63.05	4.42	63.05	63.19	149912	3	-1.16	37.47	60.50	64.38	58.65
22	603508	思维列控	7.26	92.75	6.28	92.61	92.75	48160	9	-0.25	12.04	85.95	95.12	85.95
23	600976	健民集团	7.04	36.49	2.40	36.48	36.49	54182	9	0.99	3.54	33.75	36.50	33.54
24	600259	广晟有色	6.92	57.01	3.69	57.00	57.01	191703	42	-0.50	7.42	53.47	58.65	53.47
25	601811	新华文轩	6.68	28.73	1.80	28.72	28.73	178466	73	0.45	18.08	27.20	29.09	27.09
26	603007	花王股份	6.64	56.20	3.50	56.20	56.24	76636	21	0.57	22.98	52.70	56.99	52.28

图 18-3　通过涨幅排行选择优质股

专家指点

俗话说：“不管A股B股，能赚钱就是好股。”如何选择好股票是投资者最迫切想要知道的。股票市场广阔且波动很大，没有固定的好股之说，对于不同的投资者，找到适合自己投资方式的股票是非常重要的。不管大盘下跌还是上涨，选股才是最重要的，选股不对很难挣钱。

18.1.3 喜欢分析预测大盘

很多投资者喜欢通过技术分析“预测”股票价格。其实，对于技术分析，投资者要辩证地看待，将技术分析结果与实际走势相结合，顺势而为，尽可能地规避风险。

技术分析好学易懂，但难在会用，单靠技术分析很难取得持续的成功。有经验的股市老手，既使用技术分析，又不被技术分析所束缚，更喜欢用简单的技术指标看盘，过

▼ 于复杂的技术指标，反而弃之不用。

因此，除了技术分析外，投资者还可以通过通达信炒股软件分析研判宏观经济以及行业状况，全面掌握上市公司的基本面，看懂公司的财务报表，如图18-4所示。当然，要做到这些也并不容易，需要投资者下一番苦功夫。

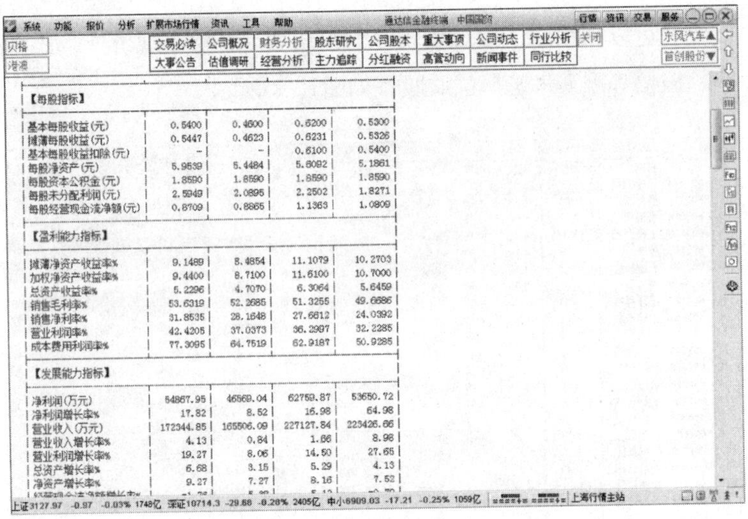

图18-4 公司的财务分析报表

专家指点

　　股价通常随着一些特定经济指标、经济政策、全球经济形势、国内外突发事件等基本面宏观因素的起伏而变化，对这些因素的分析是判断股市当前行情以及选择好股票的主要依据。

　　基本面包含外交和政治、金融和经济、汇率和利率、国情和人气、社会需求和市场供给、经济周期和股市趋势、管理机构和上市公司、行业前景和产品结构、董事长和管理层、老与新和大与小、企业成长性和市场占有率、负债率和利润率、资源结构和市场容量等。要想全部了解和熟悉绝非易事，只有在平常边操作边学习、边学习边操作，使得资本和学识、经验同步增长。

▶ 18.1.4 下载太多炒股App

对于刚刚开始使用手机进行炒股的投资者来说，总是喜欢下载大量的炒股工具类App，甚至一个App可以完成的工作，偏偏要使用几个App，以显示自己是手机炒股达人。这是完全错误的行为，手机下载过多的App会有产生很多不良后果，如图18-5所示。

App安装得太多，占据的手机内存就越大（不是手机储存），手机的运行速率就越慢，会影响用户的操作速度

随便下载App，会让不良App浑水摸鱼，不但影响用户的正常使用，还可能让用户的手机产生额外费用

许多手机App会追踪用户的一些隐私信息，如联系人、手机ID以及手机定位等，这就让病毒、木马程序可以趁虚而入，让用户的股票账户和资金账户等处在更危险的境地

图 18-5　下载过多 App 的不良后果

其实，许多手机App可以帮助投资者进行全方位的股票投资，例如通达信、同花顺、大智慧、腾讯自选股等，不仅可以添加自选股、查看资讯行情，还有走势分析、技术分析、止损止盈以及委托下单等功能。

▶ 18.1.5　被套牢时不采取措施

从技术上讲，等待深套的股票解套是不可取的，投资者不能被动地等待结果，积极采取措施才是王道。

（1）**做好心理准备**：投资者要有被套的心理准备，短期内股票不是上涨就是下跌，它们的概率各占50%，所以被套很正常，不要有心理负担。

（2）**止损解套法**：面对股票下跌的情况，投资者在购买股票之前就要准备好应对措施。如果是技术型投资者，可以设定相应的止损点位，到时候坚决执行就行了。如果买股票后发现自己判断失误，那么就要马上止损卖出，即使跌了50%也不妨碍再跌50%。

（3）**分批介入法**：对于价值型投资者，可以采取分批买入的策略，不要一次性满仓，这样股票下跌反而降低了投资成本，反而是一件好事。

（4）**摊低成本法**：如果对自己所买股票信心十足，也可以把其他估值过高的股票卖出，买入下跌较多的股票，但要注意股票的配置，单个股票最好不要超过总资金的30%。不过，投资者无论怎样去摊薄成本，都要在有较大的价差后再买入，至少应该达到30%左右，至于下跌10%左右去买入摊薄成本是没有意义的。

（5）等价换股法：如果投资者觉得自己的股票实在是没有什么机会了，就选一只与自己的股票价格差不多的，有机会上涨的股票来换，也就是等价（或基本等价）换入有上涨希望的股票，让后面买入的股票上涨后的利润来抵消前面买入的股票因下跌而产生的亏损。

（6）加倍买入法：股票被套后，每跌一段，就加倍地买入同一只股票，降低平均的价格，这样等股票一个反弹或上涨，就解套出局。

18.2 防范炒股七大风险

风险与陷阱的存在是无法改变的，但是投资者可以应用相关经验和知识，尽可能地避免风险与防范陷阱。

18.2.1 学习股票专业知识

新入市的投资者在进行股票交易之前，要规避风险，并从投资中得到收益，必须做到两点：第一，详细地了解和认知相应的股票知识，才能了解其风险与陷阱所在；第二，根据一定的专业知识，进行分析和避免这些风险和陷阱。

投资者可以通过各种方式来学习专业的股票知识，下面为读者介绍两款App。

（1）炒股公开课：炒股公开课是一个"随时随地掌握股市动态，不知不觉学炒股"的财经视频分享平台，如图18-6所示。

寓教于乐：这是同花顺重金打造的炒股学习动画片"股林外传"，用户可以与驴妈、熊仔和牛叉一起体验炒股过程中的酸甜苦辣。定制炒股进阶学习视频，帮助初学者轻松成为股海高手

图18-6　炒股公开课App中教学视频

第 18 章 安全炒股——炒股误区与风险防范

（2）**炒股票入门宝典**：炒股票入门宝典是一款炒股票入门学习的免费股票教程软件，采用了Android 5.0的Material风格设计，界面简洁漂亮，目前一共拥有约300节炒股指导教程，都是由专业导师经心编制而成，让用户从零基础到精通炒股票，如图18-7所示。

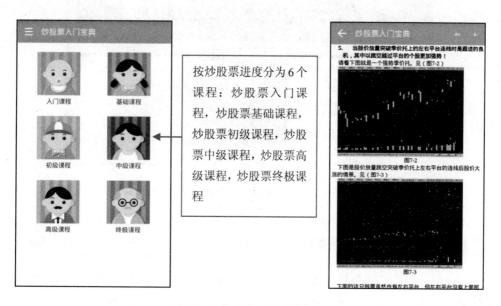

图 18-7　炒股票入门宝典 App

18.2.2　掌握宏观经济要闻

俗话说"选股不如选时"，选择好的投资时机可以降低所选股票出现下跌的可能性，可以有效地规避系统风险。要把握大体的投资时机，投资者可以注意以下两个细节。

（1）**政治变动**。政治因素很容易影响社会的稳定，如果政权更迭给社会带来动荡，则股市会发生下跌。例如，用户可以通过东方财富网站查看各种宏观专题，把握政治因素带来的股市影响。

（2）**物价上涨**。一般情况下，物价上涨后，一般与其相对应类型的股价随之上涨；物价下跌，与其相对应的股价则下跌。例如，用户可以通过东方财富网查看各种经济数据，如图18-8所示。

> **专家指点**
>
> 投资者可以通过各类炒股软件了解相关的政治事件、通货膨胀、物价变动等大环境，培养对国家大事和国际时事的热情，了解国家政策实施和经济发展，对宏观政治经济变动给经济形势可能带来的影响有敏锐的判断。

图 18-8　通过东方财富网查看各种经济数据

18.2.3　不能相信恶意股评

股评风险指有一部分股评人士利欲熏心，为了达到某种目的错误地引导股民。因此，股民在听取股评时也要小心谨慎，不能完全相信，并时刻注意自己才是做决断的人，股评人士只是提供了参考意见，不会为股民的损失承担责任。

股评是股票行业中资深人士对股票进行的一种分析活动，其遍布电视、杂志、报纸以及各类财经媒体，如图18-9所示。

 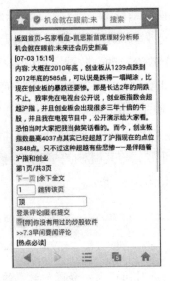

图 18-9　手机上充斥着各类股评文章

由于股民并非都对股票有研究，而股票的知识和需要分析的数据很多，所以由专业人士做的股评是很多股民买卖股票的指引。对此，股民应注意以下内容。

（1）由于股评专家在股民中有一定的影响力，所以庄家和上市公司想方设法与一些所谓专家合作，通过其股评设置骗局，引诱投资者按照其想法操作，最后达到非法营利的目的。这类股评消息的危害是最大的，投资者对于股评消息，一定要抱谨慎态度，坚持独立思考。

（2）影响股市行情的因素复杂多变，股市本身的风险不可预测，任何股评专家对于股市的预测只是建立在某种理论分析上的可能性，并不能准确预测股市走向，也不可避免地会出现错误判断，而错误的判断被股民采用后，将造成严重的损失。

> **专家指点**
>
> 投资者应该审慎、客观地对待书籍中的观念和股评信息，不盲从、不迷信名家名言，不人云亦云，学会使用逆向思维，因为大多数人总是错的，掌握真理的永远只是少数人。

▶ 18.2.4 手机炒股需要谨慎

很多用户也会有这样的顾虑，万一手机丢了，手机上的股价账户信息就极有可能暴露了。不过，只要用户使用习惯良好，安全问题就没有必要过多担心。

（1）有些手机银行有超时退出功能，而有的没有，针对这一点，用户要特别留心。当然，不管有没有超时退出功能，手机银行或者炒股App使用完毕，都应立即退出。另外，用户每次使用手机银行或者理财App后，记得及时关闭交易系统，并清除手机内存中临时存储的账户、密码等信息，避免信息外泄，不给图谋不轨者留有机会。

（2）用户在手机上开通股票账户时，一定要使用官方发布的手机炒股App，同时确认签约绑定的是自己的手机。

（3）当用户发现手机无故停机或无法使用等情况，要第一时间向运营商查询原因，以免错过理财的时期。当手机炒股软件出现故障时，投资者可以通过电话或电脑端来查看行情或者下达交易指令，避免操作不及时引起的不必要损失。

（4）当用户更换了手机号时，要及时将旧手机号与网银、股票等理财账户解除绑定；如果手机丢失，还要第一时间冻结手机炒股功能，避免造成经济损失。

（5）给手机设置PIN密码、锁屏密码，等于在理财App的外围增加了一道防护，万一手机丢了，得到的人也很难马上解锁手机。

（6）安装相关手机管家软件，开启手机防盗功能。当手机丢失后，第一时间发送指令清空手机数据，以免他人登录手机银行。

18.2.5　不法分子诈骗钱财

不法分子通过钓鱼网站诈骗钱财，是最常见的一种上网风险。用户不能轻信淘宝旺旺、短信、QQ等即时通信工具里弹出的URL（网页地址）。因为浏览URL，会直接暴露用户名和密码等信息，对用户很不安全。

尤其是理财类应用，如网上银行、支付宝、炒股软件等，最有可能被钓鱼网站利用，盗取用户信息，骗取钱财。对此类风险，用户应该自己多加留意，虽然一些聊天软件在用户发送相关信息（如"转账""密码"等关键字）时会提示用户存在风险，但是通过中奖类短信或者消息弹窗方式发出的URL，让人难以鉴别，需要用户自己谨慎处理。另外，一些安全工具也会实时识别此类网站，并提醒用户可能是恶意程序。

18.2.6　使用 WiFi 窃取隐私

目前，在大城市的机场、星巴克等场合均有免费的无线网络，很多手机用户都会不假思索就连接上网，进行聊天或炒股。殊不知，有些免费午餐可能是黑客们布置下的陷阱。很多公共场合的WiFi存在隐私危机，黑客只需凭借一些简单设备，就可监视WiFi上任何人正在浏览的内容，别人的用户名密码也能手到擒来。

例如，曾有一款名为"WiFi大盗"的木马病毒伪装成手机应用大肆传播，它能窃取用户的手机短信、联系人、精确地理位置、通话记录等隐私信息，是截获、窃取隐私信息量最大的木马病毒。

因此，如果用户在咖啡厅、商场、酒店、机场等公开场所搜索到一个不需要密码的免费无线网络（WiFi），最好是弃之不理，绕道而行。因为它很可能是"伪装成羊的老虎"，会盗取用户的资料。

为省手机流量，很多人习惯四处"蹭网"，但是针对新出的这些骗术，建议手机用户要警惕在公共场所遇到的免费WiFi，最好不要在陌生网络中使用账户、密码，另外要提高手机安全保障，如安装杀毒软件、设置密钥、数字证书等。

18.2.7　小心 App 吸费软件

如今在人们的生活中，智能手机已无处不在。然而使用一段时间后用户就会发现，手机里莫名其妙地多了一堆自己并没有下载的App。这些App轻则会占据手机存储空间，重则消耗手机流量，甚至捆绑吸费软件，危害很大。

下面介绍一些远离恶意App的方法。

（1）**谨慎ROOT**：用户不要轻易获取手机系统的最高权限。ROOT后的终端更容易被恶意应用破坏，且破坏的程度比一般非ROOT终端更严重。同时，ROOT之后，用户可以随意删除系统级的文件，所以非常容易由于误删而造成系统的崩溃。

（2）**使用防病毒软件**：手机用户要养成安装防病毒软件并及时更新病毒库的好习惯，确保防病毒软件的最佳查杀能力。

（3）**及时举报**：用户在发现恶意应用之后，不仅要及时删除，还应该向相关部门举报。目前，工业和信息化部已经建立了12321网络不良与垃圾信息举报受理中心（简称"12321举报中心"），用于专门接收用户举报。同时，部分安全类App还为用户提供"垃圾短信"和"号码标记"等功能，如图18-10所示。

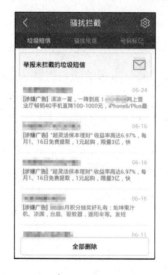 

图18-10 "垃圾短信"和"号码标记"等功能

（4）**谨防安装带有恶意软件的山寨App**。山寨App一般内置广告或是恶意软件，主要集中在游戏、电商以及支付客户端等领域。在不慎安装山寨App后，用户可能被恶意收费。而更令人担忧的是，山寨App还可以获取用户电商账户密码甚至支付密码，极大地威胁资金安全。

（5）**下载官方应用**。用户去官方应用商城下载App，安全系数会高一些，而且许多应用商店还为App附加了安全标签，如"官方""无病毒""无广告"等；另外，用户在下载App之前，也可以浏览已下载用户的评论，据此做出判断。

（6）**注意权限信息**。安装或使用时注意系统提示的权限信息，比如要求"访问通讯录""获取位置信息""连接网络"等，用户一定要根据自己的需求，慎重决定是否继续安装或者是否对该应用授权。

（7）提高安全意识。面对各种恶意App，除了要掌握一些实用的辨别技巧之外，还有一点很重要：要有安全意识，时刻都不要放松警惕。

18.3 安全防范股市投资

人人都知道股市是一个高风险的地方，但是近年来我国的股市还是进入了一个飞速发展的时期。因此，投资者除了要了解股票的风险与陷阱外，还必须掌握如何防范风险，这样才能保证自己的投资利益。

18.3.1 确定合适的投资方式

股市毕竟是一个高风险的地方，即使采取再多的技巧、学习再多的理论，也不可避免地会遭遇风险。因此，选择合适的投资方式和股票，能够有效地避免股市中的各种风险。

（1）确定合适的投资方式。一般情况下，短线交易利润最高，中线交易次之，长期交易再次。股票投资采用何种方式因人而异，例如，没有太多时间关注股票市场，但有相当多的资金及投资经验，多适合采用中线交易方式；空闲时间较多，有丰富的股票交易经验，反应灵活，采用长中短线交易均可。

（2）选择投资正确的股票。选择适当的股票亦为投资前应考虑的重要工作。股票选择正确，则可能会在短期内获得盈利；而如果选择错误，则可能天天看着其他股票节节攀升，而自己的股票却狂跌不止。

18.3.2 严控资金管理方案

俗语说："巧妇难为无米之炊。"股票交易中的资金，就如同我们赖以生存、解决温饱的大米一样。"大米"有限，不可以任意浪费和挥霍。因此，"巧妇"如何将有限的"米"用于"炒"一锅好饭，便成为极重要的课题。

资金管理是交易系统的重要组成部分，本质上说是系统中决定你头寸大小的那部分，它可以确定系统交易中你可以获取多少利润、承担多少风险。其实，在弱肉强食的股市中，必须首先制订周详的资金管理方案，对自己的资金进行最妥善的安排，并切实实施，才能确保资金的风险最小。只有保证了资金风险最小，才能使投资者进退自如，轻松面对股市的涨跌变化。

18.3.3 防范非法证券机构

很多股民都在赔钱，而咨询公司却将大把的钞票轻松收入囊中，其中玄机，外人难窥门径。

多数股票咨询机构都在遵循着"不炒股票炒股民"的运营方式，他们信奉：如果大家都相信河对面的山上有黄金，你不应该也去淘金，而应该在河上经营船渡。

（1）**不要盲目跟随"炒股博客"炒股**。"炒股博客"的博主大都未取得证券、期货投资咨询从业资格，同时"炒股博客"可能成为"庄家"操纵市场的工具，股民若盲目将"炒股博客"上获取的所谓"专家意见"当成投资依据，只会大大增加投资风险，很有可能血本无归。

（2）**谨防委托民间私募基金炒股**。民间私募基金本身并不是合法的金融机构，或不是完全合法的受托集合理财机构，存在保证本金安全、保证收益率等不受法律保护的条款，更有部分不良私募基金存在暗箱操作等违背善良管理人义务的行为，严重侵害投资者利益。

（3）**不要私自直接买卖港股**。根据我国有关法律规定，除商业银行和基金管理公司发行的QDII（合格的境内机构投资者）产品以及经过国家外汇管理局批准的特殊情况外，无论是个人投资者还是机构投资者，都不允许私自直接买卖港股。内地居民通过民间机构直接买卖港股属于非法行为，不受法律保护。

（4）**谨防非法证券投资咨询机构诈骗**。有些非法证券投资咨询机构利用股市火爆，趁机对投资者实施诈骗活动，其主要手法和特点是：利用互联网发布广告、散布虚假信息吸引投资者；采取多种手段隐藏身份，逃避打击。

再一次提醒股民：炒股还是要相信自己，不能轻易相信任何小道消息。

▶ 18.3.4 投资学会适可而止

股市风险不仅存在于熊市中，在牛市行情中也一样有风险。在股市脱离其内在价值时，股民们应执行投资纪律，坚决离开。股市中的风险无处不在，但并不是无法控制的。设置止损点，就是在股票交易的过程中，为了尽可能地降低损失而人为设定的股票必须卖出最低价格。如何设置止损点，有以下几个方面的内容。

（1）**设置止损范围**。在股票成本价位之下的3%～10%位置处设止损点，跌破后应止损出局。

（2）**考虑不同类型股票**。其中绩优股、高价股、大盘股止损点设置要高，绩差股、低价股、小盘股的止损点应设得相对低一点。

（3）**考虑入市时机**。如果是在涨了一倍以上后再买入，止损点要高；如果是在刚启动时进入，则止损点可定得低一些。

（4）**考虑大盘的因素**。例如，当大盘盘整或处于强势，止损点可以相对低一点，因为上涨可能性较大。

止损不仅是资金风险管理与仓位控制的一个关键操作，还是对错误买入的修正。一个好的止损与买点选择是否最优，与初仓比例、加减仓的操作密切相关。

合理的止损是减少投资者损失、保证投资者现金持有量的一个有效措施。如果投资者没有止损的意识，很容易就会被深度套牢，从而失去在股市中再次寻找机会的资格。常用的短线止损设定方法如下。

（1）**移动平均线止损**：是指投资者在买进一只股票后将某一条移动平均线作为止损位，一旦股价向下跌破该均线，就止损卖出。

（2）**趋势线止损**：是指投资者将某一趋势线作为止损位，一旦股价跌破该趋势线，表明投资者的判断出现错误，应及时止损卖出。

（3）**固定比例止损**：是指投资者在买进股票后当损失超过某一固定比例（如2%、5%等）时就止损卖出。

下面举例分析止损的方法。

如图18-11所示，为浙江东方（600120）2014年11月至2015年7月期间的走势图。该股股价前期一直运行在上涨走势中，并在此过程中形成一条上涨趋势线。2015年5月7日，该股在下跌途中受到上涨趋势线的支撑作用止跌回升，买点出现。随后经过一个多月的上涨后再次进入下跌走势，并于6月26日跌破上涨趋势线，预示着上涨走势告终，股价将要进入下跌走势，此时投资者应及时止损离场，避免套牢。

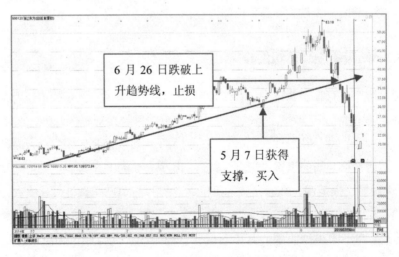

图18-11 浙江东方（600120）的止损位置分析

18.3.5 防止投资资金被套

很多投资者都遭受过套牢之苦。不少投资者在精研各种技术图形，了解合约基本面后，投资成绩仍不理想，原因固然多种多样，但原因之一是不会在恰当时机舍弃，心中之结总也解不开。

在复杂的环境下，一旦被套，大多数投资者往往采取守仓之策，但在风云突变的股市，守仓绝不是上策。股海搏击的成败往往系于取舍之间，不少投资者看似素质很高，实质上却常因为难以舍弃眼前的蝇头小利，而忽视了更长远的目标。机遇的获取，关键就在于投资者是否能够进行果断的取舍。所以，发现投资错误应及时纠正，挥泪也得"丢"。

▶ 18.3.6　赚钱机会永远都在

股票赚钱的机会永远在，今天没赚到，永远都有明天。要摆脱股市输家的命运，建设"今天没赚，永远还有明天"的观念和心态很重要。

错过了买点没关系，股票向来是自己怎么上就怎么下，不怕没有低点让你买，这次没参与到没关系，股市操作比的是气长，需要的是坚持不懈。很少有人进入股市是赚了一次或赔了一次就永远退出的，沉得住气是很重要的。如果你像那些贪吃的鱼儿，就会时时被庄家弄得沉不住气上钩洗盘。此时，你需要的就是像那些有经验的鱼儿学习，沉住气不轻易上当。

▶ 18.3.7　时刻保持头脑清醒

在股市中，很多投资者喜欢一哄而上，如早些年股市比较好，使得不少人把所有的资金都投资于股市，而不理会风险。当市场低迷后才发现风险极大，可惜为时已晚。投资者都必须记住一句话：被普遍发现的好篮子一定是贵篮子。所以，要学股神巴菲特：一定要比别人快，不要跟风，而要别人跟你。

▶ 18.3.8　控制情绪，谨慎投资

一些股民每天关心着自己的市值，如果市值增加了，就欣喜若狂；如果市值减少了，心情就非常郁闷。不良情绪的危害有多大呢？它会在体内滋生病毒细胞，因为不良的情绪作用于人体会分泌出对人体有害的物质，这些物质长期积淀，就会成为阻碍身体气血正常运行的"病毒细胞"。长期下去，就会导致身体病变。王大妈的心态并不是好的心态，买卖股票作为一项投资，与投资做生意一样也是有赚有赔，因此投资股票在追求收益的同时，也蕴含着风险。

投资者必须谨记一点：进入股市的目的在于投资致富，切勿本末倒置，让股票害了你的人生。因此，要控制赚赔的情绪，勿将不当的情绪影响自己和家人的生活。进入股市一定会有赚也有赔，如果你无法控制赚赔的情绪，那请你"立即退出股市"。